止戰

張小虹

人文·學術·思想

目次

前言

戰爭是否仍在遠方？

兩年多前覓得一間高樓小屋，一心要把俯瞰整個淡水河出海口的大陽台當書房。一張高腳圓桌，一對高腳椅，從早伏案寫到黃昏收工，抬頭便是灼灼海口曛日。《止戰》一書的書寫還充滿獨特的聽覺與嗅覺感官經驗。高樓旁就是後備動員幹部訓練中心（忠莊營區），本來只有星期二下午固定傳來稀稀疏疏的打靶聲。後來想是美國敦促急了，要求國軍拿出戰鬥的決心與毅力，哪怕是後備軍人教召都被迫加強認真了起來，每日上午下午都傳來一陣接著一陣的實彈射擊打靶聲。《止戰》一書就是在槍聲陣陣、空氣中不時瀰漫著淡淡煙硝味中完成。

站在陽台同樣的位置，看中秋節前後漁人碼頭這邊的煙火燦爛，有時也看八里海灘那邊的漢光演習。站在陽台同樣的位置，抬頭可見從桃園機場起飛的民航機，在高高的藍天白雲之上悠緩移動，有時則是戰鬥軍機以極大的聲爆凌空飛掠。更有兩次深夜被驚醒，衝到陽台同樣的位置俯身下望，兩輛雲豹裝甲車一前一後，以震耳欲聾聲緩慢行駛在中正路上，超現實感十足。淡水是個神奇的地方，戰爭遺跡處處，就連每日清晨散步的滬尾砲台公園，也是中法戰爭滬尾之役的古戰場。站在陽台同樣的位置，也清楚可見忠莊營區內一棟橘紅色平頂小屋，昔日冷戰時期的「成功閣招待所」，台灣最早期與美國中情局合作、用來訓練突襲中國的情報人員之地，當然也用來審訊拷打共軍俘虜。一牆之隔，如今牆外已是熱鬧非凡的福容飯店與各種遊樂設施，遊人如織。

除了空間的感官經驗、歷史記憶與日常生活外，《止戰》一書也有來自時間催逼的焦慮與不安。全書的構想起心動念於二〇二二年八月時任美國聯邦眾議院議長裴洛西（Nancy Pelosi）訪台、台海關係空前緊張，二〇二三年二月寫完緒論與第一章，俄烏戰爭爆發，十月交稿校對之際，以巴衝突中東戰火一發不可收拾，才又臨時增添了此篇前言。《止戰》談戰爭，聚焦台海，但詭譎多變的台海緊張關係與俄烏、以巴戰爭的相繼爆發，好似時時都在催逼著資料的增添、詮釋的更新與思考的持續摺曲。時間瞬息萬變，但在帶來焦慮與不安的同時，有時卻也彷彿可以超級詭異地陷入一種凝止不動，而讓人更感挫折沮喪。就讓我們先來看看下面這段文字：

> 許多以色列媒體主張，如果有平民或孩童遭到殺害，那是因為哈馬斯躲藏於平民之中，利用孩童當擋箭牌，並使得以色列必須合法地殺害平民和孩童以求自保，不受哈馬斯攻擊……如果被迫擊砲與磷彈殺害的巴勒斯坦孩童是人盾（human shields）的話，那他們根本就不是孩童，而是軍備武裝的一小部分，

推進並教唆對以色列的攻擊。[1]

這段文字說明了以色列何以會徹底違反《日內瓦公約》、無差別地轟炸平民百姓、犯下戰爭罪，而所謂民主國家的「西方價值」也一直為其開啟著綠燈通行。對以色列而言，巴勒斯坦孩童不是孩童，孩童是哈馬斯（Hamas）的武裝盾牌，平民不是平民，平民是以色列總理與國防部長矢志復仇口號中的動物野獸，等同於哈馬斯。[2]衝突爆發一個月來，加薩地區已有超過數千名孩童喪命，平均每十分鐘就有一名巴勒斯坦孩童死去，但老神在在的美國總統拜登卻堅稱不相信巴勒斯坦所提供的傷亡數據統計。

但最弔詭的是，這段文字並非針對當下的以巴戰爭。這段文字早早就出現在二〇一〇年《戰爭的框架：從生命的危脆性與可弔唁性，直視國家暴力、戰爭、苦痛、影像與權力》（*Frames of War: When Is Life Grievable?*），作者朱迪斯・巴特勒（Judith Butler）乃全球知名的女性主義學者，早年以《性別麻煩》（*Gender Trouble*）揚名立萬，亦著有《分道揚鑣：猶太性與猶太復國主義批判》（*Parting Ways: Jewishness and the Critique of Zionism*）、《非暴力的力量：一種倫理—政治繫結》（*The Force *of Nonviolence: An Ethico-Political Bind*）等書，深刻反省戰爭。巴特勒身為猶太裔美國人，卻堅決反對猶太人要無條件認同以色列，更嚴厲批判美國對以色列的偏袒，自是引來眾多猶太人的集結抗議，指其不僅「反美」、「反以色列」，更「反猶太」（巴特勒所遭受最嚴重的死亡威脅，反倒是來自其性／別理論在拉美國家產生的重大影響）。巴特勒在此所言的「人盾」，乃是針對二〇〇八年十二月以色列對加薩發動的一場為期二十二天的軍事攻擊，以反擊巴勒斯坦向以色列南方城鎮發射火箭。巴勒斯坦人權中心（Palestinian Center for Human Rights）統計此次攻擊使得一千四百一十七名巴勒斯坦人遭到殺害，四千三百三十六名巴勒斯坦人受傷，而大部分傷者與死者皆為平民。聯合國特派員李察・福克（Richard Falk）提供的數字則是：一千四百三十四名巴勒斯坦人死亡，其中九百六十人為平民，而這些平民之中，有一百二十一人為女性，兩百八十八人為孩童。[3]

但時間彷彿凝止不動，十多年前的批判介入，其思維與修辭恍如今日，可見仇恨糾結依舊不解。這就是巴特勒一再苦心孤詣、批判再批判的「戰爭的框架」，一種「行規範之名而不思索」（non-thinking in the name of the normative），一如漢娜・鄂蘭（Hannah Arendt）所言「惡的平庸性」（the banality of evil），[4] 而得以讓武裝衝突一再出現，以眼還眼、以暴制暴，反覆循環中，人間煉獄迭至。但如果我們覺得巴特勒或鄂蘭的分析太過抽象，那就讓我們來看看一位十九歲以色列少女充滿憤怒與憂傷的控訴。她不是那位廣為媒體報導的十九歲以色列女兵，當哈馬斯向以色列發動五十年來最猛烈的攻擊後，原本在紐約渡假的她，立即返回以色列參戰，旋即為捍衛國家而陣亡。[5]她比較像另一位十九歲的俄羅斯少女，曾因在其就讀的大學散發反戰傳單而受處罰，後更因在IG上發文批評俄軍入侵烏克蘭而遭到逮捕。[6]這位十九歲的以色列少女覺得以色列總理納坦雅胡開口閉口矢言「復仇」甚是可恥，她和同年齡的俄羅斯少女一樣都挑戰自己國家的「戰爭的框架」，都不願重複「行規範之名而不思索」。

這位生長在加薩邊境以色列貝里屯墾區（Kibbutz Be'eri）的少女，剛剛僥倖逃過了哈馬斯的血腥屠殺，但在鏡頭前她強烈要求的不是復仇，而是「公平正義的和平」（a just peace）。她提及在戰場上殞落的小時玩伴，從幼稚園開始就殷切表達長大後要加入軍隊，她質疑難道將來她也必須這樣教育她的孩子嗎？她也憤怒自己的國家對加薩平民的猛烈攻擊，甚至不惜炸死人質。她所謂的「和平」絕不是由以色列單邊界定下的殖民暴力、種族隔離與嚴格軍事管控。她所謂的「公平正義」乃是要讓在以色列南部尼格夫沙漠不斷被以色列強行驅離的阿拉伯遊牧民族貝都因人（Bedouins in Negev），能夠和她所在的貝里屯墾區一樣獲得資源。[7] 十九歲的以色列少女和巴特勒居然都異口同聲地說，在生死存亡的掙扎邊緣，不要用ＯＫ繃（鐵穹，軍隊，屠殺）蓋住正在流血的傷口。[8] 而此「公平正義的和平」就是多年來巴特勒所一再強調的「基進平等」（radical equality）。若中東地區「戰爭的框架」乃是讓可迫害性、可受傷性、可弔唁性出現巨大的差別分配——某些生命珍貴，某些生命如草芥，某些生命值得保護，某些生命隨時可棄——那如何停止「行規範之名而不思索」，便是阻斷既有戰爭認識論的第一步，而不是陷落在宗教差異、歷史仇恨、地緣政治之中束手無策。

那什麼會是台海之間「戰爭的框架」呢？我們如何有可能鬆動、拆解或創造、轉化台海戰爭的特定認識論立場呢？《止戰》正是以此初衷展開對台海戰爭的「哲學思考」與「倫理行動」。此處的「倫理」不是道德、教條、誡命，而是「關係性」（relationality），一個有關訴求與回應的行動：「倫理性的首要意涵並非描述行徑或傾向，而是標示出一種理解關係架構的方式，並理解到意義、感知、行動和言說都是在關係架構中才得以可能。關係性描繪的是一種訴求的結構，而我們在此結構中被召喚採取行動，或以特定方式回應召喚」。[9] 我們如何能將「關係性」帶入對「主體」與「主權」的思考之中呢？我們又如何能將戰爭的「哲學思考」轉化為日常生活的倫理實踐呢？《止戰》正是希望透過重重的思考難局測試，期許能在台海「戰爭的框架」中走出不一樣的路，說出不一樣的話，做出不一樣的事。

緒論

「止戰」作為難局

為何要談「止戰」？如果「止戰」不等於停止戰爭，那「止戰」有可能成為啟動戰爭的極限思考、一個有關戰爭「不可能性」（不是戰爭的不可能，而是思考戰爭的不可能）的極限思考嗎？「止戰」究竟與眾人更為耳熟能詳、在台灣亦已吵成一團的「反戰」、「避戰」、「引戰」或「備戰」有何差異之處嗎？

本書緒論嘗試從一個中文方塊字「止」與一個希臘字源的外文字 aporia 開始談起，企圖由前者開展出「止」的說文解字，再構連後者 aporia 所可能帶出的理論概念，以便能在當前「台海戰爭」眾聲喧嘩的論述之中，給出一種在「戰爭 vs. 和平」之外的差異思考。如果「戰爭 vs. 和平」的二元對立無法成立，如果「要和平」抑或「要戰爭」的二選一徹底失效，如果戰爭威脅恆常在「掌控」與「失控」之間擺盪，那我們將如何重新看待兵凶戰危的台海對峙呢？

就讓我們先從「止」的歧義說起。《說文解字》卷三對「止」的解釋：「止，下基也。象艸木出有址，故以止為足。凡止之屬皆從止」。[1] 故若就象形圖示而言，止乃基址根部，可被視覺化為草木萌發初生時長出地面的根幹；若就引申假借而言，草木之基址根部如同人之基址根部，故「以止為足」，「止」即足。

由此可見在東漢許慎的文字學詮釋中，「止」由草木之下基轉而成為人之下基，「止」即足，自是與「行走」緊密貼合，已與草木無涉。此處的「足」乃下肢的總稱，包括股（大腿）、脛（小腿）、蹠（腳掌）、跟（足後為跟、足踵）；亦可專指膝蓋以下的部分，亦即脛（小腿），一如《說文解字》所言「足，人之足也，在下，從止口」，口象膝形，「腳，脛也」，足之別稱。[2] 此外亦有暫時脫離《說文解字》而回歸商朝甲骨文「字形」的嘗試，將「以止為足」的範圍，直接縮小到「蹠、跟」，踝骨以下的部分，亦即腳板，包括腳趾、腳掌、腳跟。「止」於是轉而成為人腳板的象形，不再是「象艸木出有址」，而是三個腳趾，加上腳掌與腳跟。[3]「止」之為腳板的象形，更常被附會到「步」的造字，視其為上下前後兩個「止」，亦即一右前、一左後的兩個腳板，表示雙足往前行走之意。

但不論是較大範圍的「股、脛、蹠、跟」，或較小範圍的「脛」、「蹠、跟」，「以止為足」所帶出的，都是「行走」的動態身體姿勢。但「止」的「邁步向前」，卻也同時弔詭地與「停住不動」相通，彷彿是要「止」在邁步向前所到達之處停住不動（「止於至善」、「適可而止」、「時止則止，時行則行」），亦由此產生停留、歇息、駐守、居住之意。故「止」究竟是「邁步向前」、抑或「停住不動」，抑或「邁步向前」與「停住不動」之間的交錯參差，實乃動靜難分、進退難辨。而「止」的歧異／歧義與不確定性，乃直接關乎我們對「止戰」的詮釋方式：「止戰」究竟是「邁步向前」迎向戰爭，還是「停住不動」止息戰爭，抑或是直接踩在戰爭的邊界極限之上「停也，足也，禮也，息也，待也，留也」（《廣韻》對「止」之詮釋），一時之間恐難有定論。[4]

一・「止戈為武」的戰爭與和平

接下來就讓我們以「武」為例，來再次凸顯「止戰」的弔詭與多重。「武」乃「止」與「戈」所構成的異文會意字，而「武」作為戰爭抑或和平的不確定性，乃直接來自「止」作為「邁步向前」抑或「停住不動」的不確定性。在此我們可以嘗試比較兩個古文字學的不同版本與詮釋方式。第一個版本當然是再次回到東漢許慎的《說文解字》，「武：楚莊王曰：『夫武，定功戢兵。故止戈為武』」。[5] 許慎此處所引用的，乃是最為人所熟知「止戈為武」的說法，典出《左傳・宣公十二年》，原文為「非爾所知也，夫文，止戈為武」，意指合止戈二字而成的「武」，其真正要義乃是止息干戈（干戈皆為古代兵器，「戢兵」乃收藏兵器）以停止戰事與紛爭。[6] 換言之，「武」的最高境界乃是停止動用武器、消弭軍事行動。

第二個則是殷墟甲骨文的版本。誠如古文字學學者于省吾在《殷契駢枝三編・古文雜釋》所言，「武從戈從止，本義為征伐示威，征伐者必有行，止即示行也。征伐者必以武器，戈即武器」。[7] 此處所言最早甲骨文的「止」乃是展示行動，「止戈」遂不再是「止息干戈」，「止戈」已徹底翻轉為「戈止」，亦即手上持戈、腳步向前、揮兵向敵、征戰討伐。「按武取止戈之意，不確。所從止乃足趾之趾本字。甲骨文從止多表示行動之義」。[8]

此兩個古文字學版本，顯然給出了截然不同、甚至徹底相反的兩種詮釋方式。「武」究竟導向「和平」還是「戰爭」呢？「武」究竟是「放下武器」（收藏干戈、止息戰爭）、還是「拿起武器」（持戈前行、以止為足、以止示行）呢？而「武」的不確定性顯然正是來自「武」中之「止」的不確定性：「止」究竟是「行走」還是「留步」，究竟是「邁步前行」以「征伐示威」、還是「停止不動」以「止息干戈」呢？有了這樣的懷疑與困惑，我們便可重新回過頭來檢視「止戈為武」典故本身可能就已蘊藏的模擬兩可與矛盾弔詭。《左傳・宣公十二年》的主角楚莊王乃春秋時期楚國君主，亦是春秋五霸之一。宣公十二年春，楚莊王攻打鄭國，鄭國被逼求和，而原本擬救鄭以併鄭的北方強敵晉國，反倒與楚國交戰而大敗。楚國大夫潘黨主張「君盍築武軍，而收晉尸以為京觀，臣聞克敵，必示子孫，以無忘武功」，亦即建議楚莊王將晉國軍人的屍體堆積起來、覆土為丘（「京觀」），以此標示戰功彪炳，留給後代子孫景仰。[9]然楚莊王不表同意，反而言道：

夫文，止戈為武，武王克商，作頌曰，載戢干戈，載櫜弓矢，我求懿德，肆于時夏，允王保之，又作武，其卒章曰，耆定爾功，其三曰，鋪時繹思，我徂維求定，其六曰，綏萬邦，屢豐年，夫武，禁暴，戢兵，保大，定功，安民，和眾，豐財，者也，故使子孫無忘其章。[10]

此段引言之始，亦即前已提及東漢許慎《說文解字》所引用「武」之出處。然此引言中的引言，乃《詩經．周頌．時邁》的「載戢干戈，載櫜弓矢」（收拾干戈，包藏弓箭）。若許慎釋「武」乃是援引楚莊王的「止戈為武」，那楚莊王的「止戈為武」則是援引《詩經．周頌．時邁》的「載戢干戈，載櫜弓矢」。楚莊王深信成就王業、保有天下的關鍵，在於「鋪時繹思，我徂維求定」，亦即天下諸侯要牢記先王（周文王）德業，昔日征伐商紂的戰爭，乃是為求安定天下（和平）。他亦強調「武」

應具備七種德行：禁暴（禁止強暴）、戢兵（收藏兵器）、保大（保持強大）、定功（鞏固功業）、安民（安定百姓）、和眾（團結民眾）與豐財（增加財富）。

然接著楚莊王卻開始自責己身無一具備「武」的七項德行：其讓晉國和楚國士兵暴骨，無法「禁暴」；顯耀武力以使諸侯畏懼，無法「戢兵」，如此「暴而不戢」何以能達到「保大」、「定功」、「安民」、「和眾」與「豐財」。換言之，強調「止戈為武」的楚莊王自身，乃是不斷自責其無法「止戈為武」，一如楚莊王的偶像周武王，其「載戢干戈，載櫜弓矢」乃是在「我徂維求定」的戰爭之後而非之前，凸顯的恐正是「以戰止戰」、唯有透過戰爭暴力才能獲取和平安定的弔詭。而我們也不要忘記《左傳．宣公十二年》開始於春季楚莊王攻打鄭國，結束於冬季楚莊王攻打蕭國，就楚莊王稱霸中原的企圖心而言，「止戈為武」與「戈止為武」恐相去不遠，收藏兵戈與執戈前行、消弭戰爭與征伐示威也都恐相去不遠，既是且是，既非且非。

若是在梳理完楚莊王的春秋霸業之後，回過頭再去看許慎《說文解字》中的「武：楚莊王曰：『夫武，定功戢兵。故止戈為武』」，此中的弔詭顯然不只在「止戈為武」，更在「定功戢兵」。「定功」之後才「戢兵」嗎？止息干戈之後又會再次征伐示威嗎？這先後時間性的疑問，更導向「定功」與「戢兵」之間更為基進的矛盾。「定功」才能「保大」、「安民」、「和眾」與「豐財」，但往往為了「定功」就無法「禁暴」、無法「戢兵」。楚莊王所言「武」的七項德行，前兩項在本質上顯然與後五項有潛在的衝突矛盾未解。「我徂維求定」所帶出的，恐怕正是「以戰止戰」、「以武偃武」、既止息干戈又執戈前行的根本性矛盾。

二・Aporia：柏拉圖與德希達

我們在前一段已經從「止」作為「邁步向前」或「停止不動」的不確定性，推展到「武」作為「止息干戈」或「征伐示威」的不確定性，並由此帶出「我徂維求定」、「定功戢兵」、「以戰止戰」的內在衝突矛盾。一般而言，面對不確定性的處理方式可能有二。一是必須在不確定性中，找出最終的確定性，並就此拍板定案，徹底終結不確定性所可能帶來的困惑、麻煩、不安與干擾。另一種則是將不確定性本身當成啟動差異思考的關鍵，不是去解決、去終結、去定案不確定性，而是恆常在不確定性中思考「非思」（既是思考，也是被思考；既是思考極限，也是思考的極限；既是思考不可能性，也是思考的不可能性）。

因而我們在此想要嘗試帶入的，乃是當代解構主義的理論概念 aporia，看其是否有可能幫助我們持續探究「止」、「武」、「止戰」的不確定性，而非找出最終的確定性與解答。aporia 古希臘字源乃 aporos，a（without）-poros（passage），亦即「沒有通路」、「此路不通」。aporia 的中文翻譯甚多，包括「兩難」、「詰難」、「疑難」、「難關」、「關卡」、「難局」、「僵局」、「詭辯」、「死結」、「絕境」、「迷途」、「懸置」、「意義困境」、「意義盲點」等，本書在此暫時採用「難局」的翻譯，但許多時候仍用 aporia，以凸顯其不可譯性。

何謂 aporia？且讓我們舉柏拉圖《曼諾篇》（*Meno*）為例。一開場遠道而來的青年才俊曼諾殷殷向蘇格拉底請益「德行是否可被教導」，卻被蘇格拉底劈面而來的辯證法弄得一頭霧水，連德行是否會因人而異都變得無法確定，更遑論進入討論。然作為詭辯學派得意弟子的曼諾也不甘示弱，便提出了著名的「曼諾難局」（Meno's aporia）：人將如何探究未知，已知者無須探究，未知者，既不知，又將如何確定其為未知而加以探究？且看蘇格拉底毫不猶豫、直截了當地回答：學習乃恢復回憶，不朽的靈魂無所不知，只需在今生「回憶」起往世的已知（也包括德性），一切皆有解。於是蘇格拉底便喚曼諾的一名奴隸前來，要他畫出一個正方形面積的兩倍。今生從未學過幾何學的奴隸雖幾經錯誤，但在蘇格拉底循循善誘的「提示」下，竟能完成測驗，以此完美驗證了蘇格拉底所言「學習乃恢復回憶」，所謂的「曼諾難局」便也如此這般迎刃而解。此貌似兩難的困局，顯然是柏拉圖做球給自己，企圖透過蘇格拉底之口，闡述其對「回憶」的理論。然不論是希臘詭辯學派在修辭術上刻意安排的模擬兩可、似是而非，或是柏拉圖透過蘇格拉底對話錄，給出各種難局來挑釁、挫折、排除人之「意見」以臻「真理」，所有的難局對柏拉圖而言都是「有解」的，只會暫時而不會永遠陷落在 aporia 之中進退兩難、無法自拔。

然當代解構主義重返 aporia，卻不是要解決兩難，也不是要在「此路不通」之處找出通路以暢行無阻，而是要增加困惑、麻煩、不安與干擾，並以「此路不通」作為重新啟動思考的可能。在此我們可以接續前段柏拉圖的脈絡，以法國哲學家德希達（Jacques Derrida）的著名論文〈柏拉圖之藥〉（"Plato's Pharmacy"）為例，看其如何展開對 aporia 截然不同的操作方式，以及如何帶出當代解構理論的差異思考與倫理政治關懷。〈柏拉圖之藥〉乃是針對柏拉圖在《斐德若篇》（*Phaedrus*）

談論書寫、記憶、知識的篇章段落進行解構閱讀。在《斐德若篇》柏拉圖再次透過其師蘇格拉底之口，創造了一個有關「藥」的故事。話說古神忒伍特（Theuth）獻給埃及國王塔穆斯（Thamus）其最新的發明「書寫」，並大力讚揚「書寫」將讓埃及人民變得更有智慧，賦予他們更好的記憶能力。但古神忒伍特的這帖「書寫」良藥，卻被國王塔穆斯視為「毒藥」：文字書寫將造成靈魂的健忘，人民逐漸懈惰於自身的記憶，一切盡皆仰賴外在的文字書寫，而文字書寫所傳達的乃是擬像而非真實界本身，故「書寫」無疑是殘害記憶、背離真理的「毒藥」。

而德希達〈柏拉圖之藥〉的切入點，正在於回到希臘字「藥」(pharmakon）本身的歧義與不確定性：既是良藥，也是毒藥；既是治病解方，也是致命配劑。其重點不在於究竟孰是孰非，其重點乃在於既是且是、既非且非。對德希達而言，柏拉圖在《斐德若篇》對書寫的攻擊，乃是「理體（邏各斯）中心主義」(logocentrisme）與「語音中心主義」(phonocentrisme）的展現，視「在場」的「話語」（la parole）既直接、鮮活又能立即回應，遠遠高於不在場、不完整、不透明且已然死亡、不能回應的「書寫」（l'écriture）。但德希達認為「書寫就是藥」，既解構了記憶，也建構了記憶；書寫造成記憶能力的喪失與遺忘，書寫也給出記憶外部化的儲存與傳承。而柏拉圖希望在「回憶」(anamnēsis,憑藉自身內在來記憶)與「助憶」(hypomnēsis,透過文字符號來記憶)之間建立起一種二元對立,終歸無功而返,只因「回憶」也是一種「助憶」,一如「話語」也是一種「書寫」。

因而對德希達而言,「書寫是藥」之為難局,所帶出的正是一個解構二元對立的契機,不再是良藥/毒藥、話語/書寫、善/惡、光明/黑暗、真理/意見的涇渭分明、非此即彼。若柏拉圖的企圖乃在於堅持通過難局以「求解」,並循此建立高低上下的位階(保「話語」棄「書寫」、褒「回憶」貶「助憶」),那德希達就是要在良藥/毒藥、話語/書寫、善/惡、光明/黑暗、真理/意見之間擺盪猶疑、翻轉位階的不確定性,展現「介於其間」(in-between)的極限思考。

誠如德希達弟子法國哲學家斯蒂格勒(Bernard Stiegler)所言,「翻譯或哲學的努力,想要偏好或滌除藥的特定表意(將其辨識為「療癒」抑或「毒藥」),乃是對原本將始終保持不確定者的詮釋暴力」。[12] 而德希達自己也在其以 aporia 之複數為名、談論死亡的專書《難局》(*Aporias*)中寫道,aporia 乃是「困難的或不實際、此處不可能的通道,被拒絕、被否認或被禁止的通道,的確是此路不通的死胡同,但實際上又能是另外的東西,一個在未來到來的將臨事件,不再擁有堅持通過、穿越、過渡的運動形式」。[13] 換言之，aporia 所帶來的極限思考，不在最終的通過與穿越，而在邊界極限本身的不確定性。aporia 既是邊界極限之上的窒礙難行，無法通過；aporia 也是邊界極限之上的暢行無阻，所有的邊界極限都過於多孔滲透、內外無分、既是且是、既非且非；aporia 更是「此路不通」的不可能性本身。[14]

但「窒礙難行」又如何能與「多孔滲透」並行不悖呢？法國女性哲學家考夫曼（Sarah Kofman）就曾致力凸顯 aporia 背後希臘字源 aporos 中的 poros，嘗試區分「陸路」（odos）與「水路」（poros）之差異，前者強調堅實土地之上明確清晰的路徑，而後者則是在移動水面之上無具體可辨識的路徑。考夫曼自是將 aporia 視為後者，一種由移動本身來創造路徑，充滿各種開放可能的不確定性：「無法預先追蹤、總是能被抹去、總是必須重新追蹤，並且是以一種前所未有的形式」。[15] 然若回到德希達，aporia 作為難局的關鍵恐不在於地理空間想像的「陸路」與「水路」之別，而是時間想像的「將臨」（to come）。所有的確定都建立在不確定之上，而所有嘗試封閉不確定、朝向目的終結的企圖與努力，都將不斷被「一個在未來到來的將臨事件」所合摺、開摺、再合摺。

而也唯有在此時間想像之上，我們才能了解為何解構主義的難局思考並不導向虛無主義或純粹的文字戲耍，此亦為何德希達口口聲聲強調「倫理、政治和責任，**如果有的話**，也只能從難局的經驗與實驗開始」。[16] 難局的經驗與實驗，亦即邊界極限的經驗與實驗，也亦即不可能性的可能性之經驗與實驗，乃是要讓我們在思考之中，看到任何確定性中的不確定性，而不確定性才是倫理抉擇與政治行動的關鍵所在：

> 如果整個政治方案只是令人放心的目的，或確信知識的邏輯或理論結果（輕快愉悅、沒有弔詭、沒有難局、毫無衝突矛盾、沒有不確定需要被確定），那就只是一個沒有我們也能運作自如的機器，沒有責任，沒有抉擇，壓根沒有倫理、遑論律法或政治。沒有一種抉擇或責任不需要難局或不確定性的測試。[17]

故若一切皆為確定，那只有立場的表達與宣示，而沒有思考的難局，不須抉擇也無須評斷。只有在沒有絕對的目的終點，沒有確信不疑的知識、邏輯與理論，沒有一字一義的唯一答案、唯一選擇、唯一方向，才有透過不可能性的思考難局來給出倫理抉擇與行動踐履的可能。

三・「以戰止戰」的難局測試

但為何我們需要如此大費周章，從「止」的說文解字，一路談到當代解構主義的aporia呢？「止」作為邁步向前、「止」作為停止不動、「止」作為介於其間、「止」作為邊界極限，「止」的不確定性重要嗎？當「止」在「武」中，「武」作為征伐示威、「武」作為止息干戈的不確定性重要嗎？或當「止」與「戰」連成一詞，那左戈右弓、軍備森嚴的「戰」究竟是執戈前行、還是息戈偃武又重要嗎？[18] 本書以「止戰」為名，就是希望能有鬆動台海關係慣性思考與既定模式的一時半刻，能在「戰爭 vs. 和平」的二元對立與「要戰爭，還是要和平？」的單選題之中，凸顯「戰爭」不在「和平」之外、「和平」不在「戰爭」之外的弔詭，並深信唯有透過既是毒藥又是解藥、「此路不通」又「多孔滲透」的難局測試，我們才有可能看到兩岸「戰爭與和平」政治邏輯與修辭之中的基進不確定性。此即為何本書緒論需要勞師動眾從古文字學談到解構主義，自尋煩惱於aporia的困惑、麻煩、不安與干擾，乃是希冀「既是且是、既非且非」的難局測試，能幫助我們逃逸僵化的二元對立（統／獨、藍／綠、和平／戰爭），以弔詭、兩難、絕境、迷途、此路不通的不確定性，積極展開差異思考的（不）可能。

那麼接著就讓我們從「止戰」的難局，切入到「以戰止戰」的政治邏輯與修辭，讓「語言文字」本身的不確定性，更進一步延展到「戰略思考」的不確定性。在此我們可以爬梳三種「以戰止戰」的模式，並嘗試說明為何第三種「以戰止戰」的當代模式才真正具有基進不確定性，才迫切需求難局的測試，也才更導向政治倫理的抉擇。第一種「以戰止戰」的政治邏輯與修辭，可以《司馬法．仁本》為代表：「殺人安人，殺之可也；攻其國愛其民，攻之可也；以戰止戰，雖戰可也」。[19] 按照此兵書的「仁政」邏輯，興兵作戰乃是為了除暴安人，任何犯禁背德、暴虐百姓者都是討伐的對象。故若殺人是為了讓百姓獲得安寧，則可殺之；攻打一個國家是為了愛護其子民，則可攻之，若發動戰爭是為了制止戰爭，則可戰之。此與前段所引《詩經．周頌．時邁》「我徂維求定」乃異曲同工，都是以戰爭暴力來獲取和平安定。然此種以戰止戰、以暴易暴的邏輯，並不具有任何真正的弔詭或基進不確定性，因為所有的「弔民伐罪」都是信誓旦旦、正氣凜然的，所有的興兵作戰都被賦予絕對的合法性與正當性。此種「以戰止戰」政治邏輯與修辭中的兩個「戰」，雖截然不同，但意義明確，前者是正義之戰，後者是不正義之戰，而前者的正義之戰必然匡正、打敗、擊潰後者的不正義之戰，一如古代高舉「仁政」與「暴政」的對峙，也如現當代標榜「民主」與「極權」的抗衡。

第二種「以戰止戰」的政治邏輯與修辭，可以第一次世界大戰期間廣為流傳的「止戰之戰」（the war that will end war）口號為代表，最早乃是由科幻小說之父英國作家威爾斯（H. G. Wells）提出，並於一九一四年將其系列文章集結成書，書名即為《將終結戰爭的戰爭》（*The War That Will End Wars*）。「止戰之戰」作為第一次世界大戰的「主戰」動員口號，乃是鼓吹唯有透過戰爭才能結束德國軍國主義所造成的戰爭。相較於《司馬法．仁本》「以戰止戰」的說法，「止戰之戰」顯然更多了一層線性時間意義上之目的終結（telos）：此次戰爭將會是終結所有戰爭的最後一場戰爭。然第一次世界大戰結束後，並未如願給出長治久安的新世界秩序，一九一四年對「終戰」的自信樂觀，轉而成為一九一八年歐陸滿目瘡痍、有如煉獄廢墟般的悲觀「終站」，而十五年後希特勒的崛起，更徹底宣告此說之無效。如今「止戰之戰」之說，早已由理想投射轉變為揶揄反諷的對象，其關鍵正在於戰爭的無法終結，第一次世界大戰如同下一場戰爭（第二次世界大戰），都是企圖以戰爭來終結戰爭，但「最後的終戰」卻無盡後延、成為永遠無法企及與到達之目的終結。

第三種「以戰止戰」的政治邏輯與修辭，則與當代國際政治與軍事對峙的「嚇阻」（deterrence，亦譯為「威懾」）理論相互纏繞。相較於前兩者的「以戰止戰」與「止戰之戰」，當代最新版本的「以戰止戰」更多了一層防範於未然的企圖，乃是要以軍事武力的展現來嚇阻軍事戰爭的發生。雖說自古羅馬時期就有拉丁文諺語：「汝欲和平，必先備戰」（Si vis pacem, para bellum）流傳於世，亦即確保和平最有效的手段，便是做好迎接戰爭的準備。甚至前所提及的《司馬法・仁本》，也有「故國雖大，好戰必亡；天下雖安，忘戰必危」的說法。[20] 但當代以美國為主、向全球推廣的「嚇阻」理論之為「以戰止戰」，乃有兩個截然不同於傳統的關鍵特點，一是美蘇冷戰體制與核武威脅，二是經濟學「賽局理論」（game theory）在國際政治與軍事戰略上的運用。

一般而言，當代有關「嚇阻」理論與軍事戰略的發展可被分為四個不同階段。第一波指向二戰結束與核彈的發明與使用，第二波指向一九五〇年代美蘇形成冷戰格局，競逐核武，而經濟學「賽局理論」對美國軍事戰略思維的影響漸巨，第三波指向一九七〇年代對嚇阻理論的檢討與反省，質疑其在國際外交政治上的有限性與可能缺失，第四波指向一九九一年蘇聯解體的後冷戰時代，尤以二〇〇一年美國九一一恐怖攻擊事件為著，嚇阻理論開始納入非國家、非軍事的各種因素，擴展到恐怖主義、極端主義、族裔衝突等。[21]

故就「嚇阻」軍事戰略的第一個關鍵特點而言，其理論架構乃是與當代的核威懾相互建構而成。核威懾不是唯一的「嚇阻」手段，但核威懾卻是最具代表性的「嚇阻」核心概念，尤其是其所指向的「相互保證毀滅」（Mutually Assured Destruction, 簡稱 M. A. D.），讓「同歸於盡」成為最瘋狂卻又是最具嚇阻效力的相互制衡，讓雙方寧可維持緊張的對峙現狀，也不敢不願不輕易爆發更直接的軍事武裝衝突。而就「嚇阻」戰略的第二個關鍵特點而言，「嚇阻理論」的發展與「賽局理論」緊密相連，必須建立在「可信的威脅」、「可信的保證」與兩者的綜合運用之上。誠如二〇〇五年諾貝爾獎經濟學得主、賽局理論學者謝林（Thomas C. Schelling）所言，「任何強制性威脅都需要相對應的**保證**；威脅的目的是要給某人一個選擇」。[22] 當一方祭出「只要你再向前一步，我就開槍」的威脅時，必須同時保證「只要你不再向前，我就絕對不會開槍」。「止」戰之「止」遂成為「停止不動」與「邁步向前」之間的恐怖平衡與來回拉鋸；止「戰」之「戰」遂成為「可信的威脅」與「可信的保證」所同時建構出新形態的「戰爭與和（核）平」，只要不做出被禁制的行動，不踩紅線，一切都將相安無事。

話雖如此，當代以核威懾與賽局理論發展出的「嚇阻」戰略，既是對軍事武裝衝突的風險控管，也是以升高衝突、擴大衝突的可能風險失控作為「止戰」的最佳戰術運用。以謝林著名的「戰爭邊緣策略」（brinkmanship）來說，就是意圖使危機升級到接近戰爭的狀態來迫使對方讓步，以「不惜一戰」來獲取安全的保障。謝林特別強調，此「戰爭邊緣」不是一種讓軍隊、國家或跨國組織一不小心就徹底跌落萬丈深淵的懸崖峭壁，而是一種可進行脅迫與讓步的「曲線斜坡」（curved slope），站在斜坡上失足滑落的危險，乃是隨著曲度而逐步變化，越陡越滑，風險越大，也越容易迫使在「曲線斜坡」上的對方退縮、讓步或屈服。誠如謝林所言，「邊緣策略乃是戰爭可被辨識風險的一種刻意創造，一個無法完全掌控的風險」。[23] 換言之，「嚇阻」作為風險管控，其最高境界之一的「戰爭邊緣策略」卻又是刻意創造出幾乎不能掌控的風險來作為最佳戰術，來騷擾、恐嚇、威懾對方不得越雷池一步，否則將一同墜入開戰危險，甚至不惜朝往雙方玉石俱焚的毀滅。此不斷逼近風險失控的邊界極限，恐也正是「止戰」作為停止不動／邁步向前、掌控／失控之難局的最佳當代展示。

由此觀之，核威懾與賽局理論所共同建構出的「嚇阻」戰略，其最厲害也是最脆弱之處，便在於對不確定性的開敞、操弄與可能的玩火自焚（或玉石俱焚）。所有的威脅既要可信、又要保持最終掌控的不確定，才得以步步相逼。但什麼會是可掌控的無法掌控（刻意創造）與無法掌控的無法掌控（非刻意創造）之間的邊界極限呢？什麼又會是說到做到／虛張聲勢、言行一致／見風轉舵之間的邊界極限呢？「嚇阻」既要清楚傳達出「紅線」之所在、又要曖昧含糊「底線」之所依，既認真又挑釁、既誠懇又無賴，所有「可信的威脅」與「可信的承諾」之背面，又有多少算計與各懷鬼胎呢？若「嚇阻」的主要功能在於避免戰爭的發生，那「嚇阻」卻也同時可以將對峙的雙方或多方推往升高衝突的「戰爭邊緣」，充滿擦槍走火、一觸即發、一發不可收拾的危險。「嚇阻」究竟是一種理性算計，還是一種非理性較勁呢？而什麼又是可量化、可評比的軍事力量之外，不可量化、不可評比的歷史、心理與情感變數呢？在當今全球情勢的詭譎萬變之中，「成本」、「風險」、「利益」又該如何算計與評估呢？

但相對而言，以上這些只是外在的不確定因素，「嚇阻」之為「止戰」的不確定性，更內建於此戰略本身，亦即無不確定性，就無「嚇阻」，就無「止戰」。故這一連串對「嚇阻」之為劣勢的質疑，也同時正是「嚇阻」之為優勢的反駁，完全掌控（一切都確定）與完全失控（一切都不確定），都沒有賽局博奕的可能。傳統二元對立架構下的「不確定」都已確定成為「確定」的反面，並不真正具有跳脫二元對立的「基進性」。當代「嚇阻」戰略之所以能將「以戰止戰」的不確定性發揮到極致，正在於擦槍走火的外在不確定性之外，尚有內建於戰略本身的不確定性，而其所導向的乃是具有時間流變的「基進」可能，一種在「確定／不確定」二元對立之外的「基進不確定性」。戰爭不可兒戲，然「嚇阻」作為軍事戰略就是一場在掌控與失控之間的賽局、一場充滿基進不確定性的博奕。

四・美中台「三角嚇阻」的變局

但即便如此，「嚇阻」作為軍事戰略仍是當前（後）冷戰時代的主流，雖然其核心焦點已從昔日的美蘇對峙，轉而成為今日的美中角力。接下來就讓我們將「嚇阻」戰略直接聚焦於台海關係，看一看美中台「三角嚇阻」（triangular deterrence）的歷史形構與當前變局。一九五〇年代中國企圖以軍事力量「解放台灣」，造成兩次台灣海峽的軍事衝突，而這兩次台海危機的解除，都是因為美國的「延伸嚇阻」（extended deterrence）奏效，以核武威脅與壓倒性軍事力量（第七艦隊巡弋台灣海峽），保障了台灣作為盟友的安全。而一九七九年中美建交之後，為避免台海爆發衝突與戰爭，美中台相互祭出有效的「三角嚇阻」。就中國而言，不能以軍事力量強迫統一台灣（武統為紅線）；就台灣而言，不能正式宣布法理獨立（台獨為紅線）；就美國而言，不能承認台灣為獨立國家（兩個中國為紅線）。就「可信的威脅」而言，三方任何一方一旦跨越紅線都將嚴重受害、招致報復；就「可信的保證」而言，只要三方都能夠自我克制，就不會造成各自的利益受損或台海大規模的軍事衝突。雖說一九九五至一九九六年仍有中國飛彈試射所造成的第三次台海危機，但大抵而言「三角嚇阻」有效維繫了過去七十多年（若以一九七九年中美建交算起，則是四十多年）來的台海和平。[24] 然自二〇一七年起美國川普政府將中國視為競爭對手，展開一連串貿易戰與科技戰的攻訐，台海緊張態勢持續升高，原本的「三角嚇阻」也相應產生了微妙的變局。

就中國而言，從早年作為被美國軍事力量強壓嚇阻的對象，隨著核武的發展與軍事現代化的努力，早已順利將常規戰力結合核威懾，並在軍事、經濟、科技、外交等領域，挑戰美國的霸主地位。就台海關係而言，中國對台政策向來是以「不承諾放棄使用武力」作為最主要的威懾方式，以「嚇阻」台灣採行任何宣布獨立的言說與行動，並以「台獨＝分裂國家＝戰爭」的威脅一以貫之。一九八〇年代鄧小平堅稱中華人民共和國政府不能做出不使用武力解決台灣問題的承諾，但也絕不輕易使用武力；一九九五年江澤民的「江八點」中的第四點一樣強調「努力實現和平統一，中國人不打中國人。我們不承諾放棄使用武力，絕不是針對台灣同胞，而是針對外國勢力干涉中國統一和搞『台灣獨立』的圖謀的」。[25] 即便到了二〇二二年十月習近平在中共二十大開幕會議報告中，也一再重申和平統一，但不承諾放棄使用武力。

此一以貫之的武力嚇阻與戰爭威懾，皆具體展現在中國人民解放軍持續派出軍機、軍艦襲擾台灣周邊海空域，並以飛彈試射、繞島巡航作為抗議「台獨」勢力、「美台親和」的軍事化演練。我們在此並不擬細部討論中國的文攻武嚇，而是企圖將思考的焦點放在中國「以戰止戰」的政治邏輯與修辭。就表面上而言，「武統」與「和統」彷彿是兩種可以選擇的不同選項，而難局的測試便是要讓我們看到「武統」作為「以武力解放台灣」之中的不確定性、「和統」作為「實現兩岸和平統一」

之中的不確定性，以及「武統」／「和統」作為兩種選擇的不可能。個中關鍵便在於「武統」作為「嚇阻」戰略，在軍事施壓、騷擾、挑釁、威脅的同時，乃是為了讓「和統」成為可能：以戰爭的威脅來嚇阻戰爭的發生，以達到和平統一之目的，亦即所謂的「以戰反獨」、「以戰促統」、「以戰促談」、「以戰逼和」、「以戰逼讓」、「以戰脅民」。由此邏輯與修辭觀之，戰爭不在和平之外，和統也不在武統之外。

相對於中國武力犯台的「以戰止戰」，台灣的反侵略軍事防衛本身也可以是另一種「以戰止戰」。若中國以武力嚇阻台灣宣布獨立，乃是為了防止兩岸戰爭的爆發（雖然聽起來很是矛盾），那台灣則是以不斷強化的武力軍備來嚇阻中國的嚇阻，同樣也是為了防止兩岸戰爭的爆發。然前者和後者一樣不確定：用以避免兩岸戰爭的武力強化與軍事對峙，是否最終會導致兩岸戰爭的爆發，讓刻意創造的「戰爭邊緣策略」，成為惡夢成真的軍事武裝衝突呢？一心反分裂的中國無法確定，一心反侵略的台灣也一樣無法確定，但兩者卻也都不斷努力加碼提升各自在台海作戰上的軍事能力與裝備，兩者一樣都展現出「不惜一戰」的態勢與決心。

故就台灣而言，長期面對中國武力犯台的威脅，台灣堅稱必須擁有堅強自主的國防武力，才能嚇阻可能的戰爭發生，但卻也同時成為中國眼中的「以武謀獨」、

「以武拒統」。故不論是戒嚴時期或解嚴時期，不論是國民黨政府或民進黨政府，或有態度上積極消極的差異、或有軍購金額、數量與種類上的差異，但皆一以貫之以「武力戰備」來「嚇阻」中國的侵略（視中國的「嚇阻」為侵略），皆無一日不在防衛固守狀態，也無一日不努力強化台灣在制空、制海、反登陸的作戰能力，以便能讓北京當局知所警惕而有所節制。此即為何台灣的國防政策向來標榜「有效嚇阻，防衛固守」，乃是要以強大軍事武力的威脅力道，來維持台海對峙現狀。而此軍事嚇阻當然不是「為戰而戰」，而是為了防止台海武裝衝突與戰爭發生的「以戰止戰」。

於是陳水扁執政時喊出「備戰而不求戰，止戰而不懼戰」；馬英九執政時喊出「止戰而不拒戰，備戰而不求戰」；或蔡英文在二〇二二年底宣布將義務役由四個月延長為一年時喊出「備戰才能避戰、能戰才能止戰」；甚至二〇二四年總統大選候選人柯文哲喊出「備戰不畏戰，能戰不求戰」、侯友宜喊出「備戰不啟戰」、賴清德喊出「備戰才能止戰」，其用詞幾乎如出一轍，僅有文字排列組合上的些微差異。雖然這些政治口號中的「止戰」，毫無疑問地確切指向「停止戰爭」，但以「武力戰備」來嚇阻戰爭的「以戰止戰」本身，其政治邏輯與修辭依舊充滿了基進不確定性。多大程度的備戰才叫備戰、才具有嚇阻效力？什麼是「避戰」與「必戰」之間的邊界極限？什麼是防衛與攻擊、守勢嚇阻與攻勢嚇阻的差異？什麼又是「先制打擊」（preemptive strike）、「預防性攻擊」（preventive strike）的反守為攻？若就嚇阻理論本身的弔詭而言，守勢戰術與攻勢戰術當無涇渭分明的可能，若沒有「反守為攻」的能力與可能性，又如何能夠增強反擊性的嚇阻力量。「以戰止戰」作為停止不動／邁步向前、掌控／失控、攻勢／守勢的基進不確定性，再次在台海詭譎多變的關係中展露無遺。

然美中台軍事戰略上的「三角嚇阻」，從來不是也不可能是等邊三角形，就如同中國以武力犯台作為「嚇阻」與台灣以武力戰備作為「嚇阻」，其能力、效力與強制性絕不可能同日而語。而台海「三角嚇阻」中至今最為舉足輕重的仍是美國。美國為維持印太地區的和平穩定，長期以來對台海乃採「雙重嚇阻」政策，既嚇阻中國動武，也嚇阻台灣獨立（也包括嚇阻台灣最早期的反攻大陸），成功綜合運用「可信的威脅」（反對台海任一方企圖改變現狀）與「可信的保證」（中國不動武，台灣不獨立）。如前所言，美國的「延伸嚇阻」確實有效維持了過去七十多年來的台海和平穩定。但面對中國不斷增強的軍事力量與大國崛起的態勢，自川普政府與拜登政府陸續上台，美中關係丕變，美國不斷測試自己國內對中國禁運、網路攻擊的承受能力，更企圖在西太平洋地區強力維持其現有的戰略優勢，積極展開各種地緣政治的聯合軍演。而美國從軍事、外交到經濟、科技，從「五眼情報聯盟」（澳大利亞、加拿大、紐西蘭、英國和美國）到「四方晶片聯盟」（台灣、日本、韓國、美國），顯然再度回到了對中國地緣戰略的圍堵策略，只是愈加明目張膽，毫不掩飾。

美中關係的丕變與當前的緊張對峙，讓台灣成為二〇二一年四月英國《經濟學人》所指「地球上最危險的地方」。只見中共以不斷加碼的大規模圍台軍演來抗議美台關係、軍事合作與軍售的強化，不斷以軍機、軍艦越過海峽中線，更在二〇二二年八月時任美國聯邦眾議院議長裴洛西訪台期間達到高點，台海危機一觸即發。顯然美中台「三角嚇阻」的紅線與底線都在改變，美國對「一個中國政策」（One China Policy）的「戰略模糊」（strategic ambiguity）也在改變。那昔日的「三角嚇阻」還有效嗎？什麼是自我克制與刻意挑釁之間的邊界極限呢？「戰爭邊緣」作為「軍事策略」與「實體演練」之間的差異又為何呢？（對中國而言）「台灣不宣布獨立，就不會發動軍事攻擊」或（對台灣而言）「台灣不會宣布獨立，如果沒有遭到軍事攻擊」的保證仍然可信嗎？何種強度的「嚇阻」（既同時是軍事挑釁，也是自我節制）才能保證現狀不會被更動呢？又如何面對所有理性算計中的非理性，或所有軍事戰略皆無法預測之「意外的戰爭」呢？「嚇阻」戰略作為當代「以戰止戰」的極致，其本身最大的弔詭，不僅是在盡其所能避免戰爭的努力之中、反而鞏固了戰爭的可能，更在於沒有戰爭的可能、沒有失控的風險，就沒有嚇阻威懾的最大效力。中國不承認放棄使用武力，台灣不承認放棄對國家主權的爭取，美國 acknowledge 但不 recognize 中國所一再堅持的「一個中國原則」（One China Principle），看來兩岸「三角嚇阻」的「以戰止戰」還會持續風雲變色、高潮迭起。

誠如德希達所言，「沒有一種抉擇或責任不需要難局或不確定性的測試」。「止戰」即「趾戰」，在「以止為足」、「以止示行」的同時，更是充滿了邊界極限之上危顫顫的迫臨身體感，不論面對的是萬丈深淵還是「曲線斜坡」。而難局的測試不在順利通過、溝通或解釋，不在找出解答以打開意義理路的死結，而是在測試的過程中體悟弔詭、兩難、絕境、迷途、此路不通的困境，而得以做出政治的抉擇與喚起倫理責任之為回應—能力（response-ability）。如是《止戰》乃一本對台海關係的難局測試，企圖在政治、經濟、軍事、社會、文化等既有分析架構之內，展開一場哲學思考的逃逸路徑。

《止戰》一書共分為四個主要章節。過往我們談論「台海戰爭」的方式，多以線性時間界定下的「過去式」與「未來式」來加以表達，像作為「過去式」的「九三砲戰」與「八二三砲戰」，也像作為「未來式」的「台海終須一戰」。本書第一章〈戰爭的未來完成式〉則企圖挑戰以此線性時間觀所建構的台海戰爭論述模式，嘗試回到當代理論對「未來完成式」的重新書寫，來開展「戰爭」文法時態的哲學思考。此章將先回顧當代兩個戰爭未來完成式的著名案例，一是由《原子科學家公報》（*Bulletin of the Atomic Scientists*）創立於一九四七年的「末日鐘」（the Doomsday Clock），另一則是法國哲學家布希亞（Jean Baudrillard）在一九九一年出版的《波灣戰爭不曾發生》（*La Guerre du Golfe n'a pas eu lieu*），前者將核戰與世界末日的倒數計時合而為一，後者則以後現代弔詭來進行「戰爭作為擬像」的媒體批判。而相對於此二者以「未來完成式」來傳達戰爭的陰鬱警世或虛無造作，此章則是希冀能以未來作為異質開放性的方式，重新談論戰爭與「未來完成式」的可能連結，並實際回到「台海戰爭」的危機分析，凸顯其如何在「尚未」與「已經」之間充滿不確定性，以及其如何有可能將危言聳聽的「戰爭預言」創造轉化為充滿虛擬威力的「戰爭闖言」。

第二章〈病毒、台海戰疫與攻擊欲力〉則從「戰爭實體」與「戰爭隱喻」的相互纏繞中切入，嘗試鋪陳二〇二〇年至二〇二三年在台灣所啟動的「台海戰疫／役」，亦即由新冠病毒所引發一連串「防疫視同作戰」的戰爭想像與行動。此章以九十多年前愛因斯坦（Albert Einstein）與佛洛依德（Sigmund Freud）的通信開場，凸顯戰爭與「攻擊欲力」的緊密相連，再拉到新冠疫情期間嚴重惡化的兩岸關係（台灣質疑中國「以疫奪台」，中國指摘台灣「以疫謀獨」），反思台灣為何會在政治操作與情感動員上從「反中」走向「仇中」，並出現敵／我意識（疫識）甚為強烈的「仇恨語言」。此章的討論聚焦於兩個以「語言」作為攻擊行動的案例。一是台灣對「武漢肺炎」作為「病毒命名系譜」的偏執，如何既是一種具有歷史、社會、心理、地緣政治的「反中情結」與「拒統情結」，又是一種匯集憤怒、控訴、發洩、仇恨、報復與敵意的「攻擊欲力」。二是WHO幹事長譚德塞（Tedros Adhanom Ghebreyesus）對台灣種族歧視言論之抗議與台灣立即的強力反駁，如何讓「自我防衛」與「攻擊欲力」彼此相互形成合理化、正當化的迴路。文末則嘗試提出「抵抗的非暴力模式」，來尋求處理兩岸歧視與敵意的可能出路。

第三章〈小心「地雷島」？〉聚焦於台灣「火山車載布雷系統」軍購案所引起的軒然大波，嘗試從歷史、政治、心理的角度，一探台灣特有的「地雷情結」。前半部分處理「文字地雷」，分別爬梳國防部與事實查核中心的澄清說明、以及〈殺傷性地雷管制條例〉作為法律條文所可能留下的「後門」。接著再回顧台灣參與國際「反地雷」運動以展現進步價值與國際能見度的來龍去脈，並由此帶出金門、馬祖戰地埋雷與除雷的歷史經驗。後半部分則回到這次軍購案所引發的「情緒地雷」，凸顯此軍購項目乃直接逼迫台灣「本島」必須面對與承受「殲敵於灘岸」、甚至「殲敵於陣地」的現實。此軍購案之所以引起如此劇烈的民眾情緒反應，正因其殘酷戳破了台灣過往「阻敵於境外」、「決戰於境外」的口號與信念，不論此「境外」指的是相對於「陸戰」的「空戰」與「海戰」，或指的是相對於「本島」的「離島」金門、馬祖。而此章對台灣「地雷情結」與「拒認機制」的分析，乃是希冀在此項軍購案挑起台灣「本島」前線化、戰地化、地雷島化的恐懼焦慮之時，能同時看到金門、馬祖作為「邊緣島嶼」、「次等公民」、作為名符其實「地雷島」的前世今生，看到台灣內部在地理政治與軍事部署上的內在壓迫，才有可能以「基進平等」的倫理關懷另闢蹊徑，重返戰爭與地雷的政治思考。

第四章〈祭祖與統戰〉以二〇二三年三月下旬前總統馬英九赴中國的祭祖之行開場，嘗試以女性主義「宗法父權」的批判角度，重審兩岸詭譎的「祖國」論述與「祭祖」交流。此章有三個分析重點。第一個重點放在中國共產黨「統戰」一詞的跨語際翻譯與歷史流變，並以其一九五〇年至二〇一九年間先後發表的六次〈告台灣同胞書〉為文本分析案例，看其如何從社會主義的「工人無祖國」，轉變到以「中華民族」作為情感號召的「統一祖國」。第二個重點放在清末民初的「中華民族主義」如何建構出「家族—宗族—國族」的連續共同體，再拉到兩岸同祭的「黃帝陵」，以凸顯「國共統一戰線」的歷史弔詭與政治反諷。第三個重點則是回到台灣自身在「尋根祭祖」上的難局，先以兩位前「男」總統陳水扁與馬英九為例，帶出「尋根祭祖」在「根源」與「路徑」之間的迂迴曲折，再以台灣第一位「女」總統蔡英文為例，展示其「性別麻煩」如何擾動其「尋根祭祖」。此章最大的企圖乃是希望展現台灣自身在「尋根祭祖」上的精神分裂，看到「一中原則」與「一宗原則」的互為表裡，看到宗法父權在「祭祀—繼嗣」與「姓／性別政治」的千年部署與延至今日當下的陰魂不散。

《廣韻》「止」之所在「停也，足也，禮也，息也，待也，留也」，「將臨」

作為「止戰」的開放不確定性，永遠攜帶著一個始終在進行的摺曲、轉向、變形的時間過程。因而此書的書寫乃「不可能的任務」，其「不可能」不在於任務的艱難與否，也不在於任務的可能達成或不可能達成，而在於對「不可能」展開思考或被「非思」所思，讓每一個章節都成為一場時間流變中的難局測試，在測試之中得以看到所有可能之中的不可能、所有確定之中的不確定，或許才能真正開啟政治倫理的抉擇，「一個在未來到來的將臨事件」。

第一章

戰爭的未來完成式

什麼會是戰爭的文法？什麼又會是戰爭的時態變化呢？

二〇二三年一月四日美國頭號左派批判知識分子杭士基（Noam Chomsky）在接受TRUTHOUT獨立新聞媒體專訪時指出，當前世界所面臨的嚴重威脅，可由「末日鐘」一窺究竟，目前設定在午夜來臨前的第一百秒，但隨著俄烏戰爭的爆發、美俄強權的持續對峙，再加上二〇二二年年底華府同意提供烏克蘭先進的愛國者飛彈系統，今年的「末日鐘」勢必將重新調整而更接近午夜的終結時刻。1接著杭士基話鋒一轉，點出當前世界的戰爭威脅，不僅正發生在烏克蘭國境，更以加劇危險的方式出現在台海。他指出美國總統拜登已向中國做出數位宣戰，美國國會已迫不及待想要打破原有的「戰略模糊」，一個維持並保障了台灣五十年安全的美中台策略。

果然不出杭士基所料，二〇二三年一月二十四日《原子科學家公報》宣布因俄烏戰爭的爆發與持續加劇，再加上生物威脅、核戰隱憂、疾病與氣候變遷危機等，使人類面臨更大的滅亡風險，決定將「末日鐘」再往前調十秒，距離午夜終點只剩下九十秒，乃是史無前例距離午夜（世界末日）最迫近的時刻。眾所皆知，「末日鐘」的由來與核戰威脅息息相關。一九四五年美國在日本廣島、長崎投下兩顆原子彈，迫使日本投降，結束了第二次世界大戰，隨即愛因斯坦與一群參與「曼哈頓計畫」（Manhattan Project）、研發世界第一批核武的科學家，包括歐本海默（J. Robert Oppenheimer）等人，在美國芝加哥成立非營利組織《原子科學家公報》，並於兩年後創設「末日鐘」，以「午夜時刻」來象徵全球性災難的迫近與可能帶來的世界毀滅。

「末日鐘」乃虛擬時鐘，並不真實存在，也不標示真實的時間，而是警醒世人「世界受核武威脅的程度」，後來亦加入全球暖化、氣候變遷、生物威脅、科技新技術等議題的考量。一九四七年創立之初設定的時間為十一點五十三分，距離午夜終結的世界末日僅剩下七分鐘。創設至今距離午夜毀滅最遠的時間為十七分鐘，乃是一九九一年美俄冷戰結束、兩大核武強權簽署第一階段《削減戰略武器條約》（Strategic Arms Reduction Treaty）之際，而截至目前距離午夜毀滅最近的時間則是二〇二三年的九十秒，主要肇因於俄烏戰爭的爆發與持續（二〇二三年十月中東以巴衝突的爆發，勢必將讓「末日鐘」更往午夜毀滅時刻靠近）。《原子科學家公報》固定於每年一月調整時鐘的計時，由該組織的科學與安全專家委員會集體決定之，戰爭的動盪與層出不窮的生態浩劫，讓原本以「分」為單位進行的調整，早已轉為以「秒」為單位，讓世界末日的倒數計時，顯得更為短促、急迫與危險。

「末日鐘」固有其警世核戰威脅的良善動機，但自一九四七年創設至今，人類與末日毀滅的距離似乎越來越近，幾乎每年都快末日，反而造成一種麻木疲乏之感，難以重複喚起世人對危機的正視與警醒。二〇二〇年、二〇二一年、二〇二二年都「卡」在一百秒而動彈不得，二〇二三年因俄烏戰爭而調整為九十秒。如果都是迫在眉睫，那距離午夜毀滅時刻的「十秒」之差，將如何有可能讓我們深刻「感知」俄烏戰爭爆發前（一百秒）與戰爭爆發後（九十秒）的世界危機差異呢？而更有甚者，爆發於二〇二二年二月二十四日的俄烏戰爭，因「末日鐘」固定在每年一月公布，所以幾乎是晚了十一個月，才在二〇二三年一月二十四日將「末日鐘」往前調整了十秒。此對戰爭與危機時間敏感度的極度遲緩，完全喪失了當下立即的回應能力，當是讓「末日鐘」再次顯得如此老舊、遲鈍、無效，好似一個在世界末日來臨之前就已然近乎報廢的時鐘。

但「末日鐘」作為戰爭（尤其是核戰）的象徵計時器，卻蘊含了極具文化深意的「時間性」。「末日鐘」既是對「未來」的預言，也是對「終結」的寓言，標示出極為複雜「往前／往後」的時間行進方向與「啟示／末世」（apocalypse/eschatology）的相互貼擠。西方從中世紀以降，拉丁文的「未來」便有兩個不同字詞的表達方式。第一種 futurus 之為「未來」，乃是「從現在前往未來」（時間的前進運動），指的乃是未來的可被預期，可由過去推估未來，後亦發展成為啟蒙主義「過去─現在─未來」的線性進步時間觀。第二種 adventus 之為「未來」，則是「從未來回返現在」（時間的回返運動），指的乃是未來（永恆、最後審判、基督再臨）的不可預期，從尚未發生處將臨，無法由過去所推估。

而「末日鐘」所隱含的末日「預言」與「寓言」，乃是同時踩在兩種「未來」的時間性之上。就 futurus 之為「未來」而言，「末日鐘」乃是由過去（研發核武，投放原子彈）、現在（核武試射、核武威脅）所推估、所預期的未來（核戰爆發、世界終結），乃是在「過去─現在─未來」啟蒙線性進步時間觀之下的「未來式」。而就 adventus 之為「未來」而言，「末日鐘」挪用了宗教「最後審判」的神聖時間觀，但將「啟示錄」翻轉為「末日學」，從「未來」（世界末日）的「已然發生」回到現在，展開「倒數計時」，乃是一種深具傳統宗教潛意識與當代科幻想像、結合戰爭威脅與生態浩劫的「未來完成式」。

即便我們無感於世界末日再一百秒或再九十秒即將到來的細緻差別，即便我們質疑「末日鐘」的老舊陳腐、反應遲鈍，但「末日鐘」與「戰爭」（核戰）在時間向度上所涉及的複雜文法時態，卻依舊富饒深意。二〇二三年的「末日鐘」因俄烏戰爭而往前調整了十秒，杭士基亦不忘諄諄提醒在俄烏戰爭之外的台海也戰雲密布，而本章正是企圖以「末日鐘」所牽帶出「未來完成式」的時間複雜性為出發點，展開「戰爭時間性」的哲學探問，並嘗試以此打開「台海戰爭」在「線性時間」與「戰爭預言」之外的思考可能。全章將分為三個部分：第一部分處理波斯灣戰爭與「未來完成式」的後現代弔詭；第二部分凸顯當代後結構理論對「未來完成式」的偏愛及其對「終結」的解構；第三部分則將拉回台灣談「維持現狀」之為「維持線狀」的不可能與台海戰爭的未來開放性。

一・波斯灣戰爭的三種時態

如果「末日鐘」乃成功貼擠 futurus 線性進步時間的「未來式」（世界即將毀滅）與 adventus 末日啟示錄時間的「未來完成式」（世界將已毀滅），凸顯了「即將」（尚未）與「將已」（已經）之間千鈞一髮的危岌與混亂，其弔詭處或正在於既是世界末日的「即將到來」（否則無法進行警告），也是世界末日的「已經到來」（否則無法倒數計時）。然自一九四七年創設至今，「末日鐘」已由原先的「核戰」連結，擴展到當前各種生態環保、科技新發展的關注，而「末日鐘」的終極焦點也自始自終放在「世界末日」的「未來」，而非僅是「戰爭」的「未來」，即便「戰爭」乃是造成「世界末日」的核心肇因。那麼有沒有一種「戰爭」與「未來」更緊密連結的思考方式呢？有沒有一種「戰爭」的文法時態變化比「末日鐘」的表達方式更複雜、更弔詭呢？

接下來就讓我們先以二十世紀末一個最為「惡名昭彰」的例子，來展開對「戰爭時間性」的文法時態思考。話說法國思想家布希亞在一九九一年第一次波斯灣戰爭爆發前後，連續在法國《解放報》（*Libération*）發表了三篇評論。[2] 第一篇發表於一九九一年一月四日，標題為“La guerre du Golfe n'aura pas eu lieu”（“The Gulf War will not take place”，〈波斯灣戰爭將不會發生〉，此中英文標題翻譯的時態有誤，後續將討論之）。此篇文章發表的時間點，乃是落在聯合國安理會已經授權對伊拉克使用武力之後一個月，但是在一九九一年一月十七日美英對巴格達真正發動空襲前兩週。第二篇發表於一九九一年二月六日，標題為“La guerre du Golfe a-t-elle vraiment lieu?”（“The Gulf War: is it really taking place?”，〈波斯灣戰爭，真的正在發生嗎？〉）。此篇文章發表的時間點乃是「沙漠風暴行動」（Operation Desert Storm，一九九一年一月十七日—一九九一年二月二十八日）正如火如荼進行之中。第三篇發表於一九九一年三月二十九日，標題為"La guerre du Golfe n'a pas eu lieu"（"The Gulf War did not take place"，〈波斯灣戰爭不曾發生〉）。此篇文章發表的時間點乃是英美軍事「沙漠風暴行動」結束之後的一個月。

布希亞的三篇波斯灣戰爭評論系列之所以「惡名昭彰」，乃是在第一篇評論發表之後所引發一系列冷嘲熱諷的回應，其中亦不乏知名學者的重磅回擊。這些揶揄或回擊的重點，都在攻擊布希亞所表徵「後現代犬儒主義」的不食人間煙火，指責布希亞只會用文字修辭與文法時態變化，戲耍戰爭的殘酷無情，讓明明已經發生的戰爭，卻被說成「不曾發生」，充滿「否認現實」的輕佻與非理性。但對於熟稔布希亞思想脈絡的評論者而言，這三篇評論乃是布希亞一以貫之對「媒介真實性」的反思，而波斯灣戰爭「不曾發生」此貌似危言聳聽、睜眼說瞎話的聲稱，正是布希亞針對戰爭作為「媒體事件」之真實性的探問。

證諸一九九一年的波斯灣戰爭，乃是人類歷史上第一次透過人造衛星向全世界進行電視直播的「新形態戰爭」，給出的乃是兩種「遠距殺人」（或「螢幕殺人」）的戰爭劇場—電玩—影院。[3]一種是在前線所進行的「冷漠殺戮」（clinical slaughter，無動於衷、不帶情感的臨床操作精準性），以美國為首的聯軍以壓倒性的先進科技武器（各種巡弋飛彈的登台亮相）克敵致勝。故所謂的「不曾發生」乃是凸顯傳統近身射擊搏鬥壕溝戰的徹底消失，此遠距按鈕殺人的戰爭模式，甚至被布希亞譏諷為「安全性愛的好戰等同物：作戰有如做愛戴套」。[4]而另一種「遠距殺人」乃是在家不在前線、卻有如身歷其境般的影像消費。戰場的攝影機在場，已讓「超真實」（hyperreality）、「擬仿」（simulation）取代了所謂的「真實」。[5]電視機前的觀眾，成為戰爭現場連線、即時播放的「人質」，場址為螢幕，「在其中我們幾乎日復一日地被轟炸，即便同時也成為交換價值」。[6]故波斯灣戰爭「不曾發生」，乃是因為我們所視所見、所聽所聞的，乃是媒體所虛擬創造出的「戰爭奇觀」，持續剝奪我們對戰爭真實性的所有可能理解。

而如今這些針對布希亞波斯灣戰爭評論系列的攻訐或辯護，學界早已耳熟能詳，但對這三篇戰爭評論明顯採用的不同文法時態，卻著墨甚少，僅是以「時態混亂」來凸顯布希亞所強調波斯灣戰爭乃一個缺乏整體認知或完整真實性的「新形態戰爭」，或是直接嗤之以鼻布希亞書寫風格的「時態造作」。[7]

但究竟為何布希亞要用三種不同文法時態，來描繪同一場戰爭的不同時間狀態呢？未來完成式、現在進行式、過去式與否定句、問句之間的排列組合，究竟有無關乎「戰爭時間性」的蹊蹺可供再次探究呢？第二篇〈波斯灣戰爭，真的正在發生嗎？〉以「現在進行式」加上「問句」的方式出現，第三篇〈波斯灣戰爭不曾發生〉以「過去式」加上「否定句」的方式出現，皆可以說是見怪不怪，因為皆可以從前面所述布希亞對「新形態戰爭」之虛擬化、奇觀化、抽象化的反思批判，得到合理的解釋。當布希亞質疑「正在發生的戰爭，真的正在發生嗎？」或「已經發生的戰爭，真的曾經發生過嗎？」，即便口吻中帶著挑釁與慧黠，卻也都是師出有名的批判與詰難。如今看來《波灣戰爭不曾發生》（布希亞三篇戰爭評論集結成書的書名）的問題，恐不在於可能的「惡名昭彰」，而在於後現代媒體批判自身可能的「老生常談」：戰爭影像之「真實」早已被「超真實」、「擬仿」所篡奪等論述模式的「老生常談」。

但要如何才有可能不「老生常談」呢？要如何才有可能在《波灣戰爭不曾發生》中翻轉出戰爭「時態」的新提問方式呢？個中關鍵恐怕要回到一九九一年一月四日布希亞發表的第一篇戰爭評論所採用的特殊「時態」。不同於第二篇的「現在進行式＋問句」，也不同於第三篇的「過去式＋否定句」，第一篇的標題採用的乃是十分詭異的「未來完成式＋否定句」。彼時波斯灣戰爭尚未開打、「沙漠風暴行動」尚未全球實況轉播，我們無法依樣畫葫蘆，用戰爭影像的媒體批判、亦即用以詮釋第二篇與第三篇標題「時態」的方式，來加以合理化第一篇標題。在此山雨欲來風滿樓的戰爭前夕，布希亞第一篇評論的標題沒有採用「未來式」——「戰爭即將發生」的未來式肯定句或「戰爭將不會發生」的未來式否定句——而是一個十分詭異的「未來完成式＋否定句」，究竟意欲何為？未來完成式的「將已發生」（will have taken place）與未來式的「將要發生」（will take place），或加上否定形式的「將不曾發生」（will not have taken place）與「將不會發生」（will not take place），究竟能有什麼在「戰爭時間性」思考上的敏感差異呢？

然而有趣的是這個「法文」文法時態上「未來完成式」加上「否定句」的標題，卻在後續的「英文」翻譯時產生了變動。布希亞第一篇法文原標題 "La guerre du Golfe n'aura pas eu lieu" 的「未來完成式」，在英文的翻譯過程中，變成了 "The Gulf War will not take place" 的「未來式」。此跨語際的時態翻譯錯誤，乃是讓〈波斯灣戰爭將不曾發生〉，變成了〈波斯灣戰爭將不會發生〉。[8] 如前所述，第一篇發表的時間點落在聯合國安理會授權對伊拉克動武之後一個月，但在一九九一年一月十七日美英對巴格達真正發動空襲前兩週，若是用「未來式」表達或預測戰爭的即將發生或不發生皆屬合理，但為什麼是用「未來完成式」的「否定句」來表達根本尚未發生、尚未開打的戰爭呢？

第一個可能的解釋乃是再次回到布希亞自己的思考體系，亦即其對世界早已內爆為「超真實」的影像批判與其對「線性時間」有關肇始與終結的解構摧毀。早在一九八七年布希亞就已發表了另一篇「惡名昭彰」的論文〈兩千年將不曾到來〉，與一九九一年第一篇標題的〈波斯灣戰爭將不曾發生〉似有異曲同工之妙。該文的原法文標題為“L'an 2000 ne passera pas”，而英文翻譯則出現了兩個版本。第一個版本為“The Year 2000 Will Not Take Place”，即〈兩千年將不會到來〉，亦即以「未來式」加「否定句」的方式表達。[9]另一個版本則為“The Year 2000 Has Already Happened”，即〈兩千年已經到來〉，則是以「現在完成式」加「肯定句」的方式表達。[10]

在此我們需要特別加以說明，英文 the future perfect 與法文 le futur antérieur，並不完全相同，前者中文翻譯為「未來完成式」較為通用，後者中文翻譯可為「先未來式」，較為少見。[11] 但「先完成式」的翻譯更能清楚傳達法文 le futur antérieure 所圖顯「在未來式之先」，以及「之先」或「之前」所產生的時間差異，較不像英文 the future perfect 作為「未來完成式」對「完成」語態的強調。本章原則上採用較為通用的中文翻譯「未來完成式」，但接下來會在內文多處於「未來完成式」之後加上（「先完成式」），一方面乃適時提醒此英文與法文時態表達方式的不同偏重，一方面也是標注本章在「戰爭時間性」概念操作上對「未來式」之「先」的倚重、遠遠超過對「未來式」之「完成」的強調。

有了對英文「未來完成式」與法文「先未來式」的理解，我們便可以再回到布希亞「法文」標題在翻譯為「英文」時左右為難、顧此失彼的「時間難局」。故就〈兩千年將不會到來〉與〈兩千年已經到來〉的兩個版本而言，並不存在法翻英上誰對誰錯的問題，誠如批評家指出，單純的「未來式否定句」或「現在完成式肯定句」都無法完整表達原法文標題與原文所蘊含的複雜時間性，反倒是將兩個英文翻譯的標題疊加在一起——「西元兩千年將不會跨過（因為）已經跨過了」——更能表達原標題在時間性上的超級弔詭。[12] 布希亞此文一方面假設當代時間感的詭異在過於迅猛，可以快到在開始之前就已結束，或開始就已是結束；另一方面又假設當代時間感的詭異在過於遲緩，開始之後卻永遠無法達到結束，所有關乎進步、理性、歷史、欲望，已徹底失去速度與動力。但不論是過快或過慢讓千禧年早已到達或永不到達，布希亞所意欲凸顯的，乃是世界已內爆為「超真實」，所有可能的終結已被符號所置換，歷史既已終結，也就永無終結，一如兩千年已經到來（現在完成式肯定句），兩千年也不會到來（未來式否定句）。同理可推，一九九一年布希亞第一篇戰爭評論標題所展現的，既可以是波斯灣戰爭的「將不曾發生」（未來完成式否定句），因為「超真實」已置換真實、歷史已經終結，也可以是「將不會發生」（未來式否定句），因為波斯灣戰爭早已發生。

但除了在布希亞自己的體系之中找尋解答外，另一個可能的解釋則是帶入其他文本的「互文」指涉。誠如批評家指出，布希亞波斯灣戰爭第一篇評論的標題，乃是對另一個法國現代文學文本戰爭時態的引用：一九三五年的劇本《特洛伊戰爭將不曾發生》（*La guerre de Troie n'aura pas lieu*）。[13] 該劇本乃是法國作家（亦是法國外交官）季洛杜（Jean Giraudoux）完成於第一次世界大戰之後、第二次世界大戰山雨欲來之際。但為何該劇本的「戰爭時態」乃與劇作家反戰、主張和平但卻充滿「絕望」的基調息息相關呢？該劇的時空設定在古希臘特洛伊戰爭爆發的「前一天」，特洛伊城內的「主和派」和「主戰派」依舊僵持不下。「主和派」以總指揮 Hector 與其充滿智慧的母親 Hebuca、懷孕的妻子、特洛伊的女人們為主，他想要說服他的兄弟 Paris 將 Helen 還給希臘以達到止戰的目的。但是以詩人 Demokos 為首的特洛伊男人們卻是「主戰派」，後來更成功以巧計製造仇恨（將 Demokos 之死移花接木成被希臘人所殺），讓 Hector 好不容易與希臘和談代表 Ulysses 所達成的和平協議終至破局。

《特洛伊戰爭將不曾發生》企圖重新改寫荷馬史詩《伊里亞德》（*Illiad*），劇本將時空設定在戰爭爆發的「前一天」確為巧思。就史詩敘事（或部分史實考據）而言，特洛伊戰爭注定發生，既是該劇劇末女先知 Cassandra 所聲稱戰爭的無法避免（未卜先知），也是證諸史詩敘事或部分史實的已經發生（過去式、過去完成式）。但就戰爭發生的「前一天」而言，戰爭尚未發生。故此處的「未來完成式」（「先未來式」）乃是再次展現時間弔詭的幽微：戰爭已經發生（無可轉圜），戰爭尚未發生（尚可轉圜）。而「否定句」的加強，彷彿是一種絕望吶喊卻又無力回天的「以古諷今」（好戰的男人已將事態推到了戰爭邊緣）、「以古喻今」（還有可能避開第二次世界大戰的一觸即發嗎？）。故若將《特洛伊戰爭將不曾發生》（設定在戰爭發生前一天〉與〈波斯灣戰爭將不曾發生〉（發表在聯合國安理會核准動武、但以美國為首的聯軍尚未發動空襲之前）並置思考，當可在布希亞一貫後現代媒體批判與嘲諷的詮釋框架之外，悄悄牽帶出另一種「戰爭時間性」的情感強度與糾結，一種回天乏術卻圖力挽狂瀾的徒勞與絕望。

但在本章第一部分結束之前，還是不得不提及一本在布希亞「戰爭批判」影響下的中文評論選集《戰爭沒有發生？二〇〇三年英美出兵伊拉克評論與紀實》。該書出版於二〇〇三年九月，主要集結台灣對美英發動的第二次波斯灣戰爭之批判文章，而布希亞一九九一年針對第一次波斯灣戰爭三篇評論合集的中譯本，也於同年出版。[14] 如果《波灣戰爭不曾發生》乃是對《特洛伊戰爭將不曾發生》的再次引述，那《戰爭沒有發生？》顯然也是對《波灣戰爭不曾發生》的再次引述。但有趣的是《戰爭沒有發生？》作為疑問句或修辭問句的同時，卻時態不明，究竟是當下正在發生的戰爭沒有發生？還是戰爭在過去或未來已經發生？該書的「編輯說明」提出了有關「戰爭形態」而非「戰爭時態」的說明：

以「戰爭」一詞來說，多少帶有勢均力敵，或交戰各方對彼此仍有強弱的還擊

> 能力，惟這場武裝衝突的雙方，力量懸殊，伊拉克並無回手之能，世人皆知。既然如此，與其說是波灣、伊拉克或美伊第二次戰爭，不如說這是一次狩獵。英美驅兵入伊既然是狩獵，那戰爭也就沒有發生，雖然伊拉克的生靈與國土受創既重且深。[15]

若布希亞《波灣戰爭不曾發生》乃是點出所有真實戰爭已被影像的虛擬符號所取代，以凸顯波斯灣戰爭乃全球衛星連線下的第一場「新形態戰爭」，那依樣畫葫蘆的《戰爭沒有發生？》，則是將焦點放在戰爭的界定之上（根本稱不上「戰爭」，只是狩獵與殺戮），一樣擲地有聲，只可惜布希亞那精采絕倫由「形態」到「時態」的「時態變化」或「時態造作」，在跨文化、跨文法的中文語境裡已然無用武之地矣。

二・當代理論的「未來完成式」（「先未來式」）

「末日鐘」以「未來完成式」來倒數計時核戰浩劫，充滿尚未／已經、啟示／

末日的貼擠與混亂；布希亞以「未來完成式＋否定句」來「反預言」波斯灣戰爭的即將發生，給出一種「已經發生過的未來，或發生過卻從未發生的過去」此類超級弔詭的時間陳述。然不約而同的，前者的「未來完成式」給出了末日警鐘的危急與絕望，而後者的「未來完成式否定句」也給出歷史終結的虛無與憂鬱，那究竟有沒有一種「未來完成式」（「先未來式」）的想像，可以較不命定、較不憂鬱、較不黑色、較不絕望、因而較能給出「微觀政治」（micropolitics）的日常生活實踐呢？本章第二部分嘗試回到當代後結構理論找尋思考資源，看一看為何「未來完成式」（「先未來式」）乃是當代理論最鍾愛的「時態」、為何此「時態」的「未來開放性」正足以翻轉「希望的終將破滅」與「絕望的已經到來」所夾帶的陰暗憂鬱與在劫難逃呢？

就讓我們先以最簡單、最素樸的方式，回到文法上的「未來完成式」（「先未來式」）來一探究竟。簡單來說，文法「時態」乃是用來表達時間關係，基本上可分為「絕對時態」與「相對時態」兩種。[16]「絕對時態」帶出「零度時間」（發話時刻）（the temporal zero-point, moment of speech）與「處境時間」（the time of the situation）的直接關連。例如「我明天將飛往紐約」，「零度時間」為發話時刻的現下，其與「飛往紐約」作為「處境時間」的時間關係乃明天，故用「未來式」表達之（以中文而言，便是在動詞「飛」之前，加上時態副詞「將」）。[17]

而「相對時態」帶出的則是「處境時間」與「零度時間」的間接關係，因為在「零度時間」與「處境時間」之間，多生出了一個有別於「零度時間」的「導向時間」(orientation time other than the zero-time)，而讓時間關係在「零度時間」與「處境時間」之外，還增加了「零度時間」與「導向時間」之間、「處境時間」與「導向時間」之間的時間關係。「零度時間」與「導向時間」的關係，一如「零度時間」與「處境時間」的關係，可以是過去式、現在式、未來式與／或簡單式、進行式、完成式。然「處境時間」與「導向時間」之間，則可能出現下列三種關係：

anteriority「之前」：「處境時間」發生在「導向時間」之前

simultaneity「同時」：「處境時間」與「導向時間」同時

posteriority「之後」：「處境時間」發生在「導向時間」之後

而「未來完成式」的「處境時間」乃是發生在「導向時間」之「前」，此亦為何法文會用 le futur *antérieur* 來凸顯「之先」或「之前」。

舉例來說，「當他明早醒來，她將已飛抵紐約」。（一）「明早醒來」（導向時間）與「飛抵紐約」（處境時間）對於「發話時間」而言，皆為尚未發生的「未來式」。（二）「飛抵紐約」之為「處境時間」，相對於「明早醒來」之為「導向時間」，乃已經發生的「過去式」。故此例所展示的「未來完成式」（「先未來式」），乃是同時包含了「絕對時態」（「零度時間」與「處境時間」的直接關係）與「相對時態」（「零度時間」與「處境時間」的間接關係）的組合，表達了「之前」與「之後」同時存在的時間關係：「處境時間」乃是發生在「零度時間」之後，但「處境時間」卻是發生在「導向時間」之前。[18]

由此觀之，「未來式」只有一個事件（「我明天將飛往紐約」的「飛往」），而「未來完成式」（「先未來式」）卻有兩個事件（「當他明早醒來，她已飛抵紐約」中的「醒來」與「飛抵」）。「未來完成式」既有作為未來式的「醒來」（其與發話當下「零度時間」的關係，乃屬不確定，不確定未來究竟會不會發生），又有作為過去式的「飛抵」（相對於「醒來」作為未來式的不確定而言，「飛抵」乃屬確定，亦即只要事件「醒來」發生時，事件「飛抵」就已完成）。因而「未來完成式」（「先未來式」）的「將已」，既有「將」作為「前瞻」（prospect）（「未來式」的不確定性），也有「已」作為「回顧」（retrospect）（作為「過去式」的確定性）；而此「回顧」

的確定性「已」，乃成為「前瞻」的不確定「將」之中的「虛擬」（the virtual）可能：原本事件「醒來」不知是否會發生，但只要「尚未」發生的事件「醒來」一發生，事件「飛抵」就已完成。但就是因為「醒來」與「飛抵」不是同時發生，「醒來」與「飛抵」的時間差異正給了「虛擬」的可能。就因「未來完成式」（「先未來式」）在零度時間（發話當下）與「處境時間」（飛抵）之間，多置入了一個「導向時間」（醒來），讓原本未來式「零度時間」與「處境時間」的「直接」關係，巧妙地轉化為未來完成式「零度時間」與「處境時間」的「間接」關係，給出了「處境時間」與「導向時間」之間的「差異時間」（亦可稱之為「延異時間」），因延遲而產生不可預期的虛擬與變易），一個可以讓「處境時間」出現不出現、完成不完成、早出現晚出現、早完成晚完成、或一直無法出現、永遠無法完成的操作空間。

此中至為關鍵的便是「導向時間（事件）」的不確定性，其不僅包括「導向時間（事件）」作為未來式「時間」的不確定，也包括「導向」（orientation）本身所蘊含「方位」（東南西北、上下前後）的不確定。Orientation 最早來自人類以宇宙星體（日、月、星辰）作為方向感的判定，Orient 即東方日出之地，orientation 即面東、朝向東方。爾後隨著「指南針」（磁石羅盤、指北針）的發明，南北指向遂取代東西指向，而現今最主要的「導航」則又是回到外太空的另一種星體——「人造衛星」——來作為方位的判定，包括我們日常生活中最為熟悉的Google Map。故「導向時間（事件）」的雙重不確定，乃是「未來完成式」（「先未來式」）之所以具有開放性、創造性、異質性之關鍵，而此雙重不確定性更成為「微觀政治」的介入與施力之所在：不是一切都不確定因而虛無、因而束手無策、因而坐以待斃，也不是硬要讓不確定都成為確定（穿越「難局」、找出解答），或硬是要將「導向時間」與「處境時間」的「虛擬」關係一一加以「實顯化」（actualized）（如「當他明早醒來，她將已飛抵紐約」就是一種已然「實顯化」的文法句型，已然給出「導向」時間的確切發生時刻），而是在此「時間概念」上的雙重不確定中看到可能鬆動、裂變、滑脫出的「差異時間」，並讓此「差異時間」成為倫理行動踐履的實驗場域。故當我們說「未來完成式」（「先未來式」）乃同時包含「前瞻」的不確定性與「回顧」的確定性時，重點便不在時間弔詭的文字戲耍——「一個尚未到來的已經」、「一個未來的過去」或「已經發生過的未來，或發生過卻從未發生的過去」——重點乃在「導向時間（事件）」的雙重不確定性，如何有可能讓原本「處境時間（事件）」的確定性也一同產生鬆動、裂變、滑脫，重點乃在如何辨識出「導向時間（事件）」與「處境時間（事件）」之間的「差異時間」及其「虛擬」可能，而能嘗試以「微觀政治」的日常踐履進行介入與施作。

接下來就讓我們以四個小例子，來簡略說明「未來完成式」（「先未來式」）在當代理論的可能演練方式。先以法國精神分析大師拉岡（Jacques Lacan）的一句名言為例。「在我的歷史中所實現的，不是其曾經所是的終極過去，因其不復存在，甚至也不是至今我之為我所是的現在完成式，而是在流變生成的過程中，我之為我將已所是的未來完成式」。[19] 此言一語道破拉岡精神分析主體的「時態」，既非「曾經所是」的過去式，也非「至今所是」的現在完成式，而是「將已所是」的「未來完成式」（「先未來式」），亦即精神分析「主體」的時間建構，乃是指向一個永遠無法封閉的匱缺、一個不斷延遲而終將無法企及的完整自我認同。在此「過去總是將臨，未來總是延遲」的時間弔詭中，一個先於未來事件發生的事件，將由未來事件所表意、所改寫，亦即（尚未成為創傷）事件的表意（成為創傷），乃是被尚未發生的事件，以時間的回溯的方式不斷再表意、再改寫。[20] 莫怪乎精神分析學者會直指「未來完成式」乃「奇蹟時態」（the miraculous tense）：不論「我將已」的說法如何怪異扭曲，我們總是可以用回溯的方式，發現蘊含其中的未來種子，一個有關自身未來的記憶，一個足以改變自身歷史的「奇蹟時態」。[21]如果我們再用前面已操作過的「時態」講法走一遍，「我將已」（先未來事件）作為「處境時間」，將不斷經由「導向時間」（未來事件）所表意、所改寫，「導向時間」（未來事件）的雙重不確定性，讓「處境時間」的「我將已」持續開放，無法產生任何確定、穩固、封閉、同一的完整認同。

若精神分析主體的「我將已」，給出了尚未發生（未來）的事件或意符，如何後遺地表意、再表意已經發生（過去）的事件或意符，打破了過去—現在—未來線性時間的一去不返（而是不斷回返、不斷事後補遺），使得「我將已」成為持續發生、持續流變的過程（「將已」持續不斷讓作為封閉同一主體的「我」成為不可能），那解構主義的「未來完成式」，則更加凸顯未來的異質、斷裂、突變、岔入，企圖展開對未來「不—可能性」的思考及其倫理決斷。德希達早已指出未來的詭異與出乎意外：「未來只能以絕對危險的形式被預期。其乃與被制定好的正規徹底決裂，只能以某種怪物性被宣稱、展示。對那個未來世界、對那在其中將已質疑符號、文字與書寫的價值、對那導引我們的未來完成式而言，至今仍未有銘文題辭」。[22]此處訴諸「未來完成式」（「先未來式」）的時間弔詭貌似難解，但若我們帶入德希達對「將來」（le futur）與「將臨」（l'avenir，亦即 à venire; to come）的差異微分，或可對其所寄寓的未來開放性有更深刻的理解。當然德希達此處所展開「將來」與「將臨」之差異思考，與本章開場談論「末日鐘」所援引兩種拉丁文的「未來」——futurus 之為時間前進運動的「未來」與 adventus 之為時間回返運動的「未來」——自是有十分類同的宗教時間脈絡可循。對德希達而言，「將來」乃是線性進步時間下「現在」的延續與複製，可由「現在」進行預測與推估，不具開放性；「將臨」卻是徹底的反線性時間，具有異質斷裂的開放性，無法預測與推估。弔詭地說，「將來」永無新意，「將臨」卻驚奇不斷，迎向尚未發生卻總已發生的到臨。故「未來完成式」（「先未來式」）的尚未發生（未來式）與總已發生（過去式，過去完成式，或先．未來式）、既非過去、亦非未來（也可說既是過去、亦是未來；既是不再、亦是尚未），便給出了一種徹底有別於過去—現在—未來的線性進步史觀，給出了另類世界想像的可能。[23] 我們可以用前面已操作過的「時態」講法再說一遍，作為「導向時間」的「將臨」與作為「處境時間」的「將已」之間的「差異時間」，正是「虛擬」之為創造性、甚至革命性之所在。「將臨」（未來事件）的「不可預期性」（unpredictability），攜帶的乃是異質、斷裂、開放的「怪物性」，不僅將徹底粉碎「將已」的任何確定性，更足以徹底決裂於任何正規常軌化了的符號系統與書寫價值，此亦為何德希達的解構主義能與具有強烈政治導向的女性主義與怪胎理論（queer theory）產生理論串連。

接下來就讓我們進入第三個小例子：解構主義理論影響下的女性主義史學研究。此研究取徑十分強調女人的歷史必須以「未來完成式」（「先未來式」）的動詞時態書寫，一個永無止歇的定位與再定位、書寫與再書寫：「未來完成式（先未來式）堅持事實乃是被當作我們的『現下』，並非完整無缺，也非一種在場，因其總被標記為我們自己未來的潛在過去（the potential past of our own future）」。[24] 故不同於過去—現在—未來作為傳統歷史時間穩定性、延續性、同一性的時態表達，以「未來完成式」（「先未來式」）書寫的女性主義歷史，並不宣稱可以事先知曉何謂女人能做、何謂女人所是（既非過去式的「曾經所是」，也非現在完成式的「至今所是」，更非純粹未來式的「將來所是」，而是以基進不確定性與開放性朝向其自身的變化生成、無法預測。[25] 而更重要的是若所有的「現下」，都是未來的潛在過去，那「未來」已在「現下」啟動，而所有思考與行動的「現下」，也是對未來的「責任」與「回應—能力」。

誠如白露（Tani Barlow）在《中國女性主義思想史中的婦女問題》（*The Question of Women in Chinese Feminism*）一書中所言，婦女思想史要以「未來完成式」（「先未來式」）書寫，因為「未來完成式」給出了「時間的異質性」，能將女人從「狀態」轉為「潛能」。[26]女性主義歷史敘事的「未來完成式」（「先未來式」），乃是以「未來」之為「開放」，來解碼被「現」有史料所「限」定的「女人」之為穩固的歷史指涉，及其被「線」性時間所「限」定在「線」性未來所將要扮演的角色。女性主義歷史敘事，不僅只是在書寫時採用「未來完成式」（「先未來式」），來同時打破「時間」與「女性」作為穩定性、延續性、同一性的可預期、可推測、可給定，更是基進提出對「未來」的倫理責任與回應—能力，若「未來」已在當下啟動，那所有可能進行操作的「微觀政治」——包括思考與行動——都應在當下展開踐履與實驗。

最後一個小例子，則可回到當代「怪胎理論」的時間性思考。「沒有未來」（no future）乃是當前「怪胎時間性」（queer temporality）最為人所熟知的談法，其讓原本被「異性戀正統」（heteronormativity）蔑視為無法生養後代的「親屬關係終結者」，得以轉而批判「異性戀正統」本身「生殖未來主義」的虛幻（靠生養小孩來產生時間延續性的幻覺，以小孩作為未來希望的寄託與投射）。「怪胎時間性」的「沒有未來」，恐正是一種斬斷強制性「異性戀正統」的逃逸路徑（甚或「同性戀正統」[homonormativity] 所仰賴的收養或人工生殖），自我創造／毀滅出另類「未來」的可能。[27] 但亦有一種以本章所關注的「未來完成式」（「先未來式」）時態所展開的「（烏托邦）未來」想像，一個能從「現在」的「異性戀正統」與「同性戀正統」的社會結構中逃逸出來的「未來」，一個「尚未」但又「已經」的「未來完成式」：「過去」永遠處於「門檻」，不只是被活過、被實顯化的過去，更是被壓抑、被曲解、被錯失的過去，如何在「未來」得以「完成」，更得以給出一個徹底有別於當前性／性別／性傾向歧視與壓迫的另類世界。[28] 此以「未來完成式」（「先未來式」）來想像的「怪胎時間性」，乃嘗試在過去的碎片中找尋未來的虛擬—實顯—去實顯（合摺—開摺—再合摺），不是「沒有未來」／「烏托邦未來」的二選一，也不是僅僅將未來「複數化」就得以交差了事，而是將「過去」（既是未來的過去，也是過去的未來）視為潛能，既是未被實顯化的過去，也是尚未發生的未來，而得以在「異性戀正統」的「直時間」（straight time）統治之外，開展出具有創造轉化的另類世界想像，讓「怪胎」持續保有尚未成真（not-yet real）、也永不成真（never-to-be real）的開放性、不確定性與創造性。

「未來完成式」（「先完成式」）在當代理論所精采展現的時間複雜性與倫理政治可能的介入，實不勝枚舉，本章在此以四個小例子來掛一漏萬，毫無從深度與廣度上進行全面開展的企圖，僅僅只是藉此展示「未來完成式」在陰鬱警世（末日鐘）與虛無造作（《波灣戰爭不曾發生》）之外，另有多種打造未來基進開放性與倫理政治介入的可能。然這四個小例子卻都與本章「戰爭時間性」的核心思考，無表面上直接的文字對應，不似開場的「末日鐘」與核戰威脅之緊密連結，也不似第一部分布希亞文法時態與波斯灣戰爭的纏繞。但這四個小例子對線性時間過去—現在—未來所預設因果律與目的論的徹底摧毀、對時間複雜度的思考操作、對另類世界、另類將臨的倫理政治關懷與實踐，都將對我們再次回到「戰爭時間性」的思考有莫大的幫助。接下來就讓我們從怪胎理論的「直時間」轉進到「海峽時間」（strait time，straight 與 strait 乃英文同音字），並更進一步將本章「戰爭時間性」的思考，具體落實到台灣海峽兩岸一觸即發的戰爭危機，循此展開「台海戰爭時間性」的可能思考。

三・台海戰爭大預言

當我們從「怪胎時間性」所批判的「直時間」，以英文同音異字的方式轉進到「海峽時間」時，我們究竟該如何承擔並回應當前台灣海峽兩岸的緊張情勢呢？如何跳脫「末日鐘」的戰爭陰影與布希亞論波斯灣戰爭的譏誚虛無呢？又將如何在當代後結構理論與其影響下的女性主義與怪胎研究中，找到翻轉「戰爭時間性」、找到開放未來的基進可能呢？本章的最後一段，將從核戰、波斯灣戰爭、俄烏戰爭拉回到台海戰爭的時間性思考，企圖在「台海終須一戰」的線性時間終結論之中，將「戰爭預言」翻轉為「戰爭闕言」，給出另類的想像與行動可能。

誠如本章開場所引述杭士基的觀察，放眼全球當下除了烏克蘭國境持續遭受俄國入侵的戰爭摧殘外，台海也以加劇危險的方式戰雲密布。二〇二二年八月時任美國眾議院議長裴洛西訪台，中共展開大規模圍台軍演，台海緊張情勢陡高，雙方嚴陣以待，深恐擦槍走火。此後頻繁的共機共艦不斷越過海峽中線擾台，幾乎走向實戰演訓的常態化。二〇二三年四月蔡英文過境美國與眾議院議長麥卡錫（Kevin McCarthy）會面，中共再次祭出「聯合利劍」繞台軍事演習，表達嚴正譴責。眼見台海緊張關係，一波一波最嚴峻之後又更嚴峻，各種有關兩岸關係的「戰爭預言」早已全球滿天飛，從印度神童、英國神鬼先知到美國末日博士，每當預言家論斷全球國際大事之時，台海戰爭必是預知未來的重要推測項目之一，更遑論台灣本島之內自詡先知先覺的各大命理師、名嘴與軍事分析師。

證諸過去在台灣最知名的台海戰爭大預言，當屬一九九四年出版的《一九九五・閏八月：中共武力犯台白皮書》。[29]該書作者鄭浪平鐵口直斷中共解放軍將於一九九五年農曆閏八月，以迅雷不及掩耳的方式武力攻台，立即引發台海兩岸與全球華人社會的注目與爭議，也頓時登上台灣暢銷書的排行榜。該書一是踩在民間對閏年閏月多災多難的傳統信仰，尤其是「閏七不閏八，閏八動刀殺」，書末甚至還搬出「推背圖」和「黃禪檗師」等古代預言來妄自加持；另一則是踩在台海長期對峙所積累的戰爭焦慮與恐慌，遂能以危言而聳聽，暢銷大賣。而更為該書聲勢推波助瀾的，乃是彼時台海緊張關係的陡升。一九九五年六月時任中華民國總統的李登輝在其母校美國康乃爾大學發表〈民之所欲，常在我心〉演講，七月中共解放軍立即以試射導彈威懾台灣，一時間台海戰雲密布，戰爭頗有一觸即發之勢，彷彿「一九九五・閏八月」的預言即將成真。但在美國先後派遣「獨立號」與「尼米茲號」航空母艦戰鬥群巡航台灣才得以平息，台灣也順利於一九九六年三月完成首屆總統民選。

然而最新一波的台海戰爭大預言，更見蹊蹺，既不來自命理術士或通靈者，也不來自暢銷作家，而是來自美國軍事情報高官所發表的公開言論與各種智庫的兵棋推演。自二〇二一年起，美軍現役或退役的高階將領，密集發表中共武力犯台的推估時間點。二〇二一年三月美國印太司令部前司令戴維森（Philip Davidson）在國會聽證會上警告，中國已經「調快時鐘」加緊對台攻勢，並將在未來六年內試圖併吞台灣。（戴維森原本的講法是二〇二七年前都有可能，但後來被中華民國政府與主流媒體詮釋為二〇二七年中共解放軍將發動戰爭、攻打台灣）。二〇二二年十月美國國務卿布林肯（Antony Blinken）再度強調「中國政府欲加速統一進程」，而美國海軍作戰部長吉爾迪（Michael Gilday）更直指中共「最快」可能會於二〇二二年底武力犯台（此預言顯然已徹底失效）。[30] 二〇二三年一月美國空軍機動司令部司令米尼漢（Michael Minihan）的內部備忘錄在網路上被公開，表明美中將有可能在二〇二五年開戰，地點為台灣附近。

與此同時，美國華府智庫「戰略暨國際研究中心」（Center for Strategic and

International Studies, CSIS）公布《下一場戰爭的首役》（*The First Battle of the Next War*），將台海戰爭的時間點設定在二〇二六年，以此進行中共武力犯台的兵棋推演，結果是解放軍將被擊敗，其海軍幾乎全軍覆沒，美、日、台卻也損傷慘烈，台灣的電力與民生設施全毀，形同廢墟。而此報告亦強調，台海戰爭絕無「烏克蘭模式」的空間，意即屆時美國與西方盟國將無法複製俄國入侵後，仍能細水長流軍援烏克蘭一般撐住台灣。二〇二三年一月美國前印太司令部司令戴維森訪台，再次警告中國將在二〇二七年前對台灣發動軍事行動。二〇二三年二月美國中央情報局局長伯恩斯（William Burns）聲稱情報顯示中國國家主席習近平已下令解放軍在二〇二七年之前做好攻打台灣準備。二〇二三年四月美國聯邦眾議院「美中戰略競爭特別委員會」與華府智庫「新美國安全中心」（Center for a New American Security, CNAS）合作，將兵推時間點設定在二〇二七年台灣謀獨，美中在沒有高層軍事熱線、美軍盟友也不出手的情況下，共軍封鎖台灣，美軍孤軍支援，雖將擊沉約八十艘中國軍艦，但八萬名共軍得以在一個月內登陸台灣。

這一連串緊鑼密鼓的「台海戰爭預言」與兵棋推演，嚴格說起來並非傳統的命理預言，而是詳盡根據政治、經濟與各種軍事戰情情資所做出的理性推估與合理預測。其中所考量的評估標準，包括政治趨勢（尤其是二〇二四年台灣總統大選與美國總統大選、中國國家主席習近平任期、中共建軍百年等等時間因素）、經濟模式的內在脆弱性（重傷全球經濟、經濟制裁的有效性與反衝力）、新型武器開發、戰力擴張、甚至太空和網絡空間的支援運用等。但無可諱言的，美國軍事高官與智庫兵推所持續發布的「台海戰爭預言」，表面的理性分析下，皆有其高度的政治算計與企圖。就其最為直接的政治功能而言，乃是清楚強調台海衝突的千鈞一髮、迫在眉睫，而此急迫感所欲導向的，正是如何在戰爭爆發前全面武裝台灣，一方面合理化美國在西太平洋地區的軍事霸權部署，尤其是台灣在圍堵中國的第一島鏈之絕對關鍵重要性，另一方面則又可合理化並督促美國對台軍售的增量與加速。但另一個更重要的合理化，則是合理化美國對台灣國防、民防到心防與日俱增的主控指導、跨海練兵。美方一再責備台灣軍心渙散、戰鬥意志不堅，一波波「台海戰爭預言」的時間緊迫性，顯然也給予了美方全面下指導棋、當上級指導員的不得不。台灣為捍衛「國家主權」必須抵禦中共犯台，而抵禦中共犯台的關鍵在於唯一能讓中共有所忌憚的美國之幫助，台灣似乎不得不為了捍衛「國家主權」而被迫將部分「國家主權」提前讓渡他國，一時間讓人弄不清楚台灣最高三軍統帥究竟是中華民國總統，還是白宮戰情室領導人。而與此同時，美國軍方的「台海戰爭預言」不只劍指中國的窮兵黷武、恣意破壞區域和平，更有對全球喊話與對美國國內「大內宣」的意味，戮力凸顯並強化「中國威脅論」，加深各國對中國的反感與憎惡，也讓美國公民警覺到中共不僅僅只是放個情報氣球在美國國土上空撒野，而是即將真槍實彈以武力侵犯台灣，就如同俄羅斯已真槍實彈入侵烏克蘭一般，絕對不可輕忽與饒恕。

但美國軍方的「台海戰爭預言」在其顯而易見的政治功能與企圖外，也帶來了許多政治上可能的反效應。首先當然是「狼來了」的反效應，越是一再強調戰爭的箭在弦上，越是容易讓戰爭預言提前破局失敗，一喊再喊之際，戰爭似乎都未能真正出現。二〇二二年年底沒有發生台海戰爭，二〇二三年也沒有發生台海戰爭，但這些失敗的預言卻又都可以被「預言邏輯」自身所救贖：預言的失敗正是預言的成功，因已順利透過其警示／警世之舉，讓預言「幾乎成為事實，卻不會成為事實」。但「狼來了」畢竟是一種雙面刃，可以立即影響政治、軍事、經濟、社會現況，從國防到心防、從股市到菜市的人心惶惶，可以助選，也可以反助選，過猶之處總也不及。雖然美軍高層一再宣稱這些戰爭預言與兵棋推演，乃是用以尋求台海和平穩定、加強「嚇阻」中共武力犯台，但其與日、南韓、菲律賓的一連串聯合軍演，也讓「台灣有事」的「預防性行動」（preventative action）在「威懾」中共之時，也被中共強力解讀為展示軍事肌肉的挑釁與激戰行為。而此軍事「威懾」的可能反挫，乃是在強化了台海戰爭一觸擊發、空前緊張的國際認知之同時，也強化了台灣對其自身成為東亞軍火庫、美航空母艦島、刺蝟島、戰爭廢墟的想像與恐懼，極度焦慮中又有著七十多年來「處變不驚」所造成的長期麻木與疲乏。

面對這最新一波「台海戰爭預言」的來勢洶洶，本章在此的分析除了希冀凸顯此貌似理性推估之中的政治算計與（反）效應，更希望思考的乃是「台海戰爭預言」所預設的「線性進步時間觀」及其運作關鍵的「因果律」（causality）與「終極（目的）論」（teleology）。在此我們嘗試將問題從美中軍事、政治、經濟角力的場域，帶回「戰爭時間性」的哲學思考，提出的可能翻轉乃是透過「預」／「閾」的同音異字，以「閾言」來嘗試逃逸「預言」的線性因果與終結。首先，何謂「閾」？《說文解字》「閾，門榍也，从門或聲」，「閾」就是「門」，尤其指「門檻」，多引申為「界限」、「範圍」。但本章在此對「閾」所展開的概念化，將借道取徑跨語際的中英翻譯。「閾」一字的英文同義字，初階版自當是 threshold，進階版卻可以是 liminality。就讓我們先來看看 threshold 與 liminality 之差異，再由此差異嘗試帶出「閾」可能的時間概念化，而得以鋪陳「預言」與「閾言」之間微妙的時間感性差異。英文 threshold 多用於區分內／外空間，亦可用以描述人生歷程或成長儀式的不同階段，而 liminality 除了有空間意義上的邊緣之外（如天堂與地獄之間的冥界、靈薄獄），更多的是時間意涵上的曖昧不定與介於其間。相較於偏向空間固定想像與明確內／外界限的 threshold，liminality 自是蘊含更多時間的生成流變與不確定性，此亦即為何在當代理論中 liminality 異軍突起，尤其常常被援以闡釋「當下」（now）作為現代性時間的特質：不同於傳統線性時間界定下的「現在」，每一個「當下」皆裂解為「不再」（no more）與「尚未」（not yet），亦即沒有任何「現在」可以既「現」又「在」。

故在將 liminality 視為「閾」、將「閾」視為 liminality 的跨語際翻譯與當代理論的加持之下，我們可以嘗試將「預言」與「閾言」的差異，概念化為兩種不同的時間與未來想像。「預言」凸顯的乃線性時間進步觀的過去—現在—未來，過去決定現在、現在導向未來，以「因果律」與「終極（目的）論」為貫徹，乃時間作為空洞、同質、同一的單向操作，過去已然過去，未來終將到來。「閾言」則企圖開啟非線性的「時間脫了臼」，不按過去—現在—未來的單線行進方向，故沒有可以推估與可以預期的「將來」，只有不可推估與不可預期的「將臨」，而不可推估與不可預期的「將臨」，讓每一個「未來完成式」(「先未來式」)的「將已」，都充滿裂解、分歧、倒轉、摺曲與突變的可能，讓每一個「將已」都成為由未來回返過去的重新表意、重新書寫。31

那在台海情勢危上加危的此刻，我們為何要嘗試以「戰爭闕言」的「未來完成式」來取代「戰爭預言」的「未來式」呢？過往我們談論「台海戰爭」的方式，多以線性時間界定下的「過去式」與「未來式」表達之。就正統的戰爭歷史而言，大家最耳熟能詳的講法，便是作為「過去式」的兩次主要「台海戰爭」：一九五四年的「九三砲戰」與一九五八年的「八二三砲戰」。一九五四年九月三日，中共解放軍以火炮向大小金門島進攻，乃是一九四九年兩岸分隔後中共第一次砲擊金門，後攻下一江山島，蔣介石政府決定放棄台州列島，在美國第七艦隊的護持下，將大陳島居民轉到台灣。同年十二月與美國簽訂《共同防禦條約》，美台軍事同盟就此成形。一九五八年八月二十三日中共解放軍以密集砲轟的方式進攻金門島，「單單一百五十平方公里的金門島，就受到四十七萬發砲彈轟擊」。砲戰初期解放軍集中打擊金門島上的軍事目標，後期則封鎖海運線，圍困金門。同年十月中共祭出（第三次）《告台灣同胞書》，改採「單打雙不打」（單日砲擊，雙日休兵），戰爭緩和，直至一九七九年中國與美國建交才正式停止對金門砲擊。[32]

而相對於「過去式」的台海戰爭，目前檯面上最顯著的乃是「未來式」的台海戰爭，亦即如前所述的各種來自美國軍事高層與智庫的「戰爭預言」，從兩年、五年、十年之內會發生的連續警訊，進展到二〇二二年、二〇二三年、二〇二四年、二〇二六年、二〇二七年等確切開戰時間點的宣示。但在這些以線性時間所記載（有清楚時間標示的過去式）與所預測（亦有清楚時間標示的未來式）的台海戰爭論述模式之外，我們還可以展開何種不同的戰爭「時態」思考？本章一再回返的「未來完成式」（「先未來式」），究竟有何拆解與裂變線性時間「因果律」與「終極（目的）論」的可能？若軍事「預言」的線性時間邏輯，所預設的前提乃「台海終須一戰」，那本章對戰爭「未來完成式」（「先未來式」）的思考，正在於勇於挑戰並企圖破解「台海終須一戰」作為終極（目的）論的魔咒。

「台海終須一戰」作為本章思考行動所欲挑戰與破解的核心，並不是簡單的「要和平，不要戰爭」宣示可以解決（拒絕把「戰爭」當為唯一選項）；也不是鴕島心態逃避現實，埋首不顧中共「圍台」實彈軍演與美國第一島鏈「圍中」聯合軍演的現實與緊張對峙。我們不願加入「戰爭末日」的倒數計時，也不願依樣畫葫蘆布希亞的時態造作，輕佻演練一番「台海戰爭將不曾發生」、「台海戰爭真的正在發生嗎？」、「台海戰爭不曾發生」的各種耍弄，更不願認命地加入囤水囤糧、全民皆兵的積極備戰狀態。那我們究竟該如何在時間的戰場之上，以思考作為行動，來論述「未來完成式」（「先未來式」）所可能帶來的開放性、異質性與可能的創造性呢？什麼會是台海戰爭「未來式」的「將要」與台海戰爭「未來完成式」（「先未來式」）的「將已」之間的差異微分呢？又為何「將要」是「預言」而「將已」乃「讖言」呢？

本章的最後就讓我們實際來看看「台海戰爭將要發生」與「台海戰爭將已發生」這兩種不同時態表達在時間感性上的可能差異。首先，「台海戰爭將要發生」標示出線性時間「過去—現在—未來」往前奔行的單一方向，此「未來式」的「將要」其實不具任何基進的開放性，尚未到來的未來其實已被過去與現在的「因果律」綁定，未來只是也只能是「終極（目的）論」的到來與完成，亦即「戰爭預言」的可預期，可以清楚標示出可能的開戰時間點，而其前提乃是最具強制性、命定性與威嚇性的「台海終須一戰」。但「台海戰爭將已發生」的「未來完成式」（先未來式），其中至為關鍵、也至為弔詭的「將已」，就如同前文所一再強調，乃是同時包含「零度時間」、「處境時間」與「導向時間」的間接複雜關係，而「導向時間」的雙重不確定，乃是創造出「導向時間」與「處境時間」之間的「差異時間」，一個可供改變「現狀」與「線性」的實驗場域、亦是一個可供微觀政治介入與施作的日常踐履場域。

故「台海戰爭將要發生」的「未來式」時態，乃是將「台海戰爭」放在「零度時間」與「處境時間」的直接關係之中，「將要」之為「未來式」本身可能的不確定性，卻總已被「戰爭預言」所明示的開戰時間點所確定、所固置、所釘死（不管預言是否成真），其間沒有任何時間延異、思考轉圜、行動介入的可能。但「台海戰爭將已發生」的「未來完成式」（「先未來式」）時態，乃是將「台海戰爭」放在「零度時間」與「處境時間」的間接關係之中，「已」作為「處境時間」的確定性，將隨時被「將」作為「導向時間」的雙重不確定性所牽動、所改變、所重新設定。「台海戰爭將已發生」作為「未來完成式」（「先未來式」）所能給出的，不是「預言」的確定，而是「讖言」的多重虛擬，纏繞在「尚未成真」與「永不成真」的開放異質性之中，也纏繞在已被未來所啟動的當下，一個要求責任與回應—能力的倫理思考與行動。

換言之，當我們試圖將「台海戰爭」的時態放在「未來完成式」（「先未來式」），乃是嘗試將線性時間推估預期中「台海終須一戰」的單一事件，雙重裂解為動態進行的「之前」與「之後」：若台海戰爭是一個先於未來事件發生的事件（「導向時間」之前的「處境時間」），未來事件作為「導向時間」的不確定性，勢必讓台海戰爭作為「處境時間」的確定性成為一種「虛擬」關係，其可能的開放性也恆常處於「尚未成真」／「永不成真」的弔詭之中。這當然不是對台海戰爭何時爆發的另一種時間點預測，也不是對引爆台海戰爭特定事件的預測，而是願意給出未來之為「將臨」而非「將來」、未來之為「種子」而非「終結（目的）」的可能，並在「將已」作為時間不確定性（尚未發生）與確定性（已經完成）之同時，也給出「戰爭」與「台灣」（一如精神分析的「主體」、解構主義的「將臨」，一如反父權的女人，也一如反直時間的怪胎）不斷被重新表意、不斷被重新書寫的異質可能。當代後結構主義「未來完成式」（先未來式）所帶來的未來開放性，正是給出了與父權歷史、異性戀正統、直時間之線性邏輯與符號系統徹底斷裂的思考、想像與實踐之可能，而得以讓眾多女性主義與怪胎理論學者忍不住載欣載奔、積極投入。

因而本章循此展開對台海戰爭時間性的「哲學」思考，正是企圖在「必然性」（終將一戰）中開摺出「不可預期性」（戰爭的未來開放性），更是在「不可預期性」中談介入的倫理責任與回應—能力，並不妄自菲薄「哲學無用論」或「書生論政」，也不欲陷入「虛無主義」或「文字遊戲」。在此我們不能（反）預言台海戰爭將何時發生，也不能（反）預言台海戰爭將不會發生（依舊是以否定的形式所表達的未來式），而是以「閾」（「當下」的裂解、分歧、倒轉、摺曲與突變）換「預」，來帶出台海戰爭「未來完成式」（「先未來式」）的「將已」發生，展開對戰爭時間性的另類基進思考。而台海戰爭的「將已」發生，不會讓我們一味避戰而不備戰，也不會讓我們立即進入全民皆兵的緊急例外狀態。「將已」的危險性與急迫性，並不亞於「將要」，但「將已」的未來開放性，卻不把未來綁死在「台海終須一戰」的慘烈命定論。

本章對「戰爭時間性」的思考，正是企圖讓台海戰爭「未來完成式」（「先未來式」）的「將」之為「導向時間」，能鬆脫、能轉離我們最不樂見的「台海終須一戰」，唯有透過「導向時間」（「將臨」）的開放異質性，我們才有可能期許一個能跳離正規常軌化了的符號系統與戰爭主流價值的思考與行動。此對「戰爭時間性」的翻轉，正是要破解「台海終須一戰」的終極命定，以及此終極命定所帶來的極度焦慮、癱瘓與麻木。故本章對「戰爭預言」的質疑之所以不能被直接打為投降主義或鴕鳥心態的關鍵，正在於思考作為行動對「當下」的介入。如果未來不在時間的盡頭等候，如果作為虛擬之力的「未來」一直來，而作為終極目的的「未來」無法來，那所有的「當下」都是「未來的潛在過去」，未來在「當下」已啟動，所有對「當下」（發話當下、書寫當下、生活當下）的重新部署，都不會是坐以待斃、聽天由命，而是讓「差異時間」得以成為微觀政治的介入與施作場域。台海戰爭的「將已」不是虛無主義，也不是時態造作，更不是讓一切訴諸偶然與機遇，而是「未來已在當下啟動」，台灣會是什麼、台灣能做什麼、台海戰爭會是什麼、台海戰爭能做什麼，都在啟動未來的當下書寫再書寫、表意再表意。正如本章的撰寫也總已是一種思考即行動的介入，以及此思考行動所可能啟動《止戰》一書後續章節所將陸續展開的難局測試與倫理實踐。

誠如德希達所言，「未來只能以絕對危險的形式被期待」，不是說未來本身危險不危險，而是未來出現的不可預期、未來的「將臨」乃「絕對危險的形式」，無法以任何銘文題辭加以預示或闡明。這裡的危險有兩種：一種是戰爭的危險，一種是戰爭時間性的危險，前者所造成的家毀人亡慘不忍睹，後者的時態弔詭卻往往形成思考的難局，危顫顫如履薄冰。而戰爭時間性的危險，又可再進一步區分為兩種危險。一種是「戰爭預言」的危險，危險在戰爭的「即將」到來，「即將」乃線性時間的不可避免、無法逆轉，由過去指向現在，由現在指向未來，一個由時間前進運動所推向的「未來」。另一種則是「戰爭闞言」的危險，危險在戰爭的「將已」到來，一個由「將臨」所給出的徹底不可預期。故我們對「台海戰爭」的思考，不在於以安全來取代危險，而是拿「戰爭闞言」非線性時間的「絕對危險」，來置疑「戰爭預言」線性時間的「危險」，不僅是要以「絕對危險」的未來開放性，來打開「危險」的未來命定性（沒有未來），更是要以「絕對危險」的未來虛擬創造性，來打造出倫理政治的持續思考、回應與行動介入。

在瞬息萬變的台海局勢之中，「海峽時間」終究不能只有「直時間」的線性模式，不能只有「台海終須一戰」的終極目的論。即便我們無法預言台海戰爭正式開戰的引爆時間點，我們卻深知台海戰爭會以「絕對危險的形式」到來，而此「絕對危險的形式」指涉的不僅只是戰爭的危險，更是「戰爭時間性」的危險，一個可能將已脫了臼的歷史時間、一個可能將已被掰歪的直時間，一個可能將已充滿異質開放性而絕對危險的「將臨」。

第二章

病毒、台海戰疫與攻擊欲力

科學家愛因斯坦為何會寫信給僅有一面之緣的精神分析師佛洛依德呢？

一九三二年七月三十日愛因斯坦專程修書一封向佛洛依德請益，信裡他坦承心中最大困惑，乃是「有任何方式能讓人類免於戰爭的威脅嗎？」。[1] 佛洛依德也於該年九月回信，直言兩人作為和平主義者的立場相同，皆已看出「攻擊欲力」（aggressive drive）與戰爭之間的密切關連，並進一步闡述其近期研究的相關發現。

然而這兩位世界級舉足輕重的知識分子彼此並不熟識，過去僅有一面之緣，而此番通信乃是由「國際聯盟」（League of Nations 1920-1946，聯合國前身）與「國際知識分子合作機構」（International Institute of Intellectual Co-operation, 1925-1946）所促成，並非私人通信，而是以知識分子代表的身分、針對當前世界重要議題發言的「公開信」。愛因斯坦乃是此項計畫第一個被徵詢的科學家，而佛洛依德也是愛因斯坦第一個建議的通信對象。

愛因斯坦在信中，深切表達了作為一位專業科學研究者對人類文明生死存亡的深切關切。他嚴厲批判國家主義的桎梏，重申其一貫對跨國組織設立的主張：「對國際安全的尋求，涉及每個國家毫無條件地讓渡，就某種程度而言，讓渡其行動自由，及其主權，也就是說毫無其他的路徑可以導向此種安全」。[2] 他痛心疾首政客的專擅與權力饑渴、軍火掮客的利慾薰心、軍人保家衛國神聖使命的無限上綱，讓國家主義得以組織動員人民的情感並將其轉化為戰爭工具，讓「戰爭攻擊作為自我防衛的最佳手段」。[3]

愛因斯坦不解，為何戰爭狂熱會從少數的野心政客、軍火掮客與軍事團隊，擴散到廣大的群眾，無遠弗屆，究竟是何種心理因素的作祟，讓所有和平的努力終歸徒勞無功？難道生而為人就都有對攻擊、對仇恨、對毀滅的潛在欲念渴望嗎？他將此看不透、視不明的人類意志與情感，稱為「黑暗之處」，懇切求教於佛洛依德，希冀其能以精神分析對本能與欲力之研究「照亮」此「黑暗之處」。[4]

佛洛依德的回信毫不猶豫地指出人類社會的歷史發展，本就慣於以暴力來解決利益衝突。初民社會的弱肉強食，靠的是肌肉力的拚搏掠取，後隨著工具的發達，殺伐暴力有增無減，總是要爭個你死我活不得罷休，爾後更發展出以危機意識與情感紐帶所形成的群體，以對抗並取代個人極權的暴力，而群體內部的父／子、男／女、主／僕所形成的不平等差序，也不斷重新啟動暴力，於是律法誕生，成為解決暴力的另一種以暴制暴之形式。

與此同時，佛洛依德對愛因斯坦所力推超民族國家的跨國際組織卻語帶保留，以客氣委婉的口吻指出，跨國際組織之無效，正在於其毫無權力，或反諷地說，跨國際組織其權力的唯一（不）可能，乃來自民族國家主動部分放棄或讓渡其國家主權的（不）可能。[5] 佛洛依德接著便回到愛因斯坦信中的困惑核心「黑暗之處」：人類對戰爭的狂熱，難道是對攻擊、對仇恨、對毀滅的潛在欲念渴望嗎？佛洛依德嘗試以其對「性愛欲力」（Eros）與「死亡欲力」（Thanatos）相互纏繞的理論來加以說明：「性愛欲力」的自我保護、自我防衛乃生存本能，往往正是啟動攻擊欲力的關鍵，而攻擊欲力不論是對外或對內，都是朝往「死亡欲力」所導向的毀滅終結，如此迴圈往復，終究無解。故佛洛依德承認造成戰爭的因素不勝枚舉，但在心理層面上的攻擊與毀滅欲力，不論是證諸歷史（尤其此欲力再搭配上被過度理想化的動機），或回返日常生活經驗，皆屢見不鮮。結尾處佛洛依德自謙且無奈地表示，其精神分析學說乃是一種「神話故事」，即便愛因斯坦的物理學也恐難逃此命運，所有愛鄰如己、人溺己溺的人道關懷，所有情感認同與理性分析，都難以挽救人類恆常處於戰爭的邊緣。但既然兩人同為和平主義者，在面對不斷有人狂熱擁戰的唯一做法，便是堅決反戰，既是知性意義上、也是情感意義上的堅決反戰，而文明的存續與否，盡皆牽繫於此。[6]

整體而言，愛因斯坦與佛洛依德談論如何避免戰爭的通信誠摯感人，兩人親歷滿目瘡痍的第一次世界大戰，又面對山雨欲來的法西斯與納粹勢力的崛起，自是憂心忡忡。就愛因斯坦的信件內容而言，其一以貫之反軍事主義的立場至為明確，他亦不厭其煩地一再主張應將軍備競賽的經費，挹注到教育、社會福利與科學推展。相較於這封公開信，愛因斯坦的另外兩封公開信怕是更為有名。一是一九三九年與另一位科學家聯名寫信給當時的美國總統羅斯福，指出納粹德國已在研發核武，敦促美國也應積極展開相關研究，此信乃促成了美國後來「曼哈頓計畫」的核彈研發。一九四五年八月美國在日本廣島與長崎兩地投擲原子彈，造成重大傷亡，愛因斯坦為此懊悔不已，而與其他參與「曼哈頓計畫」的科學家為核心，於數月之後在美國芝加哥成立《原子科學家公報》，爾後此組織最主要的工作項目與推展理念，便是本書第一章所論及的「末日鐘」。另一封更廣為人知的則是一九四五年寫給聯合國的裁軍公開信，強調全球裁減武裝部隊與軍事裝備的迫切，必須透過國際之間的密切合作，為世界的和平共存努力不懈，才能防範戰爭於未然。

而佛洛依德的信件內容亦是重複呼應其精神分析研究的發展軌跡，包括一九一五年〈戰爭與死亡的現下思考〉（"Thoughts for the Times on War and

Death"），企圖在戰爭脈絡之下談攻擊欲力、死亡與弔唁，凸顯軍事衝突的悲劇後果，完稿於第一次世界大戰爆發後的第六個月；一九二〇年《超越快樂原則》（*Beyond the Pleasure Principle*）提出前文已述的「性愛欲力」與「死亡欲力」之交纏；一九二三年《自我與本我》（*The Ego and the Id*）視攻擊欲力為「本我」的潛意識，而非「自我」的意識；一九二七年《幻象之未來》（*The Future of an Illusion*），直指宗教與意識形態（例如種族優越）之為幻覺，最易引爆戰爭；一九三〇年《文明及其不滿》（*Civilization and Its Discontent*），探討文明教化的制約，如何讓人類（個人與社會）在潛意識形成被壓抑的欲力亟需卸載與釋放。

雖然愛因斯坦與佛洛依德的通信內容，並未提出任何和平反戰的新穎觀點，依舊是落在其各自既有的論述與學說範疇之內，但此通信卻讓我們感受到知識分子對戰爭的深切反省，尤其是兩人皆親身經歷第一次世界大戰的毀滅殺戮暴力，也正在通信當下親身經歷納粹勢力興起對猶太人的迫害。誠如兩人所言，引爆戰爭的原因向來甚廣，從領土爭議、資源掠奪，權力傾軋到意識形態之爭等，各自有其經濟、政治、文化、宗教、種族、科技的眾多引爆點，但兩人通信的內容，卻強力凸顯攻擊欲力與戰爭的緊密連結。愛因斯坦對人群為何會陷入戰爭狂熱而困惑不解，佛洛依德則是將戰爭視為被壓抑的攻擊欲力之集體表達（發洩、洗滌、釋放）。

本章以兩人一九三二年談論戰爭的通信為楔子，乃是希望藉此展開當代有關戰爭與攻擊欲力的批判思考，並將此批判思考拉到近百年之後的台灣當下。鑑於COVID-19疫情期間兩岸關係日趨惡化、仇恨加深，不論是從病毒的系譜命名到防疫邊界管控，都有諸多可供探討與省思之處。[7] 故本章以女性主義文化批判的角度切入，以「戰爭—攻擊欲力」的構連為核心，嘗試鋪陳二〇二〇年至二〇二三年在台灣所啟動的「台海戰疫／役」，亦即由新冠病毒所引發的一連串「防疫大作戰」、「防疫視同作戰」的戰爭想像與行動。全章分為三個部分。第一部分嘗試分析「新冠病毒」所啟動的多重「戰疫即戰役」，以及戰爭作為「隱喻」與「實體」之間的相互纏繞。第二部分探討台灣對「武漢肺炎」作為「命名系譜」的偏執，以及此偏執與全球「恐中歧視」、台灣「反中情結」的串連。第三部分從WHO幹事長對台灣種族歧視言論之抗議與台灣的後續回應切入，探討「情感結構」（structure of feeling）與「情動組裝」（affective assemblage）之間可能的創造轉換。[8] 本章希冀透過這些分析思考的面向，能夠清楚鋪陳二〇二〇年至二〇二三年之間「台海戰疫」所啟動台灣對中國從「反中」到「仇中」在政治操作與情感動員各方面所展現的「攻擊欲力」，以及「自我防衛」如何成為啟動「攻擊欲力」的最佳合理化、正當化理由，並嘗試提出為何「抵抗的非暴力模式」乃是處理兩岸歧視與敵意的可能出路。

一・病毒與戰爭，隱喻與實體

病毒所啟動的「戰爭修辭」早已為人所熟知。就「社會用語」而言：病毒被當成充滿攻擊力的「入侵者」、「敵軍」，善於潛伏，無國界，人體免疫大軍須全面備戰、阻擋病毒大軍之入侵；或防疫「前線」醫護人員乃英勇之戰士、抵禦病毒的攻城陷地，抗疫英雄正在「前線」打一場英勇的戰役等等，皆是把全民防疫比喻為戰爭，更將其提升到捍衛國家安全的最高等級。桑塔格（Susan Sontag）早在《疾病的隱喻》（*Illness as Metaphor*）一書中就已清楚言明，「更嚴重的隱喻存留在公共衛生教育之中，疾病慣常地被描繪成入侵社會，而降低某疾病死亡率的努力，被稱為一次戰鬥、一種拚搏、一場戰爭」。[9] 於是在此全球「防疫大作戰」的局勢之下，美國前總統川普自封為「戰時總統」（Wartime President），日本前首相安倍晉三將新冠病毒形容為「看不見的敵人」，中華民國總統蔡英文也於二〇二〇年一月三十日正式宣示「防疫視同作戰」。10

與此同時，「新冠病毒」的出現與流行，更被當前美中對峙的國際形勢進一步政治化、戰爭化。在「中國威脅論」的陰影之下，美國疑心新冠病毒的源頭來自中國武漢實驗室，有可能是中國所發動的「生化戰爭」。美國前總統川普更不惜直接使用「中國病毒」（China virus）、「工夫流感」（Kung flu）來挑起種族仇恨，並以九一一恐怖攻擊和珍珠港事件來比喻「中國病毒」對美國之突擊狙殺。中國不甘示弱，也企圖以狡辯方式反擊，直指新冠病毒乃二〇一九年十月美軍參與武漢世界軍人運動會所帶入甚至所散布，雙方彼此攻訐、互不相讓。而這些「政治用語」中病毒與戰爭的連結，並未停留在純語言層次，而是直接延續著二〇一八年起美國以中國為首要策略性競爭對手（strategic competitor）所發動的一連串貿易戰爭、科技戰爭，以及美軍以高強度巡弋來捍衛並維護印太區域安全與秩序之決心，尤其是在南海及台海爭議上所展現的強勢態度。

故台灣對新冠病毒的回應，既要面對新一波美中關係的劇烈變動，其在全球權力結構中的矛盾、衝突與競逐，更要面對七十多年來台海緊張關係的對峙，與中國武力犯台與日俱增的威脅，極難不導致「病毒戰爭」與「台海戰爭」（美中軍事衝突最可能的引爆點）的疊合，造成「疫」與「役」作為同音異字轉換的相互塌陷。[11]就更為具體與臨迫的社會脈絡而言，「台海戰疫／役」乃接續著二〇一九年香港反送中運動在台灣所引發「今日香港、明日台灣」的憤怒、挫折與危機感，以及二〇一九年底至二〇二〇年初台灣總統大選時台灣內部「亡國感的逆襲」，皆激化為強烈的敵／我意識，讓戰疫即戰役衝上最高點。[12]原本台灣在歷史主體性與地緣政治建構過程中不斷冒現的「反中情結」(anti-China sentiments）遂一夕大爆發，更由反中到仇中，讓新冠病毒彷彿成為「來自中國、來自武漢的病毒入侵台灣、攻占台灣、企圖摧毀台灣」意義下的大敵當前。誠如林建廷所言，台灣 COVID-19 的「防疫視同作戰」，即是將中國等同於病毒、病毒等同於「入侵者」，必須全力備戰、反抗抵禦，不僅導致「仇中」種族（族裔）主義的情感升溫，更有重返冷戰時期「反中親美」、民主／極權的意識形態對峙。[13]

而伴隨著「台海戰疫」作為美中台政治隱喻與情感動員的同時，台海實質軍事戰爭的威脅隨著疫／役情的發展，亦有增無減。以二〇二〇年上半年「台海戰疫」的初期發展為例，中國解放軍十七次以軍機擾台，以此回應美軍在台灣南方空域的軍事提升以及台美關係的急劇升溫，而美軍軍機在台海周邊亦頻繁現蹤，次數更勝過解放軍軍機。二〇二〇年一月二十三日在台灣總統大選投票後，解放軍空警五百、轟六等各型機在台海周邊進行遠海長航訓練。二月八日、九日針對台灣副總統當選人賴清德訪美一事，中共軍機飛越海峽中線進行武力恫嚇，表達對美台之不滿，也同時展現解放軍戰備實力不受疫情之影響。二〇二〇年三月中國明顯增加人民解放軍在東海、台海及南海海域的軍事活動。四月啟動「遼寧號」與「山東號」雙航母及萬噸驅逐艦，進行接近實戰之攻防演習。美軍亦以在台海及南海部署之軍艦、軍機之高頻率及高強度巡弋來回應，宣示並強化其在印太戰略的議程設定及軍事布署。與此同時，台海的緊張關係亦隨著台美的合作關係而陡升，「在台美關係升溫的部分，包括台美防疫聯合聲明、《台灣友邦國際保護及加強倡議法案》（Taiwan Allies International Protection and Enhancement Initiative Act，以下簡稱《台北法案》）的通過、售台 MK-48 重型魚雷及相關設備與技術等，都使得中共的不滿持續累積」。14

二〇二〇年三月二十四日美國部署在太平洋的航空母艦「羅斯福號」發現新冠肺炎確診案例，四月初除了「羅斯福號」外，另外三艘部署在印太地區的航母「卡爾文森號」、「尼米茲號」及「雷根號」也傳來疫情，超過三千五百名官兵相繼染疫，出現美軍印太地區戰力部署的缺口，造成部分人士擔憂解放軍是否會在美軍戰力出現缺口之際，攫取南海島嶼及相關資源。[15] 二〇二〇年四月十八日中央流行疫情指揮中心指揮官陳時中宣布，新增三名「武漢肺炎」確診，皆在海軍敦睦遠航支隊實習，翌日「盤石艦」驗出二十四人集體染疫，乃為彼時台灣新冠肺炎最大群聚案。「磐石艦」所屬的台灣海軍敦睦遠航訓練支隊，曾在同年三月赴帛琉共和國進行祕密任務，離開帛琉後於公海航行近三十天，四月九日停靠左營軍港進行隔離，四月十二、十三日中共「遼寧號」繞台航行，在隔離中的敦睦艦隊也就近監控中共航母，六天隔離期滿後下船，四月十八日才爆出集體染疫事件，因下船休假官兵足跡遍布全台，一時引發台灣本島疫情危機。[16]

以上僅就二〇二〇年上半年實質軍事武裝意義上的「台海戰疫」為例，爾後的波動更劇，包括二〇二二年二月二十四日俄羅斯入侵烏克蘭所引發的國際情勢動盪、二〇二二年八月時任美國聯邦眾議院議長裴洛西率團訪台所引爆至今未歇的中國解放軍密集環台軍演，「台海戰役」的急迫威脅時時凌駕「台海戰疫」的破口與防控。一場全球新冠疫情的爆發，讓我們深切體會到「戰爭作為隱喻攻擊」與「戰爭作為軍事攻擊」之相互疊合與纏繞，不論是從新冠病毒對人體免疫系統的攻擊戰到醫護系統全面啟動的防衛戰，或是從生化戰爭陰謀論、以疫奪台、以疫謀獨的各種政治指控與操作，亦或是從中國解放軍繞台軍演到美航母官兵染疫、台灣磐石艦官兵染疫等等，皆指向「疫」與「役」之同音轉換、相互塌陷的爆發威力與無可避免。即便台灣已於二〇二三年五月一日順應國際「新冠流感化」的潮流，將「嚴重特殊傳染性肺炎」從第五類法定傳染病調降為第四類；即便二〇二三年五月五日世界衛生組織正式宣布，COVID-19 新冠肺炎作為「國際關注公共衛生緊急事件」（Public Health Emergency of International Concern, PHEIC）」已經結束，自二〇二〇年至二〇二三年以來新冠病毒所啟動的戰爭譬喻聯想與實質威脅並未消退，其所造成的個人與社會、實質與心理的傷害亦延續至今。唯有在此政治、經濟、國防、醫學、社會、心理脈絡的複雜糾結之中，我們才有可能針對此「台海戰疫」所涉及的「病毒—戰爭—攻擊欲力」進行分析探討，來凸顯「台海戰疫」所啟動的「攻擊欲力」如何正來自合理化、正當化的「自我防衛」機制，以及如何有可能防患未然此「攻擊欲力」導向實體軍事戰爭衝突之可能。

二・向「武漢肺炎」宣戰：敵意、仇恨與汙名

此次「台海戰疫」最引人注目的「語言」攻擊欲力展現，莫過於台灣從官方到媒體對「武漢肺炎」的偏執使用。二〇一九年底在中國湖北省武漢市出現多起不明肺炎的案例，初步的基因檢測只知是一種類似SARS的冠狀病毒。最初中國官方與媒體乃用「武漢不明肺炎」或「武漢病毒性肺炎」稱之，國際組織則採用描述性說法，如「武漢出現不明病毒造成的肺炎」或「在武漢（或中國）的新冠狀病毒」，部分英文媒體則簡稱為「武漢病毒」或「中國病毒」。然最初命名的更迭與混亂，早在二〇二〇年二月十一日就已塵埃落定、拍板定案，世界衛生組織WHO宣布病毒的正式名稱為SARS-CoV-2，此病毒所引發的疫病之正式名稱為COVID-19（CO指冠狀corona、VI為病毒virus、D為疾病disease，19是2019年）。[17]中國也因應將此疫病的正式名稱定為「新型冠狀病毒肺炎」，簡稱「新冠肺炎」。

然而弔詭的是，就在確認COVID-19「新冠肺炎」作為此新興傳染病之國際通用正式醫學名稱的同時，台灣對此疾病的稱法卻出現了「反向變化」的趨勢。誠如醫療人類學者劉紹華所言，「台灣官方與民眾的溝通用語，是從較為專業性的描

述，轉為通俗性的非正式用語，且與世界衛生組織的疫病命名原則漸行漸遠」。[18]她指出其中「反向變化」的關鍵，乃是引爆輿論爭議的「小明事件」：二〇二〇年二月十一日，就在國際衛生組織ＷＨＯ宣布病毒與疫病正式名稱之際，台灣陸委會宣布領有長期居留證、長期探親證之國人與陸配子女，可准予入境返台，引起輿論譁然；次日中央流行疫情指揮中心指揮官陳時中宣布撤回陸委會決議。[19]劉紹華更直指其研究訪談資料顯示，「二月十一日之後，中央政府要求下級部會對外溝通時，統一使用『武漢肺炎』」。[20]但不論此政令宣達是否屬實，我們確實看到中央流行疫情指揮中心監測應變官、衛福部疾管署副署長莊人祥隨後立即公開宣示，雖然ＷＨＯ已為此新興疾病正名，但過去一、兩個月以來媒體及民眾已約定俗成稱呼「武漢肺炎」，而法定傳染病「嚴重特殊傳染性肺炎」名稱又太長，為避免延誤防疫工作及媒體報導的混淆，更為了方便民眾理解防疫訊息，未來官方發布疫情相關訊息時，仍會簡稱為「武漢肺炎」，也建議媒體於報導時採用此原則來稱呼。[21]二〇二〇年三月底疫情指揮中心指揮官陳時中在記者會上亦表示，疾病本就有學名、俗名、俗稱等各種稱呼，大家會選擇「講起來比較順」的講法，並無特別的歧視在內，故疫情指揮中心將持續使用「武漢肺炎」的名稱。

台灣為何對全球衛生組織的正式命名不願從善如流呢？台灣為何一再堅持、甚至知錯不改地使用「武漢肺炎」的名稱呢？誠如劉紹華所言，「一個因技術之便而產生的名稱，之後可能會加上各式社會與國際因素而讓它更為常存，甚至與原有的既定成見結合，乃至成為一個隱喻」。[22]「武漢肺炎」在台灣的偏執使用，顯然不只是一種通稱、俗稱、簡稱，不只是為了溝通方便、約定俗成或「講起來比較順」，恐怕也同時是一種具有歷史、社會、地緣脈絡下的政治隱喻，暗藏了憤怒、控訴、發洩、仇恨、報復、敵意的攻擊欲力。

那堅稱「武漢肺炎」的「語言行動」（speech act）其攻擊欲力何在？世界衛生組織WHO鑑於過去病毒命名譜系對特定地理、族群、物種所造成的負面傷害，自二〇一五年起就已明定新興疾病的命名指引，禁止使用地理位置、物種或人群為疾病和病毒命名，以防止社會汙名化，避免引發對特定文化、社會、國家、區域、專業或族群進行的攻擊。[23]二〇一九年底中國湖北省武漢市出現最初病例本是事實，在病毒不明的混亂初期，「武漢肺炎」的用語不脛而走，中國如此，台灣亦如此，乃情有可原。然此社會汙名化的速度自是不亞於病毒感染的速度，在中國境內最初逃離武漢疫區的武漢人或湖北人，在外省被圍堵、驅逐、恐嚇、辱罵、監控、舉報，成為中國的「賤民」，數百萬人無家可歸。[24] 台灣二〇二〇年一月二十一日首起新冠肺炎確診案例，乃是自武漢返台、主動通報的女台商，但台灣社會謾罵撻伐之聲四起，開啟了後續一連串「台商」、「陸生」、「陸配」、「陸配子女」的社會汙名化，武漢台灣人甚至被視為中國攻打台灣的「生化武器」。[25]

但這些因為「武漢肺炎」、「武漢病毒」汙名所造成血淚斑斑、歷歷可見的歧視與壓迫，卻絲毫不動搖台灣當局對「武漢肺炎」的偏執使用，以及對疾病與病毒命名倫理準則的徹底漠視，即便早在二〇二〇年二月十一日世界衛生組織就已公布此新興疾病與病毒的正式名稱。此「明知故犯」背後可供推敲的原因有二。其一自然是中國長期對台灣文攻武嚇所造成「意識／疫識形態」的抵抗，早在二〇〇三年SARS期間時就已猛烈爆發過。在此我們可以援引學者江文瑜與段人鳳的英文論文〈對SARS的概念隱喻：誰與誰之間的「戰爭」？〉（"Conceptual Metaphors for SARS: 'War' Between Whom?"）為例來加以說明。該文以台灣《自由時報》、《聯合報》和中國《人民日報》三份紙媒為分析對象，探討二〇〇三年「嚴重急性呼吸道症候群」（Severe Acute Respiratory Syndrome, SARS）疾病詞彙在兩岸新聞的命名策略與戰爭隱喻。文中指出三份紙媒都以戰爭隱喻來概念化疾病（抗煞戰爭、戰役、淪陷、前線、迎擊、反擊、腹背受敵、侵襲、口水戰），皆展現了政治論述重於醫學論述之趨勢。中國的《人民日報》主要使用中文的「非典」及「非典型肺炎」，台灣的《自由時報》與《聯合報》主要使用英語首字母縮寫的SARS，也常使用與民間信仰緊密相關的閩南語「煞」（sha諧音SARS）來帶出此疾病有如「凶神」般殺戮暴戾。更進一步的分析則顯示，傾向台灣獨立的《自由時報》，乃強力凸顯「中國威脅」，其不僅被視為「煞」的起源，更被賦予結合了魔鬼與入侵者的「妖魔化」形象，不斷恐怖攻擊台灣。[26]

而另一篇直接處理新冠肺炎的論文，也深具參考價值。陳菘齡的〈新冠疫情醫療詞彙之多面向敘事：語言、事件與時間〉，以新冠肺炎醫療詞作為關鍵詞，進行資料庫分析，凸顯台灣在疫情期間的社會輿情與語言特徵狀態，尤其是針對有關疾病命名所涉及的隱喻和意識形態，提供了詳盡的文獻回顧分析。該文指出《聯合報》系傾向對中國採取溫和政策，在其相關報導中「武漢肺炎」逐漸退場，而改換為「新冠肺炎」；《自由時報》系則採取相反路線，以二〇二〇年上半年為例，出現超過一萬筆的「武漢肺炎」疫情醫療詞。[27]爾後即便在二〇二三年五月台灣已將「嚴重特殊傳染性肺炎」從第五類法定傳染病調降為第四類，《自由時報》時至今日仍堅持使用「武漢肺炎」，僅在其後以括弧加注（新型冠狀病毒病，COVID-19）。若說此乃純粹技術用語或便於溝通的中性用詞，無涉歧視、無關「疫識形態」、不具面對「中國威脅」所啟動自我防衛的攻擊欲力，恐難自圓其說。

台灣對「武漢肺炎」的偏執使用與其可能涉及的「疫識形態」，恐非僅僅是由「小明事件」所單一引爆，其多重因素交錯的時空脈絡自是複雜糾結。而台灣「明知故犯」的第二個關鍵因素，乃是早期美國官方對新冠肺炎所展現的強悍態度，台灣借力使力，以此為後盾而毫無反省能力地搭上「仇恨語言」的順風車，全然不顧此「仇恨語言」在全球造成對亞裔與亞洲人的語言與肢體攻擊，也全然不顧此「仇恨語言」在台灣內部所造成的歧視與汙名。二〇二〇年三月十六日彼時的美國總統川普在推特上首度以「中國病毒」稱呼新冠病毒，美國國務卿龐佩奧（Mike Pompeo）則稱新冠病毒為「武漢病毒」。川普接著更無視於世衛組織的警告及中國的抗議，持續為其「中國病毒」說辯護，直至該年三月底。[28] 然此說已然在美國挑起種族歧視與仇外暴力，各地以肢體或語言攻擊、歧視、仇恨亞裔美國人或亞洲人的事件頻傳。川普的「中國病毒」說不僅出自其個人的狂人行徑（包括不戴口罩、鼓吹羥氯奎寧療法、消毒劑殺病毒、出言嘲弄貶斥醫學專家、政治口水淩駕科學等），更涉及美國民主黨與共和黨兩黨政治長久以來所造成的激烈社會對立。[29]「中國病毒」說乃是仇恨政治語言的民粹操作，召喚出保守勢力潛意識的攻擊欲力，讓「仇恨病毒」成為防疫的另一大「破口」。而早在二〇二〇年美國大選期間，美國民主黨總統參選人拜登（Joe Biden）就已大聲宣稱「種族主義不能遏止病毒」。[30]

美國開先例之後，接著還有更多其他國家領導人和官員也順勢發表反中言論，有意或無意地鼓動仇恨犯罪、種族主義和仇外情緒，甚至不惜挪用新冠肺炎疫情，復辟反移民、反猶太、白人至上的極端民族主義。此因全球新冠肺炎疫情所觸發的「仇恨語言」，從總統到政客、從媒體到社交平台不斷蔓延，各種針對亞洲或亞裔臉孔之人（無法分辨其為中國人、台灣人、日本人或韓國人等等）的謾罵、污辱與肢體攻擊更層出不窮，直言要「中國病毒滾回去」，甚至連台裔美國籃球球星林書豪在球場上亦難逃被對手以「新冠病毒」咒罵侮辱之。[31] 聯合國祕書長古特雷斯乃沉痛表示，「大流行持續引發仇恨與排外的海嘯，推卸責任、製造恐懼」，並要求各國政府「立刻行動起來，提高我們社會對仇恨病毒的免疫力」。[32] 此由「中國病毒」說、「武漢肺炎」說所挑起的「仇恨病毒」，既是往回召喚出「黃禍」（Yellow Peril）的種族主義仇外歷史與心理，也是緊緊扣連當下「科技東方主義」（techno-

Orientalism）與反亞裔仇恨浪潮中的「恐中東方主義」（Sinophobic Orientalism）與「恐中種族歧視」（Sinophobic racism）。[33]

二〇二一年一月二十日拜登就職美國總統，努力匡正川普、龐佩奧等人所挑起的種族歧視與仇外暴力，並於當月二十六日正式簽署行政備忘錄，明定各機關移除「中國病毒」等指涉性名稱，並公開譴責對亞太裔的種族歧視言論。[34] 而隨順著美國新任總統的態度丕變，台灣行政院跨部會在一月二十八日的新聞稿中，開始避用「武漢肺炎」一詞，相關網站與防疫廣告、衛教文宣也將「武漢肺炎」改成「COVID-19」，但政府首長與部分媒體依然開口閉口「武漢肺炎」，如彼時的行政院院長蘇貞昌仍堅持使用「武漢肺炎」，並表示心中只有防疫，沒有政治、歧視和侮辱，又再次搬演台灣當局既仇恨又不敢承認仇恨的「此地無銀三百兩」，乃是徹底無視於「中國病毒」在國際、「武漢肺炎」在國內所造成的各種歧視、汙名與差別待遇。[35]

然台灣學術界對「武漢肺炎」用詞被當成發洩、散布「仇恨病毒」的「語言行動」，並未保持緘默。學者王智明等早在二〇二〇年二月二十七日就已發起「救無別類，應物無傷」的連署行動，提出五大訴求：一．拒絕以防疫包裝歧視；二．抗疫無國界，救援要即時；三．反對中共欺壓，不必歧視中國身分；四．正視台灣對兩岸四地的責任；五．反對民粹情緒勒索。此連署書直指台灣當局與部分媒體堅持使用「武漢肺炎」的誤稱，再加上後續禁止陸生返台、武漢台胞包機爭議、「小明事件」等，「在在顯示政府與台灣社會的言語暴力與反中情緒已達新高」。連署書清楚指出問題的核心在於「化解保台必須反中的仇恨情緒」，台生、台商、陸生、陸配、「小明」們都不應被當成病毒對待，必須理性討論兩岸關係的何去何從，避免反中情緒的民粹化與惡質化；「台灣的民主深化必須正視歧視的危害」，才得以「去除暴戾言語相向的惡習」。[36] 然此對「武漢肺炎」作為「仇中」語言行動的反省與批判，不是被認為陳義過高，忽視防疫管制現實本身之迫切與例外，就是被直接「抹紅」，指控其乃以「反歧視」偷渡「大中國主義」，終未促成任何積極對話的機制或語言行動上的修正。[37]

三．向WHO宣戰：光榮敘事的情感暗面

過去三年「台海戰疫」另一個引人注目的國際話題，亦充分展現了「病毒—戰

爭—自我防衛—攻擊欲力」的緊密連結，乃是二〇二〇年四月八日在瑞士日內瓦舉行的世界衛生組織總部記者會上，幹事長譚德塞在回應美國總統川普對世衛防疫失靈、以中國為中心的批評之後，突然話鋒一轉，點名台灣網軍用「黑鬼」等種族歧視字眼，對他個人進行人身攻擊甚至死亡威脅，而此種族歧視攻擊長達數月，也提及台灣外交部知情卻坐視不管。此番話語一出，台灣從總統府、外交部到駐外單位都立即同聲否認，台灣輿論則將此段發言視為譚德塞為逃避防疫缺失（反應遲鈍、袒護中國等）、所刻意轉移焦點之藉口。

但世界衛生組織幹事長真的是以莫須有的種族歧視（來自台灣的攻擊）來攻擊台灣以推卸責任嗎？在該記者會前後，美國作為WHO最大捐款國揚言退出、凍結世衛捐款。[38] 川普直指譚德塞過於「親中」，顯然更加強了台灣對譚德塞的偏見與義憤。但若回到世界衛生組織的發展歷史，與其說是譚德塞個人的「親中」，還不如說此乃WHO在當前全球衛生治理（global health governance）上所呈現美國與中國作為「兩種模式傾向的消長」，前者強調醫療科技進步與單向輸出的衛生模式（已開發國家為主），後者則著力於社區健康與基礎衛生（開發中國家為主）。[39] 而來自東非衣索比亞的譚德塞，之所以能夠在二〇一七年成功當選世衛第一位非洲籍幹事長，凸顯的正是美／中路線與對世衛影響力的消長。

我們無須諱言世界衛生組織乃是以政治力量為主導，充滿意識形態角力與強權大國之間的殘酷競逐。而除了在全球衛生治理上美／中「兩種模式傾向的消長」外，WHO自創設以來也同時在「西發里亞」（Westphalian）模式與「後西發里亞」模式之間擺盪掙扎，前者強調以會員國為基礎，凸顯主權國家中心主義；後者強調超越國界、國籍、甚至物種，建立「健康一體」的全球衛生共同體，企圖擺脫主權國家與強權政治的羈絆。[40] 以二〇〇三年中國爆發SARS疫情為例，此被視為全球化脈絡下第一個「後西發里亞」案例，卻凸顯了WHO在全球衛生治理上的捉襟見肘：病原體來路不明、中國疫情資訊不透明、WHO反應遲鈍、各國畫地自限拒絕合作等。[41] 二〇一九年底爆發的全球新冠肺炎疫情，更再次充分凸顯了WHO「後西發里亞」模式的成事不足，「西發里亞」模式的敗事有餘，從世界衛生組織太晚宣布新冠疫情為國際公衛緊急事件，到各國政府在防疫上最初的隔岸觀火到後來的手忙腳亂、連連失誤，終於導致疫情一發不可控制而造成全球死亡人數的巨增。

但在進入譚德塞種族歧視語言攻擊事件之前，我們還須特別交代的乃是台灣與WHO的恩怨情仇。一九四六年國際衛生大會通過世界衛生組織憲章，中華民國乃是創始會員國之一。一九七一年十月二十五日，聯合國大會通過第二七五八號決議，承認中華人民共和國為聯合國唯一合法代表，中華民國政府被迫退出聯合國與世界衛生組織。一九七二年WHO第二十五屆世界衛生大會的WHA二五．一號決議，「承認其政府代表為中國在世界衛生組織的唯一合法代表」。[42]一九九七年李登輝執政期間，嘗試以「中華民國」（台灣）的名義申請WHA的觀察員身分長達五年之久，皆未成功。二〇〇二年至二〇〇四年陳水扁執政時期，改以「衛生實體」（Health Entity）名義申請加入WHO也未獲接納，二〇〇五年至二〇〇八年改以「台灣」名義申請加入WHO亦不成功。[43]二〇〇九年至二〇一六年馬英九執政時期，以「中華台北」（Chinese Taipei）的名義擔任觀察員，所依據的乃是《國際衛生條例》（International Health Regulations, IHR）二〇〇五附錄二的一份中國聲明，表示「中華人民共和國政府決定，國際衛生條例適用中華人民共和國全境，包括香港特別行政區、澳門特別行政區和台灣省」，台灣乃是在IHR系統之中而非之外，有權獲得相關資訊，但完全受制於「一個中國」原則，亦即必須設置在中國的國家聯繫單位之下。[44]二〇一七年起蔡英文執政時期，以「台灣」名義申請加入WHO，亦以「台灣」名稱委請友邦提案參加WHA，皆未獲接納。[45]

而此長年的挫折與沮喪，更隨著台灣在這次全球新冠肺炎疫情大爆發、大流行過程中所發展出「生物民族主義」的光榮敘事而更形加深加劇。[46]台灣明明是最早提醒WHO關注此新興疾病、又是（前期）全球新冠防疫表現至為優異的模範生，卻被拒絕於世界衛生大會門外，真是情何以堪。而首當其衝的「卡門人」，便成為川普口中聲聲咒罵「親中」的譚德塞，台灣網民或側翼網軍若將所有新仇舊恨、悲憤沮喪聚焦於譚德塞，自是有跡可循、有恃無恐。但就在譚德塞公開指控而台灣立即矢口否認之時，並未出現或根本不須出現任何「事實查核」的動作以證清白，台灣乃是在第一時間就直接判定此乃不實指控，強調台灣反對任何種族歧視，台灣也沒有任何種族歧視，台灣才是被歧視、被排除在世衛與其他國際組織之外、遭受不公平對待的受害者。難道只要當下有任何要求「事實查核」的動作，就是不信任政府、抹黑政府、唱衰政府嗎？譚德塞在國際公開場合控訴台灣種族歧視、人身攻擊之事，在台灣立即被判定為一樁從頭到尾由譚德塞一人自導自演的幻想戲碼，甚或還被指認幕後黑手乃是「中國對全球投射銳實力」之戰略布局，讓其不惜以污蔑、破壞台灣國際聲譽的方式，讓「台獨」與「種族歧視」掛鉤。[47]針對世衛幹事長譚德塞聲稱三個月來遭受台灣種族歧視網路攻擊之事，唯一由台灣政府機關法務部調查局在同年四月十日公布的「事實查核」乃「目前並未找到相關攻擊文章」（完全沒有說明查核時間、網站內容或分析方法），而其真正的公布重點乃是已仔仔細細「查核」出（抓到了）網路上出現大量「假道歉文」，以假台灣人之名向譚德塞公開承認對其種族歧視攻擊並乞求原諒之舉。調查局強調此皆為中國網軍惡意的集體炒作，嚴重危害台灣國際聲譽，呼籲民眾識別並切勿轉傳網路假消息。[48]

那台灣一般網民或特定政黨側翼網軍究竟有沒有對譚德塞發動種族歧視的人身攻擊呢？海峽兩岸對此議題分別進行了大數據分析，得出的結果也是南轅北轍。中國針對台灣ＰＴＴ八卦板（Gossiping）所進行的大數據分析，時間段抓在二〇二〇年一月二十七日至二〇二〇年四月十二日，結果發現詞頻排名第一的乃是「尼哥」（英文 Negro 音譯），此外尚包括「垃圾」、「黑人」、「黑鬼」、「噁心」、「智障」、「廢物」等辱罵詞語，甚至還將譚德塞的中文譯名姓氏「譚」，惡意改寫為「痰」。[49] 台灣則是針對同樣的ＰＴＴ八卦板進行大數據分析，時間段抓在二〇二〇年一月一日至二〇二〇年三月十五日，結果指出「譚德塞指涉之種族歧視字眼『尼哥』、『黑鬼』等，確實有出現，然總數不及千分之五，是否具有巨大影響力可受公評，倒是親中相關之攻擊性字眼頻率明確偏高，足見親中才是ＷＨＯ與譚德塞在台灣輿論主要被攻擊的點」。[50] 姑且不論此兩個大數據分析在方法設定與執行嚴謹度上的可能差異，此二者針對台灣 PTT 八卦板的分析研究，也僅能就一般網民對譚德塞的普遍觀感進行分析。不論是針對種族膚色的攻擊性字眼或親中政治立場的攻擊性字眼，兩個研究皆顯示台灣一般網民對譚德塞的惡感與嫌惡。然不諳中文的譚德塞其所指控的種族歧視、膚色攻擊，當是在世衛組織英文網站或其他 Twitter 等英文社交平台刻意為之的貼文或回應，而譚德塞與台灣外交部的通信內容也可以是極為重要的參考證據，但至今卻沒有任何針對這些方向的「事實查核」可供討論。這場種族歧視、膚色攻擊的攻防戰，難道真的必須如此這般落入羅生門的各說各話，信者恆信，不信者恆不信嗎？

若台灣政府與部分媒體對「武漢肺炎」的偏執使用所展現的仇中攻擊欲力，都有白紙黑字與影音資料可以佐證，那難道世衛幹事長譚德塞指控台灣對其進行種族歧視與膚色攻擊，就只能如此這般不了了之了嗎？且讓我們看看以下三個深具台灣社會徵候性的立即「反擊」。其一是極盡幽默與反諷的「推特護台灣」，網民以譚德塞「這記攻擊來自台灣」發起 #ThisAttackComesFromTaiwan 英文推文接力運動，世界各地的網友共襄盛舉，紛紛貼上他們在台灣旅遊時所拍攝的美食和景點照片，包括珍珠奶茶、小籠包、芒果冰、台北一〇一、龍山寺、伯朗大道等，以此展現台灣最大的攻擊力在於美好的在地文化，絕不是霸凌與歧視。[51] 此幽默反擊也立即得到美國《華盛頓郵報》的關注與報導，連台灣外交部長吳釗燮也隨後推文分享台灣捐贈口罩抵達目的地的照片，並特別標注「這記攻擊來自台灣」。[52]

其二是以 #ThisAttackComesFromTaiwan 為切入點，於募資平台發起在《紐約時報》刊登「台灣人寫給世界的一封信」全版廣告活動，以此反擊譚德塞的不實指控。在短短不到九小時的時間之內，就成功募得超過四百萬目標的新台幣。[53] 主要發起人之一的 YouTuber 阿滴，針對譚德塞日內瓦會議的發言，第一時間在其臉書飆罵，直指譚德塞將「『導致全球疫情失控』的批評，模糊焦點成是針對黑人的種族歧視，真的是推卸責任、不知羞恥到了極點」，乃決定發起此項募資活動，要為台灣向全世界發聲。另一發起人設計師聶永真也在其臉書，詳盡說明了由其負責的廣告文案設計在圖像語意上的重點：左上方 WHO can help? 中的 WHO 三字使用世衛官方字形，主標問句選用世衛標準色藍，而文字下方白色洞口圖像則「隱喻世衛於流行疫情爆發時刻，因反應遲緩與外在政治干擾，所引致的防疫缺口，以及全球深陷的棘手難題」；右下方 Taiwan 則以出入口意象，表示「台灣正積極建立一個通道、一個出口、一個方法學，對外提供最大的幫助。儘管長期以來我們被孤立於國際組織外，台灣官方及民間正持續以實際行動，對全球提供防疫經驗、實際支援與紓解」。於是此全版廣告的主標語 WHO can help? Taiwan，以及後續由此所持續展開的 #TaiwanCanHelp、#TaiwanIsHelping，乃成為二〇二〇年台灣在新冠肺炎疫情期間進行口罩外交、國際醫療物資支援等「生物民族主義」光榮敘事的核心口號。

其三則是來自台灣個別政府官員更猛暴、更直截了當的羞辱性語言反擊，充分展現了一種在自我防衛與攻擊欲力之間強勢合理化、正當化的「仇恨邏輯」。針對譚德塞日內瓦記者會的發言，我國駐德國台北代表處代表謝志偉立即憤怒反擊：「世衛組織祕書長已改名為『譚德』！『塞』呢？挫了」，「簡單說，是全球除了中國以外，都在公幹他，而他，快幹不下去了」，「看誰在搞政治！世人紛紛要他下台」、「也別忘了，『屎』作俑者是『中共病毒』的『中共』喲！」。[54] 此語言攻擊表面上完全不涉及膚色或傳統界定下的種族歧視，但卻透過多重同音異字、雙關語來表達侮辱、敵意、仇恨與歧視。首先是台語「塞」與「屎」的同音異字，不僅暗指譚德塞「占著茅坑不拉屎」，更是以台語「挫塞」（痾屎，無法控制地排出糞便），來喻其心驚膽顫到大便失禁。其次是「幹」事長與詈語「幹」之為性交之間的轉換，原本台語「姦」與「幹」就同音，而原指處理公事的「公幹」，在台語中則指向「集體訐譙」（台語「訐譙」乃指用淫穢語言辱罵他人之意，亦泛指引起眾人齊聲撻伐指責），更隱含性別歧視與同性戀歧視的「集體性暴力」。最後則是直呼「新冠病毒」為「中共病毒」，並將中「共」與「塞」、「屎」、「糞」（由「米」、「田」、「共」三字疊成）相互連通以洩恨。

謝志偉不是一般網民，乃我國正式的駐德代表，也曾經擔任過新聞局局長，卻向來喜歡在媒體上大放厥辭、公然嗆聲，尤其自豪其能遊走在同音異字之間轉換自如。此番以公然侮辱的方式，將譚德塞貶抑賤斥為「挫塞」、被全球「公幹」的「幹」事長，卻不見我國政府當局對其口不擇言的狂飆爛罵有任何更正、糾舉或道歉，彷彿只要被判定袒護中國、欺壓台灣的人，就活該倒楣；彷彿台灣的「仇恨語言」都是對方咎由自取，台灣的攻擊都是一種對攻擊的反攻擊，一種護衛台灣、捍衛本土的自我防衛。

推特 #ThisAttackComesFromTaiwan 的推文系列或《紐約時報》WHO Can Help? Taiwan 全版廣告之反擊譚德塞，至少還展現了台灣公民社會集體發聲之能量，其幽默反諷或圖文創意，自是大大不同於駐德代表謝志偉毫不掩飾、毫不收斂的言辭侮辱與歧視。但我們必須坦然面對的，乃是三者都展現出一種「受害者心態」的強力反擊。中國從未停歇的文攻武嚇、台灣被ＷＨＯ與其他國際組織長年排擠在外的邊緣與孤立、台灣在此次全球新冠肺炎上半局的防疫優異表現等等，都是事實與真相，但世衛幹事長譚德塞就算防疫有所失職、就算「親中」，並不足以合理化任何對其個人的人身攻擊，不論涉不涉及膚色與種族。台灣的義憤填膺、眾怒難平不難理解，但在沒有任何「事實查核」的情況之下，從官方到民間在第一時間就一口咬定其乃自導自演，並立即將台灣對他攻擊與霸凌之指控，轉換成他對台灣之攻擊與霸凌，憤怒其以不實言論重創台灣國際形象。在深感受傷與受辱之際，必須反擊，或回以幽默反諷，或回以圖文創意，或回以最粗暴最赤裸的侮辱、歧視與仇恨語言。

在此我們在意的不是語言的潔白純淨或道德的自我約束，我們在意的是攻擊欲力在導向批判與對抗的同時，是否可以不往歧視、侮辱、敵意、仇恨傾斜宣洩、不往戰爭的暴力危險推進，此亦即本書所一再強調的「止戰」思考與本章所欲凸顯的「抗中不仇中」。如果我們不能在此時重新審視二〇二〇年至二〇二三年來台灣對「武漢肺炎」的偏執使用與對ＷＨＯ幹事長譚德塞的語言攻擊，我們恐難以跳出每年五月定期上演、引發全民悲憤的ＷＨＯ戲碼。以二〇二三年五月為例，由台灣衛福部領軍的「世衛行動團」，再次集結於世界衛生大會的開會地點瑞士日內瓦，且在健行活動中「巧遇」或「圍堵」WHO幹事長譚德塞，以人牆與口號包圍之，要求以觀察員身分參與世界衛生大會。譚德塞再次禮貌重申此事需由會員國投票決定，在場的台灣議員立即高喊「病毒不能用投票決定，人權不能用投票決定」回應之。[55]旋即在WHA正式開會前一小時，台灣衛福部部長薛瑞元召開記者會，強調WHA觀察員根本不需要會員國投票，而台灣之前作為WHA觀察員，乃是經由WHO幹事長的邀請，並未透過全體會員國投票決定。[56]

但如果我們能夠了解WHO作為聯合國的專門機構，必須遵守聯合國大會的「一個中國」原則，而如前所述早在一九七二年WHO第二十五屆世界衛生大會的WHA二五．一號決議，就已「承認其政府代表為中國在世界衛生組織的唯一合法代表」。台灣之所以無法重返聯合國、或無法加入WHA擔任觀察員，都是「一中」框架之下遭到排擠與迫害的無奈，即便台灣一再強調中華民國政府與中華人民共和國互不隸屬，但也無法改變國際現實，中國的政治阻撓與打壓並非無的放矢，而世衛組織也並非純然棄守中立及專業原則而一心袒護中國。

與此同時，如果我們也能夠了解WHA在正式會員國之外的觀察員制度，包括非會員國家（如教廷）、通過WHA邀請之政治實體（如巴勒斯坦），以及WHO幹事長自行決定邀請的馬爾他騎士團、紅十字會與騎士團、紅十字會與紅新月會國際聯合會、紅十字國際委員會、跨議會聯盟及曾經的「中華台北」。[57] 台灣在二〇〇九年至二〇一六年期間，確實接受時任世衛幹事長陳馮富珍（Margaret Chan）的邀請，以「中華台北」的觀察員身分參與WHA，但其所根據的乃是二〇〇五年中國與WHO之間的一份祕密諒解備忘錄，此備忘錄乃是在美國政府的認可之下完成，強調在WHA脈絡下「中華台北」應被視為「中國的一省」。[58] 而「中華台北」的觀察員身分，也被彼時民進黨主席蔡英文斥為馬英九政府「藉機偷渡台灣主權」。[59] 而二〇一六年蔡英文勝選總統，時任世衛幹事長陳馮富珍在WHA的邀請函上首次加注聯合國大會第二七五八號決議，強調「一個中國」原則，一年後台灣就不再收到邀請函。[60] 故若一再強調WHO幹事長個人就能獨立擁有邀請台灣參加WHA的裁量權，或一再單向責備世界衛生組織祕書處無法秉持中立專業的立場，怕終究只是睜眼說瞎話的「大內宣」手法且於事無補。

更有甚者，如果我們能夠了解歷史，了解台灣的艱難，或許更能理解與體諒台灣自身的矛盾。在全球「衛生外交」場域被高度邊緣化的台灣，在「一個中國」原則的政治打壓下、醫療人權長期被漠視的台灣，以及作為「國際疫苗孤兒」的台灣，在全球新冠疫情前後的入衛努力，都是堅持以「台灣」的名義要求出任WHA觀察員，一而再、再而三委請友邦提案，也一而再、再而三受阻被拒於門外，個中的挫折沮喪可想而知。但其中潛在的自我矛盾，恐也正在於「醫療人權」與「國家主權」之間的進退維谷，而此矛盾也再次照見WHO組織架構與運作方式本身的矛盾：台灣既擬以「後西發里亞」模式（國際交流、非主權國家，非中國的一省）參與WHA，卻也同時藉此來凸顯「西發里亞」模式（台灣至上的國家主權意識）。在無限上綱的醫療人權（病毒無國界，病毒不能用投票決定）與無限上綱的國家主權（不可偷渡國家主權，不可喪權辱國、不可矮化國格）之間，滿是何去何從的尷尬與無奈。而我們在此的思考正是嘗試展開這些多層次的複雜面向，有了這些面向的誠實關照，或許我們不必每每如此群情激憤，WHO幹事長也不必次次成為眾矢之的，而每年五月也不須重複搬演同樣由希望到絕望、由悲情到義憤的政治戲碼。

在台灣回顧並省思二〇二〇年至二〇二三年的「台海戰疫」，即便是在新冠肺炎疫情相對塵埃落定的此時，恐也極難不中箭下馬。全球疫情初期，台灣在地理位置上如此靠近中國，而彼此人民更是往來頻繁，台灣能在邊境政策、物資整備、社區防疫上迅速確實，的確不易。但這並不表示我們就可忽視各種歧視政策與仇恨語言的流通，或將各種歧視政策與仇恨語言的流通，視為防疫優先之下不得不的「例外狀態」，阻絕了任何討論與溝通的空間。而往往正是在內憂外患、自我防衛的危急時刻，最容易爆發平日較易克制的攻擊欲力。過去在台灣的認知之中，攻擊欲力只可能來自海峽的另一岸，亦即中國對台灣無所不用其極的國際打壓與文攻武嚇，而本章對「台海戰疫」的省思，自是甘冒大不韙，想要反身看見我們台灣自身的攻擊、反擊、回擊欲力，想要言明所有的自我保護、自我防衛並不足以合理化、正當化攻擊欲力所可能導向的歧視、敵意與仇恨，甚至衝突、戰爭與暴力。我們對「台海戰疫」的省思，不在唱衰政府，不在應和中國，也不在回歸道德主義或人道關懷，而是努力嘗試凸顯「止戰」思考之必要，如何「抗中」（抗議、反抗、抵抗中國的文攻武嚇）而不「仇中」（將人民情感組織動員為戰爭工具，讓攻擊欲力成為自我防衛的暴力手段）。

本章的最後就讓我們再次從倫理思考與情感政治的角度，闡釋「抗中」與「仇中」差異區分之必要。誠如國際知名的性／別研究學者巴特勒在其《非暴力的力量》（*The Force of Nonviolence*）一書所嘗試提出的「抵抗的非暴力模式」（nonviolent modes of resistance），乃是在攻擊欲力無法歸零的情況之下，如何將其導向抗爭而非毀滅。「抵抗的非暴力模式」不是逆來順受、束手就擒、坐以待斃，不是非暴力＝和平無為，而是如何將憤怒轉化為抗議、抗爭、抵抗（如反殖、反帝、反戰、反性暴力、反性騷擾、「黑人的命也是命」的非暴力行動等），而不是將攻擊欲力導向「暴力模式」的以眼還眼、以牙還牙、以暴制暴、以戰止戰。[61]

當我們以「抵抗的非暴力模式」重新界定「抗中」之同時，我們也必須對「仇中」所涉及的情感政治加以釐清。[62]首當其衝的乃是「愛」與「恨」作為國族主義形構的關鍵因素。證諸歐洲現代國族主義的發展，早已充分說明民族國家作為想像與情感的共同體，往往正是與種族衝突、仇恨語言、排外政策緊密相連。而台灣「情感國族主義」（affective nationalism）在過去與當下的形構，都充分展現任何「愛台灣」的國族認同與歸屬，乃是一連串「協商的困難與危急過程」，「愛誰」與「恨誰」往往乃成為凝聚共同體排他仇外的情感基礎。[63]如果「情感結構」較為強調固著的穩定性，而「情動組裝」較可凸顯流變的機動性，那本章對「台海戰疫」的分析探討，正是期盼我們能同時看到「仇恨」作為國族主義本身「愛的秩序」、「愛的政治」相互對反的情感建構，與「仇恨」在地緣情感政治上的動態流變可能，前者凸顯「情感結構」的本質化陷阱，後者強調「情動組裝」去本質化的多元異質，而後者的複雜動態，或正有助於鬆動前者的固著穩定。若在「仇中保台」、「反中親美」的口號之中，往往流動著比意識形態更具殺傷力與毀滅力的情感能量與攻擊欲力，那本章對「台海戰疫」的分析，正是希望藉由分析新冠病毒所啟動隱喻戰爭與實體戰爭的纏繞、藉由質疑台灣對「武漢病毒」的偏執使用與批判「仇恨語言」所帶來的歧視與暴力，來避免任何讓攻擊欲力導向暴力模式、軍事衝突的可能。九十多年前愛因斯坦在寫給佛洛依德的信中，誠實表達了他心中最大的困惑：「有任何方式能讓人類免於戰爭的威脅嗎？」，而佛洛依德的回信則無奈地點出只要「戰爭」與「攻擊欲力」依舊緊密關連，一切無解。九十多年後的台灣，若能認真反思在這場「台海戰疫」中由新冠病毒所啟動的仇恨病毒，若能重新界定「抗中而不仇中」作為地緣情感政治的另類可能，當是仍有機會讓台灣的攻擊欲力導向抗爭的非暴力模式，而非歧視、侮辱、戰爭、死亡的毀滅力量。

第三章

小心「地雷島」？

我們所擔憂害怕的「地雷島」究竟在哪裡？白紙黑字的聲明裡？緊張恐懼的情緒裡？還是海峽中線的此方或彼方？

話說二〇二二年十二月二十八日美國國防安全合作署（Defense Security Cooperation Agency, DSCA）宣布對台軍售「火山車載布雷系統」案（Volcano anti-tank munition-laying systems），已進入「知會國會」階段，軍售項目包括「M136 火山反坦克布雷系統」、十噸重型增程機動戰術卡車（M977A4 HEMTT）、M87A1 布雷罐、練習用的 M88 罐裝訓練彈藥、M89 測試訓練彈藥及相關設備、操作與維護培訓等，而台灣的採購金額為四十八．九億台幣。[1] 此為美國總統拜登上台後第八次對台軍售，火山車載布雷系統據稱乃具有高機動性與快速布雷效能的軍事武器，預期能有效阻絕或緩滯共軍兩棲載具的登陸時間，增強台灣的不對稱戰力。

然這僅僅十四套火山車載布雷系統的軍購案一曝光，就立即引爆台灣島內論述戰場的火藥庫。這廂是偏藍的政治評論者紛紛跳出來，大肆批評台灣又從「無雷家園」變成「地雷家園」，直指此軍購項目完全不顧島內人民的安全福祉並將禍延子孫。那廂是偏綠的政治評論者憤怒反擊，強調部分媒體與社群平台上對布雷系統的諸多陳述盡皆為假消息，呼籲民眾警惕小心中國的認知作戰。國防部更罕見地連續數日召開記者會，陸軍參謀總長都親上火線，一再解釋並強調此項軍購的目的、功能與安全性。相較於在此特定軍購項目之前或之後的海馬斯多管火箭系統、魚叉反艦導彈、HARM反輻射飛彈，都沒有引起如此劇烈的社會爭議，此既非最昂貴、亦非最先進、最厲害的軍事武器採購，究竟有何特異之處，能如此迅猛在當下立即引爆島內的「地雷」，弄得人心惶惶呢？雖然每次軍購案曝光，都會引來或多或少台灣內部勞民傷財、窮兵黷武的各種批評，但這次的引爆方式卻似乎更為激烈，其不僅在於台海局勢的空前危急，不僅在於總統蔡英文在順應美國的要求之下、才剛宣布義務兵役延長一年，更在於「地雷」之為潛意識、或潛意識之為「地雷」的相互牽動。

本章將以此次火山車載布雷系統軍購案所引發的爭議為題，嘗試帶出台灣政治、歷史、文化潛意識的幽微交織。全章將以「地雷在哪裡？」為核心問題意識，來凸顯台灣之為雙重的「地雷島」，既是曾經在金門、馬祖等離島布滿地雷、也至今仍在本島與離島存放大量地雷之地，也是中美兩大世界政治霸權之間一觸即發的雷區。換言之，台灣既曾是實質字義（the literal）上的「地雷島」（如果我們所謂的台灣包括台澎金馬，而非台灣本島中心主義的話），也是象徵譬喻（the figural）

上的「地雷島」（從意識到潛意識、從歷史到政治、從認知到情感，恐處處有地雷）。本章將分為三個主要部分，前兩部分聚焦「文字地雷」，第一部分先處理此次火山車載布雷系統軍購案所涉及的「事實查核」，第二部分再回顧台灣參與國際反地雷運動的來龍去脈與金馬除雷（剷除地雷）的歷史經驗，一探「文字地雷」如何穿插藏閃在「事實查核」與「法律條文」之中。第三部分則把焦點從「文字地雷」移轉到「情緒地雷」，看看台灣七十餘年「處變不驚」所形成特有的「拒認」（disavowal）心理機制，如何在此次火山車載布雷系統軍購案中破功，以及此破功如何有可能幫助我們進一步展開對「基進平等」的倫理思考。

一．白紙黑字裡的「地雷」

此次地雷論戰引爆的焦點，不僅在於藍綠對立陣營再次交火的砲聲隆隆，也不僅在於「地雷夢魘」是否即將回返，更在於出現了一種論述上的極度弔詭：有人談地雷就先將自己炸到體無完膚；有人談地雷可以安全穿越、毫髮無傷；有人談地雷只談淺表目測可見者、不談深埋土中者；有人談地雷則只談炸「車」雷、不談炸

「人」雷。以下我們將先聚焦這次地雷爭議中的兩個陣營及其可能的失誤：質疑陣營的「揮棒落空」與辯護陣營的「打假球」，前者的跨大其詞與後者的避重就輕，都再次印證了台灣之為「失憶」之島與「鴕鳥」之島的尷尬窘境，也再次凸顯台灣本身作為中美「雷區」的關鍵戰略位置與危險處境。

首先，就讓我們以二〇二三年一月五日前外交官吳建國在《聯合報》「民意論壇」的投書〈禍延台灣子孫是美意？〉為例。該投書的標題給出了「美意」作為雙關語的可能，既是「美好的善意」（一如我國外交部公開對美國同意此次軍購案表達誠摯感謝），也是「美方的意圖」（美國以戰略利益考量要求台灣布雷）。該文憤慨指出布雷乃是一種「殺敵一千，自損八百」的七傷拳，並列舉越戰期間的美軍布雷，如何讓越南與柬埔寨平民在往後的二十年內「以生命及斷肢殘臂支付代價」。

美國要求台灣面對中共攻擊時打一場「不對稱戰爭」，在台灣一般人不注意下竟賣這種禍延子孫的武器給台灣，十分鐘布下一萬三千四百顆地雷在台灣海岸，幾天內埋下的不就是一二十萬顆地雷？

不管戰爭勝負如何，請問台灣要花十年或廿年才能掃雷掃乾淨，以後台灣所有布過雷的海邊，國人及我們的孩子是不是就禁止或沒人敢進入？美麗的台灣海濱從此竟成絕響？[2]

在此激越的控訴之中，一個新的地雷「組裝」（assemblage）就此浮現，除了傳統地雷與戰爭的連結外，還加上了海岸資源的環境保護、觀光消費與平民生命安全，更訴諸華人社會特有對於「子嗣綿延」的無上重視。但此投書之所以「揮棒落空」，主要在於資訊的錯誤與不完整。文中所有對地雷的恐怖想像與控訴，皆是建立在過往「人員殺傷雷」（anti-personnel mines，反步兵地雷）的論述基礎之上，陸軍司令部只要站出來澄清，此次火山車載布雷系統軍購案買的是「戰防雷」（anti-tank mines，反坦克地雷），不是「人員殺傷雷」，並且強調這些先進的「戰防雷」都有自動銷毀裝置，並無誤傷平民、污染海岸、銷毀困難等問題，那慷慨激昂的投書立即變得無戲可唱。但「十分鐘布下一萬三千四百顆地雷」的恐怖數字想像，還是不斷有如「重複衝動」（repetition compulsion）般一再出現在其他的論述文章。例如朱雲漢在〈美國軍售地雷　台灣必須覺醒〉一文中指出，此次美國對台軍售的布雷系統，「可在十分鐘內埋下一萬三千四百四十顆地雷，不出一週，台灣將成為恐怖的噩夢禁地」。這種千瘡百孔的廢墟畫面，恐怕不須敵軍來攻，「步步驚雷」的台灣就早已島毀人亡。莫怪連刊載該文的《天下雜誌》都忍不住在內文此句之後立即加上「編按」：「此次軍售包括火山車載布雷系統、M87A1反裝甲雷布雷罐等。火山用於作戰時快速布雷、遲滯敵軍，M87A1為針對坦克車的戰防雷／反裝甲雷，人員走在反裝甲雷上因重量不足，不會觸發地雷，且有自毀功能，降低未爆地雷疑慮」——至少先幫忙降低此恐怖數字想像的殺傷力。[3]

同樣的恐怖數字想像也出現在黃光國的〈誰來幫我們掃雷〉。他在文中指出「這套系統具有高機動性及快速布雷效能，十分鐘便可在台灣海岸埋下一萬三千四百顆地雷，不要多久就可以讓台灣海岸布滿地雷」。[4] 十分鐘布設一萬三千四百（四十）顆地雷的數據本身並沒有問題。若就已揭露的相關軍事資訊來說，每輛重型增程機動戰術卡車的最大裝載量為一百六十個地雷罐（發射筒），每個地雷罐可裝六枚戰防雷，若軍情顯示敵軍即將登岸，十分鐘之內可「快速機動」拋射完畢，若再乘以十四輛，自然得出一萬三千四百四十顆地雷的布撒總量。[5] 但「幾天之內」台灣海岸將「布滿地雷」的說詞就不無誇大煽情之嫌，也馬上引來陸軍司令部的鄭重說明，強調只有在戰爭情境下敵軍已準備登陸之時，才需要布雷，而火山車載布雷系統的軍購項目正足以讓國軍以最機動、迅速、精準的方式，在數小時之內布雷完成。為了反駁「台灣海岸布滿地雷」的跨大之詞，國防部甚至還特別公布了布雷最可能的四大特定區域（共軍重型裝甲載具較可能的登陸地點，亦即所謂的「紅色海灘」），包括林口寶斗厝海灘、桃園海湖海灘、台南喜樹海灘與台中甲南海灘。國防部以此特別強調國軍絕不會也不可能沿著海岸線隨亂拋撒地雷，也絕不會在平時就「超前部署」。[6]

而相對於部分誇大其詞、想像力超級豐富的評論文字，台灣事實查核中心的聲明稿就顯得甚是平和理性。該中心在二〇二三年一月五日緊急出手，針對社群平台臉書二〇二三年一月二日出現「美宣布對台軍售火山車載布雷系統，新的地雷都是用塑膠炸藥非金屬外殼，探測器難以偵測清除」、「金門地雷尚未完成清除」等傳言內容進行查證，並做出了三點擲地有聲的澄清說明：

一、軍事專家指出，美國近期宣布要出售台灣火山車載布雷系統使用的是戰防雷，並非《渥太華條約》限制的人員殺傷雷；戰防雷針對目標是坦克，人員踩在戰防雷上，會因未達到戰車的重量，戰防雷不會爆炸。

二、軍事學者說，火山車載布雷系統戰防雷是金屬製品，外殼並不是塑膠，且系統可以設定戰防雷的自動銷毀時間，不會造成難以清除的狀況；該系統還具備自動化設定功能，可以將布雷區域透過數據化方式傳送給友軍，達到阻絕敵軍，同時讓友軍避開危險區域。

三、金門排雷作業在二〇一三年五月三十一日全數完成，清除十二餘萬顆雷彈，並在二〇一三年六月十三日解除公布雷區域。

因此，傳言為「錯誤」訊息。[7]

此處的三點聲明簡單明瞭，鐵證如山的事實就是事實，不容「假消息」、「假新聞」混淆視聽。其重點一在於凸顯火山車載布雷系統採用「戰防雷」，乃是用來炸車（破壞重型裝甲載具的履帶，迫使敵軍掃雷，遲滯登陸時間）不是用來炸人，也不是《渥太華條約》（Ottawa Treaty）所規範、所禁止的「人員殺傷雷」。此說當是再次打臉對此差異混淆不清、就已然大放厥詞的諸多政治評論者，也可藉此跳開國際反地雷運動所凸顯的人道主義問題，畢竟「戰防雷」不是在戰時殘忍殺傷士兵、戰後殘忍殺傷平民的「人員殺傷雷」。其重點二在於強調此「戰防雷」乃新一代的

「智慧型地雷」（smart mines），具有自毀功能，可有效降低未爆地雷疑慮以及日後清除地雷的辛苦代價。其重點三則清楚指出金門的排雷作業已於二〇一三年完成，絕對沒有舊雷未除、又布新雷的疑慮。

但這樣清楚明白的說明，相對於諸多偏藍政治評論者胡攪蠻纏的「揮棒落空」，為什麼有可能是一種「打假球」呢？「打假」（打擊假消息、假新聞）的同時，如何有可能也「打假球」呢？所有有關事實陳述的可疑，多不在於事實本身的可能錯誤，而在於揭露事實的程度（哪些可說、哪些不說、哪些絕對不可說的界限）與呈現事實的方式。換言之，所有的事實呈現都有可能成為一種「帶框」（framed）的表述。那接下來就讓我們嘗試挑戰台灣事實查核中心的聲明，重點不在於質疑他們提出來的事實，而在於思考他們沒有提出來的事實。事實查核中心或許會覺得相當無辜，畢竟他們乃是針對「假消息」、「假新聞」進行澄清，不是發表自己的立場。但我們此處想要刻意凸顯的，正是澄清本身也可能是一種立場的表達方式。

讓我們先來看重點三的「金門排雷作業」。台灣事實查核中心表示其所呈現的日期與地雷清除數目，乃檢索二〇一四年台灣媒體的相關報導（清楚標示於該機構網站的〈事實查核報告#二一二五〉）。但顯然金門「排雷作業」的完成，並不代表金門已無地雷。若我們用同樣的方式對台灣媒體相關「爆」導進行檢索，立即出現各種金門又發現未爆地雷的媒體報導。例如，刊登於二〇二〇年十一月三十日《自由時報》社會版的〈金門又見未爆彈 十八枚地雷纍纍分布小金門海邊〉，清楚寫到「海巡署金馬澎分署金門岸巡隊今天接獲民眾通報，在烈嶼鄉（小金門）雙口岸際發現大批未爆彈，經通報金防部未爆彈處理小組，確認是M3式地雷十五枚、M2式地雷三枚，總計十八枚的地雷殘體，引信均毀損，已全部移除，準備擇日銷毀」。[8] 若台灣事實查核中心表述的事實，乃是根據新聞媒體的報導，而新聞媒體報導的來源又主要來自國防部的聲明。那直接判定「假消息」、「假新聞」中的「金門地雷尚未完成清除」為「錯誤」之舉，恐仍是遊走在「排雷作業」確實已「完成」、但金門地雷尚未「完全」清除的曖昧灰色地帶。

那重點二呢？若就軍事科技的觀點來說，重點二所強調的「智慧型地雷」之說當然也是鐵證如山的事實。以這次採購的M87A1布雷罐為例，有四小時、四十八小時、十五天三種時間模式，發射時可用電腦設定其自動銷毀時間。但若「假消息」以塑膠取代金屬來誤導民眾，那「事實查核」恐怕也有以安全取代危險來誤導民眾的疑慮。早在美國大力行銷「智慧型地雷」的二〇〇四年，國際非政府組織「人權觀察」（Human Rights Watch）就已發表了措詞嚴正的立場書，其中最核心的警語便是「一個智慧型地雷可能是一個比較安全的地雷，但它不是一個安全的地雷」（"A smart mine MAY be a safer mine, but it is NOT a safe mine"）。換言之，沒有任何裝了火藥的地雷是真正安全的，即便科技已能設定自動銷毀時間。該立場書清楚指出，相較於傳統「愚蠢型地雷」（dumb mines，另一種解釋則為「啞雷」、「未爆雷」）而言，「智慧型地雷」對平民較不具威脅性，但還是有可能殺傷人（百分之十是自毀機制的不良率，再加上百分之十來自可能無法開啟的不良率）。一九九一年美軍沙漠風暴行動過後的數年間，科威特還有未清除完成的「智慧型地雷」（此乃指美國在一九八〇年代開發的 GATOR 地雷系統，同時具有空投式反坦克戰防雷和人員殺傷雷），而俄國研發的「智慧型地雷」直至立場書發表的二〇〇四年，仍在車臣共和國造成死傷。而更可怕的乃是「智慧型地雷」表面上的安全保證，更讓其能在短時間之內被巨量重複拋撒，要詳細記錄、標示、劃定其落點與雷區範圍的困難度陡增，其實恐比傳統地雷更危險、更難以清除，也有可能造成更多平民的傷害與國土的荒廢（多在地表而非深埋）。莫怪乎「人權觀察」國際組織要大聲呼籲，絕對不要以為用「智慧型地雷」來取代傳統「愚蠢型地雷」，就可以妄想解決二次世界大戰以來縈繞不去的地雷夢魘與危機。[9] 用「國際反雷組織」（International Campaign to Ban Landmines, ICBL）的著名口號來說，便是「智慧型地雷是一個愚蠢的主意」（"Smart Mines are a dumb idea"）。

最後讓我們回到台灣事實查核中心聲明的重點一：「戰防雷」不是「人員殺傷雷」。這當然也是不容爭辯的事實，更是陸軍司令部一再凸顯、一再掛保證的聲明重點。而我們也必須承認諸多政治評論者、政客或名嘴，乃是將「人員殺傷雷」的恐怖殘忍，直接投射到「戰防雷」之上，讓其顯得如此十惡不赦。但「戰防雷」與「人員殺傷雷」真的如此涇渭分明嗎？「戰防雷」就完全沒有人道主義的問題嗎？有沒有可能「人員殺傷雷」也可以穿插藏閃在「戰防雷」之中呢？軍事專家已清楚指出火山車載布雷系統使用的布雷罐分為兩種：M87 與 M87A1。前者布雷罐含五枚 BLU-91/B 戰防雷與一枚 BLU-92/B 人員殺傷雷；後者布雷罐則含六枚 BLU-91/B 戰防雷。而就美國國防安全合作署在網站上公布的資訊顯示，此次售台的布雷罐乃是後者，亦即不含人員殺傷雷、全部都是戰防雷的 M87A1。[10] 我們姑且不去懷疑此網站上公布的資訊，是否有可能嘗試規避《渥太華條約》對「人員殺傷雷」的禁止與限制，或礙於二〇二二年六月美國總統拜登才公開宣示棄用「人員殺傷雷」（美國過去從未簽署《渥太華條約》）。但我們必須心知肚明台灣這次購買的火山車載布雷系統，是完全可以配備同時裝有戰防雷與人員殺傷雷的布雷罐，日後也有可能隨時增加布雷罐的補貨項目，來達到戰防雷與人員殺傷雷的綜合使用與調度。

但其實我們根本不需要如此大費周章，點出布雷罐乃是可以同時填裝「戰防雷」與「人員殺傷雷」，因為就算布雷罐中只能填裝「戰防雷」，「人員殺傷雷」的國際禁令與殘酷視覺記憶（各種雷傷者的照片），依舊在此次軍購案中揮之不去。為何？因為過去所有的歷史經驗都告訴我們，灘岸布雷不可能只布「戰防雷」而不布「人員殺傷雷」。以我們最熟悉的金門為例：

> 國軍在金門布下的地雷分為人員殺傷雷與戰防雷兩種，人員殺傷雷包含M2A4跳炸式地雷、M3式人員殺傷雷，其外型約一個便當盒大小，感應度非常敏銳，只要遭到〇・五公斤以上的力量碰觸就會馬上爆炸，主要是防禦人員登陸用。戰防雷包括M7A2、M6A2等，主要做為防禦、摧毀敵軍裝甲車輛用。[11]

然而不論是台灣事實查核中心或來自國防部陸軍司令部的一再聲明，顯然都企圖導向灘岸布雷只炸車（破壞裝甲車的履帶）不炸人，更不會炸到平民百姓。

分不清地雷種類與功能就下筆為文固然不宜，但以為只談「戰防雷」、避談「人員殺傷雷」就沒有人道主義或國際禁令問題，也未免太過天真。但天真二字實不足以解釋原本「打假消息」的台灣事實查核中心，為何有可能變成「打假球」。此處的「打假球」，乃一方面澄清事實、以正視聽並維護非營利組織的第三方中立公正形象，另一方面則似乎又可以偏向為政府政策辯護、按下不表其他相關事實。以此次地雷爭議來看台灣政治場域的「文字地雷」，「揮棒落空」者恐怕不及「打假球」者可怕。前者檯面上充滿意識形態煙硝味、激憤情緒、甚至錯誤資訊連篇的偏激文字，往往是已經自我引爆的（情感）地雷，敲鑼打鼓地來，吵吵鬧鬧地去，當不得真，也無須當真。反倒是後者平和理性的中立文字，也有可能是真正的未爆彈，深藏不露。台灣之為「地雷島」的第一課，恐怕正在於學習如何偵測「文字地雷」的「帶框」表述與如何感應「澄清」作為一種立場宣示的隱而不顯。

二・反地雷條款裡的「地雷」

就在火山車載布雷系統軍購案引爆台灣社會地雷大論戰的當下，就在親藍與親綠媒體隔空交火、砲聲隆隆的關頭，陸軍司令部又在二〇二三年一月十二日緊急發出聲明，強調此次軍購項目並沒有違反國內與國際的相關規定。[12] 此聲明所指的國際相關規定，當是《渥太華條約》；此聲明所指的國內相關規定，當是〈殺傷性地雷管制條例〉。那就讓我們來看看這兩個—國際—國內反地雷條約的時空背景，以及前者如何「在地化」為後者的歷史過程。同時也希望透過此歷史回顧，帶出台灣在國際反地雷運動中的力求表現與可能的左支右絀（或兩手策略）。

先談《渥太華條約》，其全稱為《禁止使用、儲存、生產與移轉人員殺傷雷與銷毀此種地雷公約》（Convention on the Prohibition of the Use, Stockpiling, Production and Transfer of Anti-Personnel Mines and on Their Destruction），又稱《國際反雷公約》。一九九二年十月「ＩＣＢＬ國際反地雷組織」成立，乃是由「國際助殘組織」（Handicap International）、「人權觀察組織」、「國際醫療組織」（Medico International）、「地雷諮詢團體」（Mines Advisory Group）」、「人權醫師組織」（Physicians for Human Rights）以及「美國越戰退役軍人基金會」（Vietnam Veterans of America Foundation）等六個非政府組織共同組成，全力推動「人員殺傷雷」的

禁止、銷毀與徹底清除。該組織促成一九九六年十月與一九九七年十二月兩次在加拿大渥太華舉行的反雷會議，訂立《渥太華條約》，共獲一百二十二個國家簽署公約，而目前已簽署此反雷公約的國家共計一百六十四個，但美、俄、中等軍火大國皆未曾簽署。

台灣非聯合國會員又被迫孤立於國際社會之外，自然是想要簽署也無法簽署一九九七年的《渥太華條約》，但台灣政府（不論國民黨執政或民進黨執政）都一直秉持人道關懷的立場「反雷」，努力爭取國際曝光度。一九九九年七月彼時副總統連戰表示政府全面支持反地雷，二〇〇一年三月國防部也公開表示，台灣不再使用、生產或移轉人員殺傷雷，並積極持續進行金門排雷工作。[13] 同年在台灣伊甸社會福利基金會與ＩＣＢＬ國際反地雷團體的努力合作之下，彼時總統陳水扁先後接見了國際反地雷組織的親善大使唐．桑納雷釋（Tun Channereth）與該組織的策畫協調人喬迪．威廉斯（Jody Williams）。[14] 桑納雷釋本身為雷傷者（一九八二年於泰、緬邊界誤觸地雷而失去雙腳），而威廉斯則以反越戰出身，一九九〇年初積極串連六大ＮＧＯ團體，共同推動國際禁止地雷運動，並成功促成《渥太華條約》的訂立，遂於一九九七年與ＩＣＢＬ國際反地雷團體同獲諾貝爾和平獎。有關此次會晤，總統府也鄭重發出聲明：

> 而根據 聯合國的統計，全世界每二十二分鐘就有一人因誤觸地雷失去生命或成肢殘，現在仍有七千萬至一億一千萬枚的地雷埋在地下，分佈於亞洲、非洲、中南美洲等七十幾個發展較為遲緩的國家，將造成每年高達約二萬六千人因誤觸地雷而喪失寶貴生命。……總統表示，「自由、民主、人權」是普世價值，「反地雷、反戰爭、愛和平」也同樣是普世價值，他願意代表中華民國政府簽署「反地雷、反戰爭、愛和平」的宣言，因為連署內容與我國政府所做的事是一致的。[15]

此時「反地雷」作為世界「進步價值」的表徵，已與自由、民主、人權的價值等量齊觀，而如何以政府身分簽署「反地雷、反戰爭、愛和平」宣言，也成為台灣參與國際社會、被國際社會看見的一種積極表態。

此積極表態也促成了二〇〇六年由民進黨立委吳成典、蕭美琴等所提出〈殺傷性地雷管制條例〉之立法，而此法案背後真正最重要的推手，則非伊甸社會福利基金會莫屬。該基金會自一九八二年創辦以來，提供身心障礙福利服務，一九九七年加入ＩＣＢＬ國際反雷組織，開始積極推動〈殺傷性地雷管制條例〉之立法。除了邀請國際反地雷人士與多位雷傷大使訪台，並藉由各種活動的策畫——一九九七年「愛無國界：支援全球反地雷，愛心輪椅送殘友」、「愛無國界：一九九八亞洲反地雷研討會」、二〇一五年「不要戰爭垃圾　只要希望之花」反地雷影像展、二〇一八年「亞洲反地雷工作平台暨雷傷大使培力工作坊」、二〇二一年線上「亞洲雷傷者援助論壇」等——來整體提升台灣公眾的反地雷意識，積極朝向《渥太華條約》與聯合國永續發展目標（Sustainable Development Goals, SDGs）二〇二五年「無雷世界」的願景持續努力。

但若我們回頭認真檢視二〇〇六年立法通過的〈殺傷性地雷管制條例〉，其在呼應國際反地雷運動「進步」價值之同時，卻似乎暗藏著「反反地雷」的伏筆。首先，該條例第三條第一項對「殺傷性地雷」提出了基本界定，「殺傷性地雷：指因人之接觸或靠近而爆發並有致死亡或傷害危險之地雷」。[16] 此條例名稱與此處的基本界定，雖未直接使用「人員殺傷雷」的名稱，但幾乎同義。雖此條例英文名稱為 Regulations governing casualty mines，但第三條第一項「殺傷性地雷」的英文翻譯乃是 Antipersonnel mines，而國際相關反地雷網站也以 Antipersonnel Landmines

Regulations Act 稱此條例。故此法規中的「殺傷性地雷」，乃指「人員殺傷雷」，並不包括「戰防雷」或本章接下來將處理的「集束彈藥」（cluster munition）。

而就其條例內容而言，並不完全呼應國際反地雷運動的人道立場與「進步」價值，乃是一個對《渥太華條約》可能的陽奉陰違。「陽奉」的部分主要集中在〈佈雷區域內殺傷性地雷之剷除〉，〈殺傷性地雷管制條例〉之所以能夠順利通過立法的主要原因，似乎不在於絕對禁用人員殺傷雷，而在於為外島布雷區提供「除雷」的法源與相關規範。該條例第六條規範了除雷的時間目標：「佈雷區域內殺傷性地雷之剷除，應於七年內完成」，乃是比《渥太華條約》所規範的十年還要更為積極主動。該條例第八條提供了委商（外商特種勤務公司）排雷的可能；第十條則提供了剷除地雷過程中若導致人民傷亡或財物損害的賠償。[17] 隨後二〇〇八年頒布的〈佈雷區域殺傷性地雷剷除辦法〉，其第一條便直接表明「本辦法依殺傷性地雷管制條例（以下簡稱本條例）第六條第一項規定訂定之」。[18] 爾後在金門、馬祖〈佈雷區域內殺傷性地雷之剷除〉的執行，也已順利達成。如前已引用台灣事實查核中心的聲明第三點，「金門排雷作業在二〇一三年五月三十一日全數完成，清除十二餘萬顆雷彈，並在二〇一三年六月十三日解除公布雷區域」。彼時國民黨執政的總統馬英九，還特別接見實地走訪金門的「國際反地雷暨集束彈藥聯盟」代表團（ICBL-CMC，二〇一一年ICBL國際反雷組織與「集束炸彈聯盟」The Cluster Munition Coalition合併為ICBL-CMC），並自豪地表示金門已從昔日的殺戮戰場，轉變為今日的和平之島，「兩岸關係改善，使得歷史的走向也被我們修正了」。[19]

但我們也不要忘了該條例「陰違」的部分。〈殺傷性地雷管制條例〉第二條明文規定「本條例所稱主管機關為國防部」。但第四條在「複製」《渥太華條約》的同時，卻讓其變得十分模稜兩可。

第四條

未經主管機關許可，不得為下列行為：

一、研發、生產、使用、儲存或移交任何殺傷性地雷。

二、協助、鼓勵或唆使他人為前款行為。

《渥太華條約》開宗明義的第一條，就是無論在任何情況之下都不可使用、研發、生產、儲存、轉讓人員殺傷雷。但我們國內的〈殺傷性地雷管制條例〉卻拐了一個彎，「未經主管機關許可」才不可「研發、生產、使用、儲存或移交任何殺傷性地雷」，讓人員殺傷雷使用與否的最終決定權，始終可以回到主管機關國防部。換句話說，若國防部許可，難道就可「研發、生產、使用、儲存或移交任何殺傷性地雷」嗎？而更可怕的第五條，除了表明「基於訓練或研發除雷技術，得移交或保留殺傷性地雷」，更直接白紙黑字留下負面表列的但書「主管機關非因戰爭之迫切需要，不得使用殺傷性地雷」。

而在此次火山車載布雷系統軍購案爭議之中，不論是主張〈殺傷性地雷管制條例〉規範的僅是「人員殺傷性地雷」，無涉於「戰防雷」，故此軍購案並無違反國內相關規定；或是持相反意見，主張「戰防雷」也屬殺傷性地雷，也受該條例之管制，但似乎雙方都沒有掌握到真正的重點。台灣二〇〇六年通過的〈殺傷性地雷管制條例〉，不是國際《渥太華條約》的國內版，而是一個平日反地雷、戰時反反地雷或表面反地雷、實地反反地雷的管制條例，隨時都可以「因戰爭之迫切需要」，而「研發、生產、使用、儲存或轉讓」殺傷性地雷。看來無法簽署《渥太華條約》卻恆常在中共武力威嚇、處於戰爭邊緣的台灣，雖然企圖以「自由、民主、人權」來呼應「反地雷、反戰爭、愛和平」，雖然一再向國際反雷團體表達對人道主義的重視，卻依舊在自己制定的反地雷條款裡埋下了多處「文字地雷」，以便能在「戰爭之迫切需要」時刻，以不違反自訂條例的方式使用殺傷性地雷。

此外，〈殺傷性地雷管制條例〉的第七條似乎也埋了「地雷」。該條文主要用於規範主管機關國防部對殺傷性地雷的監督與控制範圍，直接牽涉到殺傷性地雷之種類、數量、移交與保留情形，以及殺傷性地雷製造工廠的調查與管制。換言之，一切都由國防部堅守自「道」（如何說、說多少），不會有任何其他的監督機制。那國防部究竟如何堅守自「道」呢？台灣究竟還有多少種類與數量的人員殺傷雷呢？根據ICBL-CMC「地雷與集束彈藥監控」（Landmine & Cluster Munition Monitor）網站的最新資料顯示，台灣在二〇一七至二〇一九年間銷毀二十一萬零七百六十六枚人員殺傷雷，但直至二〇二〇年八月台灣庫存的人員殺傷雷仍有五十二萬一千九百五十七枚（該網站主要根據台灣民進黨立法委員蔡適應在立法院的質詢與國防部的回答），而二〇二〇與二〇二一年初，台灣僅再銷毀了四千六百零一枚「品質不佳」的地雷。[20] 此現存超過五十多萬枚的人員殺傷雷部分來自美國，也部分來自台灣在美國授權之下的自行生產。[21] 即便台灣在二〇〇六年就已立法通過〈殺傷性地雷管制條例〉並昭告天下，二〇一三年也完成金門的除雷作業且廣邀國際反雷運動團體前來見證，但台灣既沒有遵守信諾銷毀所有庫存的人員殺傷雷，也沒有真正承諾永遠不再使用人員殺傷雷，一旦只要「因戰爭之迫切需要」，數量龐大的人員殺傷雷恐怕依舊會大舉出籠、再現戰場。只要搬出「大敵當前」的合法正當理由，所有人道主義的關懷與台灣幾十年來在「反地雷、反戰爭、愛和平」上積極努力的國際表現，都可以棄置不顧。

但難道「人員殺傷雷」就是唯一值得關注的要點嗎？為何國際反地雷組織所聚焦的反地雷，談的都是「人員殺傷雷」，而非「戰防雷」呢？同為戰爭武器的「人員殺傷雷」與「戰防雷」，究竟在國際人道主義的大纛之下有何差異呢？為何對前者要拚了命地廢除禁止，對後者卻睜一隻眼、閉一隻眼呢？而會不會在「人員殺傷雷」與「戰防雷」之外，還有更厲害、更隱姓埋名的「地雷」更值得關注呢？亦即有沒有可能當代最恐怖的「地雷」，根本不叫「地雷」呢？眾所皆知，陸軍是人類戰爭史上最早的兵種，陸戰也是人類戰爭史上最早的形式。在當代以「核武」作為最大威懾的戰爭形態之下，「人員殺傷雷」乃是作為相對原始的低階武器，卻偏偏受到最廣泛的人道關注，也同時成為後冷戰裁軍（裁減武裝部隊與軍事裝備）重要的展示成果之一。故國際反雷組織的反雷，並非逢雷必反，而是在戰爭避無可避而被迫發生之時，希冀拉出「平民」與「武裝部隊」的區分原則，以求在戰時以及戰後都能保障「平民」而非「武裝部隊」的生命安全。正如ICBL-CMC首頁紅色醒目文字所示「人員殺傷雷是無分別的武器，每一天在世界的每一個角落傷害和殺死平民」(Antipersonnel mines are indiscriminate weapons that injure and kill civilians in every corner of the globe, every day.)，「人員殺傷雷」的罪大惡極，乃在於「無分別」，ICBL-CMC所凸顯的乃是戰爭在「平民」與「武裝部隊」之間必須遵守的區分原則，極力避免「無分別」殺傷力的戰爭武器。

而一九一八年由德國最先研發的「戰防雷」，最早使用於第一次世界大戰，而自一九八〇年代起隨著戰爭科技之進步，更相繼發展出各式快速布雷系統。以此次台灣購買的M136火山車載布雷系統，乃是美國陸軍在一九八〇年代研發的快速自動化地雷布放裝置，號稱能有效嚇阻並隔絕敵軍，但也曾停產停用逾二十年。在前所述「人員殺傷雷」炸人／「戰防雷」炸車的強加分類中，指的乃是殺傷目標不同，一是直接殺傷活生生的人（即便是敵軍），另一則是直接破壞坦克戰車的履帶或炸毀戰車，但並不表示坦克戰車之內就沒有駕駛與載員，也並不表示「戰防雷」爆炸時，這些駕駛與載員就一定安全無虞。《渥太華條約》的規範確實僅限於「人員殺傷雷」，但許多國際人權與人道組織仍不斷努力限制「戰防雷」的製造與運用，並以此指責《渥太華條約》的為德不卒。但就如前所分析，此次購買的M87A1布雷罐（內裝全為戰防雷），不是M87布雷罐（內裝含戰防雷與人員殺傷雷），但並不表示日後台灣在戰略機動考量的迫切需要之時，不會購買與使用M87布雷罐。而基於過去台灣在金門島布雷的歷史經驗而言，乃是人員殺傷雷與戰防雷同時布設，掃雷作業也是同時清除人員殺傷雷與戰防雷。而表面「反雷」、私下「反反雷」的〈殺傷性地雷管制條例〉更留有「後門」——「主管機關非因戰爭之迫切需要，不得使用殺傷性地雷」，國防部至今仍堅持不肯銷毀的五十多萬枚人員殺傷雷庫存，難保不會再次重裝上陣。

但比人員殺傷雷與戰防雷更可怕、威力更強大、更為千夫所指的「地雷中的地雷」，乃是「集束炸彈」（集束彈藥）。集束炸彈是一種從火箭、導彈或砲彈中散射大量小型散彈（子炸彈）的武器，造成極大範圍的殺傷效果，而部分沒有當下立即爆炸的小型散彈（或落在潮溼或軟土地，或來自不良率），形同地雷，可在戰爭衝突結束後的數十年，仍具危險性。換言之，「集束炸彈」所形成的「未爆彈」或「啞彈」，乃是另一種如人員殺傷雷般、具有無差別殺傷力的攻擊武器，而其布撒範圍與數量又更遠遠超過傳統的人員殺傷雷。故目前世界共有一百二十三個國家簽署了《集束炸彈公約》（"Convention on Cluster Munitions"），明令禁止使用或儲存「集束彈藥」，避免對平民造成不加選擇性的傷害，簽署國家包括英、法、德等國，當然又再次不包括美、俄、中等國。該公約自二〇一〇年生效，而原本的國際反雷組織ICBL，也如前所述於二〇一一年和「集束彈藥聯盟」合併為ICBL-CMC，將全球反雷的焦點同時放在「地雷」與「集束彈藥」。

以二〇二二年二月俄國入侵烏克蘭所引發的戰爭為例，俄國與烏克蘭皆未簽署《集束炸彈公約》，雙方都在戰場上大量使用「集束炸彈」，也都同時受到國際反雷組織的控訴。但最誇張的乃是二〇二三年七月美國總統拜登公開宣布將軍援烏克蘭「集束炸彈」，頓時引起國際人權、人道組織的撻伐與部分美國北約盟友的譁然。[22] 美國總統拜登才在二〇二二年六月發布「美國人員殺傷雷政策變動」（Changes to U.S. Anti-Personnel Landmine Policy），公開表示不再生產、輸出人員殺傷雷，美軍將在全球範圍禁用人員殺傷雷，並將努力銷毀美國境內所有人員殺傷雷的庫存，其原因乃是地雷「在戰鬥停止很久之後，對包括兒童在內的平民產生不成比例的影響」。[23] 但拜登也同時宣稱為防止北韓部隊南侵，此新政策不包括美國與南韓在北緯三十八度線附近布設地雷，其數量預估超過一百萬枚。[24]

但一年以後既未簽署《渥太華條約》、也未簽署《集束炸彈公約》的美國，卻公然宣布因烏克蘭彈藥用罄、反攻無力，而不得不做出軍援烏克蘭「集束炸彈」的「艱難」決定。美國國防部次長卡爾（Colin Kahl）更補充說：美國不會提供故障率超過百分之二點三五的集束彈藥；相較之下，俄羅斯在烏克蘭使用的集束彈藥故障率則高達三到四成。而烏克蘭也承諾不會在平民聚集的城鎮地區使用集束彈藥，只會用在被俄羅斯占領的烏克蘭領土之上，但絕不會用在俄羅斯領土之上，並同時保證將詳加記錄使用地點，以利戰後清除未爆彈。但此舉完全擋不住來自國際反雷組織、人權團體的連珠炮控訴，他們以越戰結束近五十年之後，隔鄰「寮國的民眾仍在清除美國的集束彈藥」為歷史借鏡，直指「長期來看，這對平民來說根本是死刑，有些人尚未出生就將成為（集束彈藥的）受害者」。25

但明明此次台灣火山車載布雷系統軍購案所涉及的只有「戰防雷」，軍方與事實查核中心也一再澄清、一再強調無涉「人員殺傷雷」，我們為何要在「人員殺傷雷」、「戰防雷」、甚至「集束彈藥」之中糾纏，為何要細讀〈殺傷性地雷管制條例〉的白紙黑字，就是希望能鬆動「人員殺傷雷」炸人／「戰防雷」炸車之間的涇渭分明，不再全然相信只有前者關乎人道，後者完全無涉人道；只有前者為國際公約所規範，而後者完全無涉國際公約的規範。那在本節的最後，就讓我們偷偷問一句，既無法簽署《渥太華條約》、也無法簽署《集束炸彈公約》的台灣，除了那已公開承認五十多萬枚「人員殺傷雷」的庫存外，究竟有沒有這種威力巨大、後患無窮的「集束彈藥」庫存呢？在過去國防部僅表示台灣從未使用過「集束彈藥」，也否認曾自製任何「集束彈藥」，但承認二〇一三年以前曾向美國進口「集束彈藥」，至於數量與型號則無可奉告。在中國武力犯台的威脅恫嚇之下，這些台灣庫存的「集束彈藥」想來斷是不會走上自行主動銷毀的命運。[26]

三・情緒地雷與認知作戰

本章第一、二部分已就「文字地雷」的角度，分別爬梳了「事實查核中心」針對火山車載布雷系統軍購案的澄清與公布於二〇〇六年、修訂於二〇一九年的〈殺傷性地雷管制條例〉，嘗試凸顯為何前者有可能是一種「帶框」的事實陳述，以及後者為何也有可能是一種「留有後門」的法律條文。而「文字地雷」的繼續往下推衍，則是在同叫「地雷」處看到差異、在不叫「地雷」處看到「地雷」，循此詳盡鋪陳了「人員殺傷雷」、「戰防雷」與「集束彈藥」的相互糾結與纏繞。本章的最後一部分則要將「文字地雷」的討論焦點，轉到「情緒地雷」，再次探問此次火山車載布雷系統軍購案為何在台灣會引起如此大範圍、大面積的恐懼、焦慮、憤怒與慌亂不安？此軍購案究竟觸動了何種台灣的「地雷情結」？而什麼又會是台灣在「認知作戰」上的承認、否認與拒認呢？

目前官方與民間所有釐清「事實真相」的努力，其重點皆將民眾的過激反應與不當情緒，定位在「認知錯誤」，深信只要能釐清真相，一切非理性的情緒激動皆可迎刃而解。於是國防部不斷召開記者會或透過新聞稿一再澄清：戰防雷不是人員殺傷雷、打擊目標為敵軍裝甲車輛；系統不需要廣正面、長時間布置，而是就敵軍登陸的確定路徑短時間迅速布雷；系統具定時自毀、磁感應引爆、雷區標示便於辨識與日後清除、沒有我軍或民眾誤觸的危險。而更有甚者，則是將民眾的過激反應與對「地雷島」的恐懼不安，直接當成中國「認知作戰」（cognitive warfare）全面滲透的結果。民進黨立委公開表示若將此防禦系統連結到「地雷島」，恐有認知作戰的疑慮。[27] 評者亦直接點出，「台灣一直是國際社會公認的中共認知戰重災區，這場針對火山車載布雷系統軍售案的輿論戰就是一個試煉」。[28]

但何謂「認知作戰」呢？「認知作戰」（「認知戰」），又名「影響力作戰」（influence operation），乃指運用媒體與社群科技網路的假訊息，影響並操控受眾（目標對象）的認知功能，而其最新的講法乃「銳實力」（sharp power），由美國「國家民主基金會」（National Endowment for Democracy, NED）在二〇一七年提出，主要用以分析中國和俄羅斯等對全球影響力的操作。[29]「認知作戰」不同於傳統海、陸、空的作戰模式，乃是將戰場設定在受眾的大腦，攻擊目標為其認知、思想與判斷，以達到全面洗腦、高度喚起正面或負面情緒之目的，或可稱之為傳統「政治作戰」的當代進階科技版。而目前談論「認知作戰」、「銳實力」最主要的模式，乃是聚焦極權國家在網絡假訊息扭曲操控上的無所不用其極，尤以中國、俄羅斯為首。對台灣而言，最可怕、最直接的「認知作戰」當然是來自中國全方位、潛移默化、無孔不入的滲透，經由各種管道散布假訊息，以此惡意煽動人民情緒，造成台灣社會內部的動盪不安。[30] 在當下台灣我們關注中國無孔不入的「認知作戰」，絕對有其必要，畢竟台灣已連續十年蟬聯全球假訊息的排行榜榜首。[31] 二〇二二年「自由之家」（Freedom House）針對北京全球媒體影響力的報告也指出，台灣乃是中國最密集操作媒體影響力的地區，但卻也是抵抗力最強的地區。[32]

但「認知作戰」作為當前甚為流行的新興術語，常常淪為台灣政黨政治對決時的口水戰，只要有任何與國家政策相違的言論或思想，都有可能立即被打成受到中國統戰、認知戰影響下的「錯誤認知」。「疑美」是中國發動的認知戰，「地雷島」也是中國發動的認知戰，而台灣民眾所有的焦慮憤怒與慌亂不安，也都是中國發動的認知戰所散布的戰爭恐懼氛圍、所刻意營造的「負面情緒動員」，一切都是為了製造台灣內部持續的紛亂與對立，以達對岸「不戰而屈人之兵」之目的。但我們也必須同時「認知」，此「認知作戰」指控本身所可能攜帶的任意性與霸道。例如，前美國副國家安全顧問、現為美國智庫「保衛民主基金會」（Foundation for Defense of Democracies）中國項目主席博明（Matt Pottinger）在台演講時，大聲疾呼北京的認知戰已在台灣取得一些成功，如「美國把台灣當棋子，準備把台灣烏克蘭化」、「台灣加強防禦的能力是挑釁」等言論，其「荒謬的氣味，就像台北夜市的臭豆腐一樣臭」。[33] 我們姑且不論此以負面表列台灣平民美食「臭豆腐」的方式是否合宜妥當，其將不同立場的言論發表一逕視為中國（北京）認知戰的成果，亦不可不謂一種「美國中心主義」的霸道展現。「認知作戰」的指控甚至還可以直接在操作概念上，就先行否定情緒反應的真實性，視情緒反應為認知作戰所操控、所煽動、所再生產、由外而內的效應：「當一個社會遭到外來的銳實力毒針注射時，渾然不知，社會內部一時陷入分裂與對抗，還以為傷口發膿只是自體問題」。[34] 我們不是不承認中國乃是全球「認知作戰」高手中的高手，處心積慮想要帶風向，以假亂真台灣的各種爭議輿論。但同時我們對於把「認知作戰」當成「紅帽子」亂扣的現象也必須戒慎恐懼，絕不可讓其抹煞台灣從國家政策到公共議題的言論民主空間。

故當官方與民間一再倒帶火山車載布雷系統軍購案如何安全無虞、「地雷島」之說如何荒誕不羈，民眾卻依舊言者諄諄，聽者藐藐，民眾的情緒也依舊波動起伏、抑鬱難安。而「認知作戰」的指控則更像潑油救火，企圖從根本上就否定民眾情緒的真實性與正當性，就此封閉所有可能繼續往下探尋台灣「地雷情結」的可能。那本章最後一節在此所要嘗試的，便是提出一個非常不一樣的思考路徑：「地雷島」不是「認知錯誤」的問題，「地雷島」是「拒絕認知」的問題。既然目前所有朝向匡正「錯誤認知」的努力都徒勞無功，就讓我們來嘗試看看「拒絕認知」的詮釋路徑，是否有可能稍稍觸碰到台灣社會的敏感神經。先說「拒認」（英文 disavowal，佛洛依德用的德文乃 Verleugnung，拉岡用的法文乃 démenti）作為當代精神分析的理論概念，其所涉及的心理機制甚為複雜，既非「否認」（denial）、亦非「否定」

（negation）。「拒認」與「否認」、「否定」的微妙差異關鍵處，正在於「拒認」的明知故犯：就是因為知道而更要拒絕承認。換言之，「拒認」不是「我不知道我知道」、或「我不知道我不知道」，而是「我知道但我寧願我不知道」，故「拒認」乃是同時承認與否認，而不是承認／否認的二選一。誠如佛洛依德在〈防衛過程中的自我分裂〉（"Splitting of the Ego in the Process of Defense"）一文所強調，「否認」機制乃是壓力焦慮之下發展出的一種自我解決之道，其機巧聰明之處乃在於將自我分裂為二，同時承認且否認現實的種種危險禁制。[35]

那在這次火山車載布雷系統軍購案，會讓焦慮的台灣人「拒絕認知」而非「認知錯誤」的是什麼？究竟是哪一種「我知道但我寧願我不知道」的「拒認」機制被再次啟動且被宣告無效？若「錯誤認知」可以靠釐清事實真相來反覆倒帶，那我們將如何處理「拒絕認知」的心理機制，以及其所可能帶來的情緒反應呢？而我們又如何有可能在揭示此心理機制的同時，帶入「基進平等」的倫理思考與政治實踐呢？本章在此嘗試提出的詮釋，乃是我們作為台灣人某種特有的「拒認」戰爭心理機制，亦即將台灣一分為二，戰爭不在台灣本島，戰爭總能「決戰於境外」。而此次火山車載布雷系統軍購案直接戳破、直接摧毀的，正是「決戰於境外」作為台灣

「拒認」戰爭的核心信念。由此觀之，火山車載布雷系統軍購案所引發的「情緒地雷」，真正的「心理」重點不在炸車還是炸人、人道不人道、符合不符合國際規範；真正的「心理」重點也不在安全不安全、是否會自動銷毀、是否會禍延子孫；真正知道又不知道、心知肚明卻不能直面的「心理」重點，是在於火山車載布雷系統揭示了台灣本島自身的「灘頭殲敵」，再也無法「決戰於境外」。

但何謂「決戰於境外」？「境外」（offshore）本就是一個難局。「境外」作為經濟學名詞，可指狹義的「境外」（如登記在「避稅港」英屬維京群島、巴拿馬、薩摩亞等地區的「境外公司」），也可廣義指向所有「國境之外」的「國外」（如登記註冊在我國之外地區的金融商品），然「在岸」（onshore）與「離岸」的界限已日趨模糊，無法完全以是否使用本國或外國貨幣計價來判準。「境外」作為政治學名詞則更莫衷一是，台灣口中的「境外勢力」（「境外敵對勢力」）指的是中國；中國口中的「境外勢力」（外部勢力）指的是美國。對台灣而言，台灣是中國的雙重「境外」（等同於「國外」），既是地理位置上台灣與中國以台灣海峽相隔的「境外」，也是政治意義上台灣不隸屬於中國領土範圍的「境外」。但對中國而言，台灣絕不可能、也絕不允許是中國的「境外」，台灣乃是中國領土之內尚未實施行政管轄的地域、「台灣是中國神聖不可分割的一部分」。

面對如此語義分歧的「境外」，我們又該如何理解台灣過去七十多年來處變不驚、「決戰於境外」的信念呢？此「境外」究竟指的是台灣海岸之外、國境之外、還是邊境之外呢？就「決戰於境外」的第一層意義而言，當可指向兩岸戰爭的決戰場乃是在台灣陸域之外，透過海空軍機艦與飛彈指揮部的遠程飛彈，就能阻敵於空域與海域，不至危害到陸域。而火山車載布雷系統軍購案則似乎明示暗示有朝一日，台灣在空域的領空權與在海域的領海權已全面挫敗，戰爭已迫在眉睫、兵臨城下，國軍的「重層嚇阻」被逼到了最後防線，中國解放軍即將全面登陸台灣本島，才會需要火山布雷車快速拋撒地雷，以「灘岸殲敵」來阻止解放軍兩棲部隊的長驅直入。這種對國土防衛線的不斷撤離、從空域、海域撤離到決戰於陸域的恐懼與焦慮，即便是再多僅限於「紅色海灘」的宣告也無濟於事。若「殲敵於灘岸」失敗後，接下來就是「殲敵於陣地內」，亦即短兵相接的城鎮戰、巷弄戰，此已是近年台灣漢光演習的重點之一。而「殲敵於陣地內」防衛策略所帶來不得不的恐怖想像，便是以城鎮為縱深，全民防衛、人手一槍。「地雷」作為戰場上相對原始的低階武器，卻能引爆如此威力強大的情緒反應，恐正在於戰爭「登陸」所可能引發這樣一系列骨牌效應般的恐怖想像與情緒投射。

而「決戰於境外」更深一層的意義，則又可指向兩岸戰爭的前世今生，牽動的尤其是金門與馬祖作為「地雷島」的慘痛歷史，也是「昔日金馬，今日台灣」的恐懼投射。不論是本書第一章所提及一九五四年的「九三砲戰」與一九五八年的「八二三砲戰」，或是本章前所提及的金門、馬祖布雷與除雷的歷史，就台灣戰爭史而言，都是成功「阻敵於境外」、「決戰於境外」的殘酷史實。而這次火山車載布雷系統軍購案所展現的「事實真相」，不再是離島的灘岸布雷，而是在台灣本島的灘岸布雷，此乃徹底改變了過去七十多年來「地雷—島嶼—戰爭」的連結方式：原本作為「決戰於境外」的金門、馬祖，不再是布雷的「最前線」，台灣「本島」已然「離島化」、已然「地雷島化」。火山車載布雷系統軍購案所引爆的「情緒地雷」，乃是讓台灣「本島」作為原本的「大後方」，瞬間掉轉為「最前線」，而徹底無法繼續處變不驚、繼續「拒認」已逼至跟前（「止戰」之為「趾戰」，以止為足、足後為跟）的兵凶戰危。

但也唯有此時此刻，台灣「本島」被迫不得不認真面對金門、馬祖「離島」作為「地雷島」的歷史，台灣「本島」有可能藉此照見自身的問題嗎？而此照見又如何有可能給出更為積極的倫理思考，而不僅僅只停留在「如得其情，哀矜而勿喜」呢？在此我們必須認真回顧金門與馬祖作為保衛台灣的「戰地」歷史，以及其作為曾經清理剷除出十二餘萬枚地雷、至今仍存放數量不明「人員殺傷雷」的名符其實之「地雷島」歷史。[36] 金門群島與廈門九龍江口遙相對應，由金門本島、烈嶼、大膽、二膽等十二個島嶼組成；馬祖列島有南竿島、北竿島、高登島、亮島、東莒島、西莒島、東引島、西引島及其他共計三十六個小島組成，面閩江口、連江口和羅源灣，與中國最近距離僅約九公里。在當今中華民國的正式體制之內，前者屬福建省金門縣，後者屬福建省連江縣，皆非台灣省。金門與馬祖也皆未曾經歷日本殖民統治時期（雖曾被短暫占領）。但在經過古寧頭戰役等台海「熱戰」之後，卻與台澎「意外」形成冷戰地緣政治下「偶然的共同體」，而一九五四年金門九三砲戰的發生，更促成了《中美共同防禦條約》的簽訂以維護台海局勢。[37] 一九五六年金門、馬祖正式進入「戰地政務」時期，成為世界冷戰的前線戰區、台灣的「反共堡壘」，直到一九九二年才解除「戰地政務」，前後長達三十六年之久。

「戰地政務」意味著什麼？該政策源自國民政府制定於一九二六年的〈戰地政務委員會條例〉，一九四九年國民政府遷台後，將此暫時性／戰時性的政策長期施行於金門、馬祖。[38] 在一九五六年至一九九二年的三十六年期間，金門、馬祖實施宵禁、燈火管制、出入境管制、電信管制等，當地居民犯法，以軍法審判。在此嚴格的軍事管控中，全民加入「民防隊」，支援軍隊的後勤與醫護工作，更須接受村落防禦、自衛戰鬥的任務訓練。「全島民眾不分男女，都必須接受軍事管理，學習用槍、傳令、包紮、替軍隊補給等等軍事技能，婦女只有懷孕才能免除服役」。[39] 台灣在一九八七年解嚴後，金馬仍舊掙扎在「戰地政務」的軍事管控之中，一九八八年民進黨提出「金馬撤軍論」，主張兩岸應該走向和平，國軍應自金馬撤軍，但遭到以八二三砲戰時期駐守金門的郝柏村為首的部分軍方人士，以「國防安全」為由反對金馬解除「戰地政務」。爾後屢經金門、馬祖住民在台北街頭遊行，爭取「解除軍管、縣長民選、開放觀光、興建機場」，直至一九九二年金門、馬祖青年持續在立法院抗爭靜坐才獲得「戰地政務」的最終解除。[40]

由此我們可以得知台灣本島與金門、馬祖離島之間在歷史、政治、軍事上所形構出的「雙重邊界」與「雙重斷裂」。金馬與中華人民共和國有國境邊界相隔，卻又位於中華人民共和國控制的水域之內；台澎金馬雖為政治共同體，但亦有「軍事化／非軍事化」的隱形邊界彼此相隔。在此中心／邊陲的政治權力與軍事地理部署的架構之下，金馬的高度軍事化，乃成就了台灣本島得以在一九六〇年代起參與「新國際分工」而經濟起飛，順利納入美、日廠商主導之全球商品鏈。[41] 雖然戰地金馬、反共堡壘金馬、地雷島金馬保障了台灣本島的和平，讓其順利與世界經濟體系接軌，但金馬卻不斷被台灣「本土認同」的主流敘事所排除。[42] 原本因為一九五四年金門九三砲戰的刺激而於該年年底簽署的〈中美共同防禦條例〉，其共同防禦範圍並不包括金門與馬祖；一九七九年〈台灣關係法〉中「台灣」一詞的定義乃台灣主島與澎湖群島，也不包括金門與馬祖。[43] 而自二〇〇一年兩岸小三通之後，金門與馬祖更被視為中國滲透台灣的跳板、台灣的「克里米亞」（該地區於二〇一四年公投「脫歐入俄」成功），甚至還出現「棄金馬論」的惡意說法，以仇恨語言指責金門、馬祖「又紅又統」、要金門、馬祖「滾回中國」。[44] 二〇一九年成立的「台澎黨」（「台澎國際法法理建國黨」），甚至直接主張台灣「依法理獨立」的範疇僅包括台澎，金馬可自行公投決定去向。[45]

此次火山車載布雷系統軍購案所引發的社會騷動，軍方將「地雷島」一詞的用法，定位為「汙名化國軍建軍備戰之努力」。[46] 而本章以放入引號、加上問號的「地雷島」為題，卻是希望藉此重大社會爭議，重新看到台灣在中心／邊陲、非戰地化

／戰地化的權力部署與由此部署所長年展開的內部壓迫機制。如今「地雷—島嶼—戰爭」的連結方式陡變，不是因為金門、馬祖已解戰地化，更在多次軍力精簡後，金門昔日的「十萬大軍」已縮減到一萬人左右，馬祖的「五萬雄兵」已縮減到約兩千人左右，[47]而是因為當前的台海戰爭之所以可以某種程度「跳過金馬」，乃在於戰爭實力與形態的劇烈改變。半世紀前，中國海軍導彈技術尚未成熟，金馬乃「解放台灣」的兩大關鍵阻礙，金馬遂得以在「前線」以「反共堡壘」的方式保衛台灣，也因此成為「地雷島」；但隨著現代戰爭的科技進展，中共解放軍戰力大幅提升，若要速戰速決，當可直指台北，不須繞道先攻金馬，引起國際關注來徒增攻台難度。[48]此「地雷—島嶼—戰爭」的重新連結方式，恐才是台灣「本島」對自身「戰地化」、「前線化」、「地雷島化」莫名恐懼之所在。

在過去相當長的時間裡，「中華民國在台灣」所創造出的興盛繁榮、和平穩定，乃是建立在金馬作為邊緣弱勢的「戰地化」、「前線化」、「地雷島化」。就國境水平線而言，作為「海峽中線」另一邊的「邊緣離島」，金馬讓台灣的國境線變得曖昧不明；但就國境垂直線而言，金馬居民作為台灣的「次等公民」或相對於本土、本我的「他者」，接受的乃是權力位階與軍事部署清楚穩固下赤裸裸的壓迫。昔日我們慣於「拒認」金馬作為「反共堡壘」的堅苦卓絕。例如「金門菜刀」就只是遠近馳名、號稱削鐵如泥的廚房利器，我們知道也寧願不知道「金門菜刀」乃是將戰爭遺留物轉化為經濟資源的「砲彈鋼刀」。不產鐵礦的金門卻不乏鋼，只因早在第二次世界大戰後期，美軍轟炸當時被日軍短暫占領的金門，其所遺留的炸彈殼就已被成功製成「砲彈鋼刀」，再加上一九五八年八二三砲戰四十七萬多發「榴彈」，以及往後二十年「單打雙不打」的「砲宣彈」，都是「金門菜刀」源源不絕的鋼彈殼來源。[49] 或像台灣宴席上慣於飲用的「金門高粱」就只是芳醇濃烈的好酒，我們知道也寧願不知道昔日的「金門高粱」如何釀於烽火戰地、如何養活軍民、又如何縮影國共內戰歷史與亞洲冷戰歷史。[50]

誠如何欣潔、李易安在《斷裂的海：金門、馬祖，從國共前線到台灣偶然的共同體》中所言，「金門與馬祖實施戰地政務的歷史，就是一部台灣的戰爭史；而解除戰地政務三十年來的探索、嘗試與回顧，便是台灣在戰爭陰影稍稍減弱時，一部關於『和平如何可能』的歷史」。[51] 也許不再「拒認」金門與馬祖作為保衛台灣的「地雷島」之歷史與現實、不再「拒認」金門與馬祖作為相對於台灣本島的「次等島嶼」、「邊緣島嶼」所長年遭受到的欺壓與不公對待，我們或許才有可能將戰爭的難局思考，拉到「基進平等」的微觀政治與日常踐履。[52] 戰爭從來不會只關乎武力的強弱與軍備的良莠，地雷也從來不會只出現在戰場，「和平如何可能」的功課，恐怕就只能在「地雷島」的前世今生中認真探詢與學習。

台灣的「地雷情結」就是如此錯綜複雜，一方面要以「反地雷、反戰爭、愛和平」的人道關懷與「自由、民主、人權」的進步價值，來爭取國際能見度；另一方面又無法不面對中國隨時大軍壓境的戰爭威脅，只能弄出個「猶抱琵琶半遮面」的〈殺傷性地雷管制條例〉，既「反雷」也「反反雷」，讓台灣至今仍有五十多萬枚「人員殺傷雷」未曾銷毀，至今仍有種類與數量不明的「集束彈藥」置於庫存，至今也仍在早已完成掃雷作業的金門依舊存放著數量不明的地雷。台灣的「地雷情結」更是「見雷即爆」，可以張冠李戴將「戰防雷」誤識為「人員殺傷雷」而慷慨陳言，也可以將所有對「地雷島」的思考，皆視為「中共同路人」的認知作戰、甚至視為汙名化國軍建軍備戰努力之惡劣行徑。然此次火山車載布雷系統軍購案造成台灣社會輿論與民眾心理的沸沸揚揚，恐不會因軍購時程表的拍板定案而塵埃落定（二〇二三年底前七套火山布雷、二〇二六年後七套火山布雷運抵台灣）。「地雷」這個既古老又原始的戰爭武器，依舊會在台灣時時引爆從「實質字義」到「象徵譬喻」

的各種「文字地雷」與「情感地雷」。小心「地雷」，更要小心「地雷島」，小心「地雷島」作為戰爭現實，小心「地雷島」作為歷史記憶，小心「地雷島」作為心理拒認，更要小心「地雷島」作為壓迫機制的各種變形與回返。

你／妳說，「地雷島」究竟在哪裡？

第四章

祭祖與統戰

祭祖何罪之有？

二〇二三年三月二十七日至四月七日馬英九赴中國展開為期十二天的「祭祖之行」，乃是一九四九年兩岸分治以來第一位台灣卸任總統赴中國訪問，行程涵蓋南京、武漢、長沙、重慶、上海等地。馬英九除了親赴湖南湘潭白石鎮祖父所葬之墓上香祭拜外，也赴南京中山陵、辛亥革命武昌起義紀念館等地參訪，自許此行乃降低區域緊張、緩和人民敵意，有助消弭當前兩岸的戰爭危機。

然對此頗富爭議的「祭祖之行」，台灣批判的聲浪主要聚焦於其是否淪為中國「統戰」的工具。第一種「統戰」的講法，先是強調必須尊重馬英九個人的「祭祖」自由（祭祖無罪），但又指出此行「祭祖」只是幌子藉口，「一分祭祖，九分交流」，而交流的重點自然不是隨行三十位台灣大學生與中國大學生的交流，而是馬英九與中共統戰高幹的互動，協助推動一國兩制、九二共識的政治主張。第二種「統戰」的講法，則是凸顯「祭祖」本身便已是應和中國所一再強調的「兩岸一家親」、血濃於水、慎終追遠（祭祖有罪），視馬英九一行完全落入中國「實現祖國統一大業」的統戰訴求。

本章雖以此「祭祖之行」所牽動「統戰爭議」的政治事件作為開場，但並不擬依循傳統兩岸論述或政黨政治的框架去論斷馬英九「祭祖之行」的功過得失（是否喪權辱國、是否以此抗衡彼時蔡英文的美國之行、是否對二〇二四年台灣總統大選產生影響等等），而是希冀帶入另一種截然不同的女性主義批判角度，重新思考幾個讓眾人朗朗上口、卻早被台灣政治口水戰所淹沒、所忽略、所直接跳過的關鍵議題：何謂「統」？何謂「統戰」？「統戰」有「性別差異」嗎？「祭祖」和「祖國」的關係為何？「祭祖」的「祖」與「祖國」的「祖」是同一種「祖」嗎？而什麼又是「祭祖」、「祖國」與「統戰」之間的構連與可能的「性別政治」批判呢？此處「性別」的界定不僅指向 sex（生理性別）、gender（社會性別）、sexuality（性傾向），更指向華文文化至為殊異的「宗法父權」部署。「宗法父權」四字自當是比「父權」二字在標示出「父權—父系—父財」（patriarchal-patrilineal-patrimonial）之同時，更能凸顯華文文化延續至今的姓氏—宗祧—祭祀之各種殘餘和變形。僅談「性別」批判而不談「父之黨為宗」、由「祭祀—繼嗣」傳承所構連的「宗法父權」，決計無法析透出「祭祖」、「祖國」與「統戰」之間甚為繁複幽微的糾結與合謀，更無法在當前兩岸的「祖國」論述與「祭祖」交流中另闢蹊徑。[1]

故本章將以女性主義「宗法父權」批判的角度，重審兩岸風雲詭譎的「祖國」

論述與「祭祖」交流。全章分成五個部分進行論述開展。第一部分先爬梳中國共產黨「統戰」一詞的歷史流變，以及其作為跨語際翻譯實踐所可能帶來的歧義，嘗試在「統」的「說文解字」中看到難以通過的曖昧衝突。第二部分則回到歷史批判的角度，審視來自中國的「祖國」召喚，以一九五〇年至二〇一九年六次的〈告台灣同胞書〉作為主要的文本分析，看其如何從社會主義「祖國」，轉變到以「中華民族」作為情感號召的「統一祖國」之為千秋民族偉業。第三部分將審視清末民初的「中華民族主義」如何建構出「家族─宗族─國族」的連續共同體，並以兩岸的祭黃帝陵為例，凸顯「國共統一戰線」的歷史弔詭與政治反諷。第四部分則回到兩岸的「祭祖」交流，以馬英九和陳水扁兩位前總統為主要案例，凸顯其在「尋根祭祖」上的困境與難局，並嘗試以「一宗原則」挑戰「一中原則」，鋪陳「祖國」作為統戰與「祭祖」作為行動之間的構連關係，並反省與批判兩岸「一邊一國，都是宗國」的政治弔詭。最後一部分則聚焦於中華民國第一位女總統，不僅要看其如何精神分裂於「祭祖」的「去中國化」與「再宗國化」，更要看其「性別麻煩」如何讓「祭祖難局」難上加難。

一・「統戰」的難局

「統戰」作為國際社會主義的專有術語，會有任何「難局」可言嗎？眾所皆知「統戰」乃「統一戰線」（united front）之簡稱，又稱聯合戰線。此國際共產主義運動的著名口號，最早可溯源自一八四八年馬克思（Karl Marx）與恩格斯（Friedrich Engels）所共同撰寫〈共產黨宣言〉（"The Communist Manifesto"）中的團結概念，「全世界無產者，團結起來」。[2] 而中國共產黨的「統戰理論」，在承襲馬、恩、列、史的統戰思想與策略之同時，也號稱兼顧中國社會特性，其最具代表性的論述人物自非毛澤東莫屬。「統一戰線、武裝鬥爭、黨的建設」被毛澤東視為中國共產黨在中國革命中戰勝敵人的三大法寶。抗戰勝利後，毛澤東更以「人民民主統一戰線」為號召，企圖團結工人、農民、城市小資產階級、民族資產階級、開明紳士、其他愛國分子、少數民族和海外僑胞，以推翻美帝國主義支持下的蔣介石反動政權。[3]

一九七〇年代末中共第二代領導人鄧小平則是以「愛國統一戰線」接力號稱已完成歷史階段性任務的「人民民主統一戰線」，號召全體社會主義勞動者和一切愛國者組成政治聯盟，以推動新時期的「改革開放」，亦即團結一切力量搞好經濟建設，以達社會主義現代化之目標。然此時的「愛國者」乃同時包括了「擁護社會主義的愛國者」和「擁護祖國統一的愛國者」。相較於過去以「人民民主統一戰線」作為反帝反殖、消滅民族資產階級的統戰思想，「愛國統一戰線」依舊是要團結一切可以團結的力量，但已將重點轉移到「改革開放」與「完成祖國統一大業」。「祖國」一詞乃成功將死灰復燃的「民族主義」與「愛國主義」冶於一爐。根據最新版本的《中國共產黨統一戰線工作條例》第三十五條對台統戰任務，白紙黑字依舊清楚寫到：「對台統一戰線工作的主要任務是：貫徹執行黨中央對台工作大政方針，堅持一個中國原則，廣泛團結海內外台灣同胞，發展壯大台灣愛國統一力量，反對『台獨』分裂活動，不斷推進祖國和平統一進程，同心實現中華民族偉大復興」。[4] 由此觀之，中共對台統戰的核心重點在於完成「祖國統一大業」，唯有此核心重點的達成，才能臻於偉大神聖的「中華民族」復興。

雖就中國共產黨黨史發展而言，「人民民主統一戰線」與「愛國統一戰線」自有其不同歷史階段的轉進，然「統戰」作為國際共產最具指導性的思想與策略，其在中國現代歷史流變之中所帶出的「難局」，顯然也無法被忽略。反帝反殖的「人民民主統一戰線」所追求的「民族解放」，乃是要透過「民族解放」同時完成「階級解放」，強調的乃是民族鬥爭與階級鬥爭的一致性，絕不是抓住民族主義不放、卡在愛國主義或放任封建思想、資產階級思想死灰復燃。然而團結所有擁護社會主義的愛國者與擁護祖國統一的愛國者之「愛國統一戰線」，卻是以「民族復興」為目標，讓「階級革命」、「階級解放」自此緘默無語。前者以「民族解放」為階段過渡，後者以「民族復興」為終極目的；前者是國際社會主義的「工人無祖國」，後者是海內外愛國者同心齊力的「祖國和平統一」。[5] 看來進入中國且順應中國社會特色的中共「統戰」論述，自始自終彷彿都被「民族主義」、「愛國主義」所纏祟，揮之不去，招之即來。「統」之為「統」既可以是國際社會主義突破國界與族界的政治運動之所託、以工人階級領導工農聯盟作為最高解放理想，也可以是中華民族復興大業的和平統一，重點不在於何者為先、何者為後、何者才是最終的至高理想或何者才為正港的李伯大夢，重點恐在於「統」的雙重與裂解，「統」本身的無法一統。[6]

故「統」的雙重與裂解，既在「統戰」的歷史流變中浮現，也在 united front 作為漢語「統戰」的跨語際翻譯中浮現。就讓我們先回到「統」的造字一窺端倪。《說文解字》「統，紀也，从糸充聲」；段注「《淮南・泰族訓》曰：『繭之性為絲，然非得女工煮以熱湯而抽其統紀，則不能成絲』」。[7] 若「統，紀也」讓糸字部的「統」與糸字部的「紀」義互相足，那「紀」又為何？「紀，絲別也」；段注，「別絲者，一絲必有其首，別之是為紀，眾絲皆得其首，是為統」。[8] 故就「統」最初的造字邏輯而言，「統」乃絲之頭緒開端，「緒，絲耑也，从糸者聲」，亦即由繭抽絲的端頭、事物的開端。[9] 更細緻的說法則是：別一絲之首為「紀」，眾絲皆得其首為「統」，整理出眾絲之端緒並纘而為一，是為「統紀」、「統緒」也。由此可知為何從糸（絲）的形聲字「統」，凸顯的乃是一脈相承、世代相繼相續的系統，如血統、傳統、帝統、道統。所謂絲縷有紀，並不僅僅只是將所有的散絲整理好並纘而為一，更重要的乃是找出、尋出、理出絲之開端頭緒，才得以「統」之。

然就「統」的當代表意而言，「統」乃集結合一、合而為一，引申出率領、治理、綜合、綱要等義。本章此處之所以要大費周章回到「統」的說文解字，乃是企圖凸顯「統」對開端頭緒的偏執，對一脈相承、世代相繼的偏執。在此乃是希望透過「統」的造字邏輯，概念化兩種「統」的差異微分：「合統」（unification）與「宗統」（lineage）。「合統」乃「合而為一」，其中的「一與多」乃是分裂與統一的辯證；「宗統」乃「一脈相承」，其中的「一與多」乃是血脈相連，開枝散葉。或者我們也可以嘗試說「合統」強調的乃是「共時軸」（the synchronic）的分合動態，而「宗統」凸顯的則是「歷時軸」（the diachronic）的世代傳承。

若循此處所展開「統」的差異化繼續往下思（絲）考，「合統」的重點便在分合，「宗統」的重點乃在斷續；「合統」的最高理想是「共時軸」的合而為一，「宗統」的最高理想是「歷時軸」的一脈相承；前者較偏空間想像，後者則更偏時間想像。故當 united front 翻譯為漢語的「統一戰線」，原本「統戰」在中國近代歷史流變上出現的雙重與分裂——「工人無祖國」的國際共產團結與民族復興大業的「祖國統一」，便可經由「統」的說文解字所帶出「合統」與「宗統」之纏繞而更形複雜與幽微。就「統戰」無法一統的第一個層次而言，「工人無祖國」可以是「並時軸」的集結為一、「全世界無產者，團結起來」；「中華民族偉大復興」則可以是「歷時軸」的一脈相承、世代相續。就「統戰」無法一統的第二個層次而言，中國對台統戰從最早充滿社會主義階級革命的「解放台灣」，作為「並時軸」的合而為一，到後來以中華民族主義為號召的「祖國統一」，作為「歷時軸」的血統承續，在在都驗證了「統戰」一詞本身雙重的雙重與分裂的分裂，凸顯了「統」在並時軸與歷時軸上既分裂又纏繞的複雜性。

二・中國統戰的「祖國」修辭

在「統戰」的難局測試中，我們展開了第一回合有關「統」的說文解字與差異微分，接下來就讓我們針對中國對台「統戰」關鍵字中的關鍵字「祖國」，進行新一回合跨語際、跨文化的文字學探究。嚴格說起來，「祖國」（patria）並不完全等同於一般用語的「國家」（state, country）、「故土」（native land）、「母土」（motherland）、「家鄉」（homeland）等。相對於 state 在字源上偏向財產（estate）與地位（status）、country 偏向土地、motherland 偏向母性與土地的連結、native land 偏向出生地，作為「祖國」的 patria 乃與希臘、拉丁字根 pater（父、祖）一脈相承，patria 所指乃「父土」（fatherland）、patria chica 乃「小父土」（little fatherland）或 terra patria 乃「父襲之地」（paternal / hereditary land）。同類字根也包括 patrius（父親的、父系的、父襲的、祖先的）與 patris（祖先居住之地、祖先原籍之地、祖籍之地）。故 patria 之為「祖國」不只關乎出生地、血緣、國籍而已，patria 之為「祖國」乃與世代、祖先、繼嗣、祖籍、家族、民族息息相關。而我們更不可須臾忘記的，乃是原始印歐語詞根 pater- 如何同時貫穿了「祖國」（patria）、「愛國主義」

（patriotism）與「父權主義」（patriarchy），其間的糾纏與串連在「父祖」字源字根的溯源中昭然若揭。

而中文語境「祖國」之「祖」，則更較 pater- 有過而無不及，乃成功凸顯父系—父襲—父權的交纏，亦即「父之黨為宗」的一以貫之、一脈相承。《說文解字》「祖，始廟也，從示且聲」，而「廟」則是「尊先祖皃也。從广朝聲」，故凡始皆為祖，廟乃先祖形貌之所在。[10] 若從象形切入，「祖」乃由左「示」右「且」所組成，而「示」與「且」在某些古文字學研究中，又可誇張地指向遠古男根生殖神崇拜與「遠祖祀奉」之間的息息相關。根據郭沫若在〈釋祖妣〉所言，卜辭「示」字多作T形，而T實為⊥之倒懸，其旁垂乃毛形也，其中垂「更有作肥筆者」，故由此推知其恐為「生殖神之偶象」。古文「祖」皆「且」字，到小篆出現後再在「且」字邊加上「示」而成「祖」，看似同時並置左半邊朝下、右半邊朝上的兩個「生殖神之偶象」。[11] 故「祖」字中的「示」與「且」雖有上下左右的區別，左邊的「示」倒懸朝下，右邊的「且」正立朝上，但恐最初皆有可能為男根崇拜的象形。由此推之，「祖」乃是在始廟建築體之中立「示」、「且」之神主牌位以祀之（不論是以男根象形、或以先祖形貌、廟名、謚號、堂號或姓氏等刻表），「故宗即祀此神象之地，祀象人跪於此神像之前，祝象跪而有所禱告，祭則持肉呈獻於神」。[12] 於是「祖」從最初的男根象形、祖先形貌象形，遂成功「象徵化」為父系男嗣與「祭祀」—「繼嗣」合而為一的宗法父權部署。所有能在神像前跪地祝禱（祀）、持肉獻神（祭）的，必須是具有「祭祀—繼嗣」資格的父系男嗣。

若 patria 凸顯了「祖國」、「愛國」、「父權」之間在字源上的同氣連枝，那漢字「祖」的說文解字，則讓我們更進一步看到「祖國」與「祭祖」之間緊密相連的具體操作方式。「祖國」不僅只是「祖先祖籍所在之地」，「祖國」更是透過「祖宗祭祀」作為重複「踐履」（performativity）而達成。[13]「祖國」不僅深具宗法父權的意識形態與操作模式，更成為「民族主義」、「愛國主義」最主要的情感認同符號。若在家之謂「祖宗」，在國之謂「祖國」，而不論是「祖宗」與「祖國」都是宗法父權從家族、宗族到國族的一以貫之，那接下來就讓我們以中國先後六次的〈告台灣同胞書〉為分析案例，看一看其「工人無祖國」的「民族解放」如何被「祖國統一」的「民族復興」所叛離，看一看「統戰」之為「合統」與「宗統」的分進合擊，如何讓兩岸由分裂到統一的並時軸空間想像，成為「同根同源、同文同宗」的歷時軸時間承續。

第一次的〈告台灣同胞書〉選在台灣二二八事件三週年紀念的一九五〇年二月二十八日，由台灣民主自治同盟發表，號召「生活在極端黑暗、恐怖、饑餓的絕境」之台灣省人民緊密團結起來，向國民黨反動政權進行轟轟烈烈的鬥爭。文中指出蔣匪幫與美帝國狼狽為奸，加緊對台灣的侵略和控制，企圖把台灣變成美帝國的殖民地。然台灣人民有數十年反抗日本帝國主義的革命傳統，只要團結所有可以團結的力量，配合百戰百勝的人民解放軍，定能成功達成「解放台灣統一全中國」的使命。文中唯一出現一次的「祖國」，乃是鑲嵌在反帝反殖的歷史脈絡下，以「民族解放」的姿態現身：「中國人民經過八年抗戰獲得勝利，才由日本帝國主義者的手裏收回了台灣，台灣人民也因此才回到祖國的懷抱」。[14] 此處的「祖國」既指向一八九五年甲午戰爭台灣割讓給日本與八年對日抗戰勝利後台灣脫離日本殖民而重回中國的歷史脈絡（「祖國」相對於「殖民地」），也暗指「新中國」作為「祖國」的階級革命—民族革命意涵。

第二次〈告台灣同胞書〉發表於一九五八年十月六日，亦即八二三砲戰結束後翌日，第三次〈告台灣同胞書〉發表於同年同月二十五日，皆由中國共產黨中央委員會主席毛澤東親自撰寫，以中國國防部部長彭德懷的名義發表。兩封公開信皆簡單直白、實事求是，強調「我們都是中國人」、「世界上只有一個中國，沒有兩個中國」，自當加強團結，一致對外，認清侵占台澎與台灣海峽的美帝國，才是真正的共同敵人。兩封公開信也都主張兩岸化敵為友、停止戰火（第二次聲明停止攻擊七日，第三次聲明單打雙不打），進行和平談判。第四次〈告台灣同胞書〉亦由毛澤東親自撰寫於同年十一月一日，但未正式發表，文中僅再次確定單打雙不打政策，主張透過和談，以達和平解放台灣地區之目的，不再任由企圖孤立台灣、託管台灣的美帝國所蠻橫阻撓。此由毛澤東在同一年間所密集撰寫的三次公開信，大同小異，皆是典型的統戰修辭，意在凸顯美帝國乃兩岸唯一的共同敵人，並沒有出現任何「祖國」的相關表述。[15]

但二十一年後的第五次〈告台灣同胞書〉則一反原本反美帝國主義的「民族解放」，轉而訴求「祖國統一」的「民族復興大業」。此次〈告台灣同胞書〉以中國全國人民代表大會常務委員會的名義，發表於一九七九年一月一日。此時中日和平友好條約已簽訂，中美也正式建交，反帝反殖的「帝國」（日帝國、美帝國）修辭，完全由「祖國」修辭所置換。全文一千八百一十字，「祖國」密集出現十九次。此信開場便直接喊話，希望藉由商談來結束兩岸軍事對峙狀態，並承諾即日起停止對金門等島嶼的砲擊，以通航、通郵、通商來擴大交往與接觸。截然不同於前四次的〈告台灣同胞書〉，此次公開信乃是以古詩名句「每逢佳節倍思親」開場，以家族血緣親屬聯繫（同時包含字義與隱喻、狹義與廣義）來定位兩岸關係：「在這歡度新年的時刻，我們更加想念自己的親骨肉——台灣的父老兄弟姐妹。我們知道，你們也無限懷念祖國和大陸上的親人」。[16] 此「祖國不能統一，親人無從團聚」的不幸，乃被歸咎於一九四九年起海峽兩岸的分隔分治。此時的「祖國」修辭，已完全鑲嵌在骨肉至親、家族血緣親屬的想像與實際連結之上。

而此從「家族」到「國族」一以貫之的「祖國」，乃成功翻新了過去〈告台灣同胞書〉的「同胞」修辭與「中華民族」修辭。先就「同胞」修辭而言，前五次〈告台灣同胞書〉都是以「台灣同胞」或「台灣、澎湖、金門、馬祖軍民同胞」作為開頭稱謂。「同胞」本指同父母之兄弟關係，「胞者胞胎之胞，言親兄弟」，後稱同國之人曰同胞。[17] 前四封〈告台灣同胞書〉的「同胞」稱謂，凸顯的乃是「同國之民」，但第五封公開信所新開展出家族—國族血緣親屬修辭界定下的「祖國」，卻讓「同胞」在「同國之民」的解釋之上，重新回到「同胞」作為「胞胎之胞」的原始定義，添加了濃烈的家族—國族血緣親屬連帶意涵。全文包含開頭稱謂，「同胞」共出現九次，成為此次公開信一再重複的情感召喚母題，也成功呼應自晚清以降與「同胞」稱謂緊密相連的「民族主義」情感認同。[18] 誠如梁啟超在《新民說》中所言：

自十六世紀以來，歐洲所以發達，世界所以進步，皆由民族主義（Nationalism）所磅礴衝激而成。民族主義者何？各地同種族，同言語，同宗教，同習俗之人，相視如同胞，務獨立自治，組織完備之政府，以謀公益而禦他族是也。[19]

此處的「相視如同胞」已由血緣親屬關係擴展到「同種族，同語言，同宗教，同習俗之人」，乃是「民族主義」的主體構成，以此抗禦他族之入侵。第五次的〈告台灣同胞書〉便是如此這般以十分弔詭的方式，「回歸」晚清以降援引「中華民族」作為中國民族主義的歷史文化修辭：

我們中華民族是偉大的民族，占世界人口近四分之一，享有悠久的歷史和優秀的文化，對世界文明和人類發展的卓越貢獻，舉世共認。台灣自古就是中國不可分割的一部分。中華民族是具有強大的生命力和凝聚力的。儘管歷史上有

> 過多少次外族入侵和內部紛爭，都不曾使我們的民族陷於長久分裂。
>
> 統一祖國這樣一個關係全民族前途的重大任務，現在擺在我們大家的面前，誰也不能迴避，誰也不應迴避。如果我們還不儘快結束目前這種分裂局面，早日實現祖國的統一，我們何以告慰於列祖列宗？何以自解於子孫後代？人同此心，心同此理，凡屬黃帝子孫，誰願成為民族的千古罪人？[20]

此以「中華民族」作為中國民族主義訴求的重點，看似無奇之有。但此歷史文化修辭，顯然是以更為巧妙的方式，進一步將「同胞」所攜帶的家族「血緣」（blood relation）親屬連帶與「家族—國族」認同，成功推向以「黃帝子孫」世代相續的「血統」（lineage），由「列祖列宗」到「子孫後代」的一脈相承，以「黃帝」為始祖、共祖的「祖國」於焉產生，而非僅僅只是家族意義上「祖先祖籍所在之地」。第五次的〈告台灣同胞書〉不僅將「同胞」翻新為「血緣」親屬以家族串連國族的親情喊話，更是「中華民族」作為「血統」、「正統」、「傳統」的統戰修辭，一種以「宗統」作為歷時軸的核心訴求，不愧是「統戰」中的「統」戰。

但若我們回到中國共產黨的發展歷史與政治主張，此「中華民族」作為「黃帝子孫」的一脈相承，自是顯得有些怪異。誠如楊儒賓在《思考中華民國》中所言，「一九四九年十月一日的共產主義革命產生了中華人民共和國，中華人民共和國的一個重要屬性，也可以說是最重要的屬性，乃是『中華』一詞內容的全面更新，『中華』不再指向五千年的文教傳統，恰好相反，『中華』被指認為與文教傳統距離最遠的社會底層：貧下中農」。[21]當「中華」重新定義為無產階級「人民」的同時，「民族」也早已重新複數化為五十六個民族（漢族加上五十五個少數民族）。但此處中共的對台「統戰」喊話，「中華民族」作為「黃帝子孫」的「大漢族封建想像」卻變得如此旗幟鮮明。第五次的〈告台灣同胞書〉讓我們看到的，不僅只是從早期反帝反封反殖、凸顯民族鬥爭與階級鬥爭一致性的「民族解放」，一路走到了以完成「祖國」統一大業為目標的「民族復興」，更是「中華民族」五千年「血統」、「正統」、「道統」在中國「愛國統一戰線」改革開放後的死灰復燃、以及對台統戰所展現的強制回歸。此以「黃帝子孫」為「統」戰訴求的方式，顯然與中國國民黨在台灣長期所灌輸以「中華民族」、「炎黃子孫」作為五千年國族傳承的訴求如出一轍，真是弔詭地給出國共兩黨最新版本的「國共統一戰線」。

然自一九七九年一月一日之後，中國當局雖不斷持續發表對台立場談話，但均未再使用〈告台灣同胞書〉的形式，直到二〇一九年一月二日中國國家主席習近平再次以紀念〈告台灣同胞書〉四十週年之名發表談話，而所謂的四十週年乃是從第五次的一九七九年算起，而非從第一次的一九五〇年算起，讓前四次的〈告台灣同胞書〉彷彿自此可以存而不論。第六次的〈告台灣同胞書〉全文四千一百七十九字，「祖國」出現十六次，「同胞」出現六十一次（包括台灣同胞、兩岸同胞、香港同胞、澳門同胞），「中華民族」出現九次。文長雖為一九七九年第五次的兩倍之多，除了再次堅持「一個中國」、強力反對「兩個中國、一中一台、台灣獨立」、並努力推銷「九二共識」、「和平統一、一國兩制」之外，整體訴求仍舊是將「祖國和平統一」與「民族偉大復興」綁在一起，仍是從歷史文化、經濟發展、民族情感、祖國認同的集體面向進行「統戰」中的「統」戰。然在親情訴求、祖國召喚的同時，卻也清楚表示「不承諾放棄使用武力」解決台灣問題，可謂文攻武嚇完美結合之極致展現。22

相較於一九七九年第五次〈告台灣同胞書〉的「黃帝子孫」（以黃帝為始祖、共祖的「祖國」修辭），此次乃是清楚回歸中國近代史「中華民族」作為「種族民族主義」、「愛國民族主義」的論述模式，將千年縮限為百年。「海峽兩岸分隔已屆七十年，台灣問題的產生與演變同近代以來中華民族命運休戚相關，一八四〇年鴉片戰爭之後，西方列強入侵，中國陷入內憂外患，山河破碎的悲慘境地。台灣更是被外族侵占長達半個世紀」。[23]此民族主義修辭乃是以一八四〇年鴉片戰爭、西方列強入侵中國為始，而一八九五年馬關條約割讓台灣，也被重新界定為「外族侵占」而非前四次〈告台灣同胞書〉的日本帝國與殖民修辭。爾後抗日戰爭的勝利，原本應帶來「台灣光復」、「重回祖國懷抱」的契機，卻「因中國內戰延續與外部勢力干涉」，使海峽兩岸自此陷入長期政治對立與軍事對峙。前四次〈告台灣同胞書〉嚴正的反美帝國修辭，也在此處以「外部勢力」簡單帶過。

而更重要的乃是在回歸中國近現代史「種族民族主義」、「愛國民族主義」之同時，也帶入了「民族創傷」的情感論述：「一水之隔、咫尺天涯，兩岸迄今尚未完全統一是歷史遺留給中華民族的創傷。兩岸中國人應該共同努力謀求國家統一，撫平歷史創傷」。[24]台灣是否能夠回歸由中國近現代創傷歷史所界定的「祖國」，便成為一八四〇年鴉片戰爭起、西方列強入侵、造成「山河破碎」、撫平民族創傷、洗刷「百年國恥」的關鍵地位與作用之所在。證諸中國一九九〇年代起以反西方主義的「愛國民族主義」高漲，中美、中日關係的持續惡化與日趨緊張，二〇一九年第六次〈告台灣同胞書〉更形濃厚強烈的民族情感訴求，自是可以理解。

但第六次的〈告台灣同胞書〉以中國近現代國族創傷歷史來建構「祖國」的同時，也完全沒有忘記「合統」到「宗統」、「血緣」到「血統」的「親」情訴求。我們可以拿此次〈告台灣同胞書〉之所本——二〇一四年二月十八日習近平會見來京訪問的中國國民黨前主席連戰時所發表的〈共圓中華民族偉大復興的中國夢〉——來凸顯這兩份文宣的極度相似。〈共圓中華民族偉大復興的中國夢〉的核心理念乃「兩岸一家親」，此「親」絕非簡單的「親善接近」，也絕非僅限於兩岸化「疏離」為「親近」在空間、心理、情感上的距離想像與社會、經濟、文化互動交流所可能帶來的改善。「兩岸一家親」的「親」，乃是從兩岸「同胞」之為「骨肉天親」、「血脈相連」、「血濃於水」等「血緣親屬連帶」的字義與隱喻，延伸擴展到以「同根同源、同文同宗」(第六次〈告台灣同胞書〉的版本為「同根同源、同文同種」)的「中華民族主義」訴求，將家族血緣親屬連帶擴展到中華民族國族文化之魂：

兩岸同胞一家親，誰也不能割斷我們的血脈。台灣同胞崇敬祖先、愛土愛鄉、淳樸率真、勤奮打拚，給我留下深刻印象。兩岸同胞一家親，根植於我們共同的血脈和精神，扎根於我們共同的歷史和文化。我們大家都認為，兩岸同胞同屬中華民族，都傳承中華文化。在台灣被侵占的五十年間，台灣同胞保持著強烈的中華民族意識和牢固的中華文化情感，打心眼裡認同自己屬中華民族。這是與生俱來、渾然天成的，是不可磨滅的。

這告訴了世人一個樸素的道理，那就是兩岸同胞血濃於水。不論是幾百年前跨越「黑水溝」到台灣「討生活」，還是幾十年前遷徙到台灣，廣大台灣同胞都是我們的骨肉天親。大家同根同源、同文同宗，心之相繫、情之相融，本是血脈相連的一家人。兩岸走近、同胞團圓，是兩岸同胞的共同心願，沒有什麼力量能把我們割裂開來。[25]

整體而言，從一九五〇年第一次〈告台灣同胞書〉到二〇一九年第六次的〈告台灣同胞書〉，「祖國」修辭從無到有，再到舉「族」輕重，由原本企圖打破國界與族界、治「階級解放」與「民族解放」於一爐的「工人無祖國」，一路走到了「祖國」統一作為「中華民族復興偉業」的「中國夢」，亦即「解放台灣」由社會主義的政治革命進程，轉而成為民族主義「統一祖國」的未盡之業，讓中共「統戰」之「統」，在訴求兩岸從分隔分治到合而為一的「合統」（不論是透過和平商談的「和統」或「統一祖國是解放軍的神聖使命」、「不承諾放棄使用武力」的「武統」），也成為「兩岸一家親」由「血緣」親屬連帶到「中華民族復興」的「血統」相承相續，以及「祖國」作為父祖之國、宗祖之國、祖籍之國最終的統一、認同與回歸。

三．「一中原則」與「一宗原則」

但若更詳究此橫跨七十年、先後六次對台統戰喊話的〈告台灣同胞書〉，亦不難發現其「祖國」修辭中所出現「一個中國，三個祖國」的曖昧矛盾。第一個「祖國」指向一九四九年之後作為主權國家政治實體的「中華人民共和國」，既是早先的「社會主義新中國」、也是後來「改革開放」、「大國崛起」的「祖國」。此「祖國」不僅只是用以對外號召台灣同胞、港澳同胞、海外僑胞，也是用以對內自稱「祖國」的方式，成功結合一九八〇、九〇年代日益高漲的民族主義與愛國主義情感。[26] 第二個「祖國」指向一八四〇年之後以反帝、反殖、反滿、反封所意欲建立的民族國家，正如秋瑾〈柬某君〉詩中「頭顱肯使閒中老，祖國寧甘劫後灰」所言之「祖國」，一個充滿中國近代史西方列強侵占割據、民族創傷血淚的「祖國」，其所強調的乃是百年民族情感召喚與認同的強度，並不完全直接等同於一九一一年創立的「中華民國」或一九四九年建立的「中華人民共和國」。第三個「祖國」自當指向源遠流長的千年中華文明，凸顯的乃是「中華民族」自「始祖」黃帝以降，「黃帝子孫」、「同根同源、同文同宗」的一脈相承。

然此三個「祖國」又相互彼此交疊纏繞，第三個中華文明「祖國」有來自第二個民族主義「祖國」在清末民初所再次建構的「黃帝神話」之加強。[27]第一個社會主義「祖國」又以第二個百年民族主義「祖國」、第三個千年中華文明「祖國」，作為其民族主義情感與民族復興一近一遠的核心訴求。但相較於「一個中國，三個祖國」的統戰訴求，更為弔詭的乃是貫穿其中「三個祖國，一個宗國」的宗法父權部署。在此我們將以「一宗原則」命名之，以便與當前中國所堅持的「一中原則」產生概念構成上的差異微分，此「宗」非彼「中」，但此「宗」又是彼「中」，唯有透過此「既是且是，既非且非」的難局測試，或可嘗試鋪陳其中／宗甚為複雜的纏繞與糾葛。

那究竟何謂「一宗原則」？「一宗原則」如何有可能貫串「一個中國，三個祖國」——社會主義「祖國」、民族主義「祖國」與中華文明「祖國」呢？「一宗原則」又如何有可能讓「祖宗祭祀」的重複「踐履」成為「祖國」概念構成之中最核心也最日常的行動實踐呢？首先，讓我們還是回到「宗」的「說文解字」，一窺端倪。「宗，尊祖廟也。從宀從示」。[28] 就其造字的視覺形象而言，乃是以「從宀」的屋頂之形（有堂有室的深屋），搭配「從示」的祭祀儀式。正如前所言「祖」之為「始廟」、「祖」字之中的「示」與「且」，皆可指向男根象形、先祖形貌到神主牌位的歷史遞變。而「宗」亦復如是，「宗」乃「制主入祠」（「示」即木「主」、神主牌位）。如前所述，「故宗即祀此神象之地，祀象人跪於此神像之前，祝象跪而有所禱告，祭則持肉呈獻於神」，亦即在「祖」廟之中立「示」以祭祀之。[29]

「宗」的「尊祖廟」、「制主入祠」，更在中國的歷史文化中發展出「宗法組織」與「宗法秩序」的千年演變。此處所謂的「宗法組織」乃以血緣遠近、區分嫡庶親疏等級、以嫡長繼承的父系家族組織為政治核心，然此嚴格定義下由西周到春秋的完整政治宗法制度早已瓦解消亡。但所謂的「宗法秩序」則是在「宗法組織」瓦解消亡之後，仍以「祭祀權」（「祀象人跪於此神像之前，祭則持肉呈獻於神」）貫徹「宗法秩序」從政治、經濟、歷史到社會、文化、生活的每一細節，源遠流長直至當代依舊陰魂不散。傳統的「宗法秩序」強調的乃是宗長、族長或家父長祭祀權、經濟權、法律權的絕對化，而此處我們所欲概念化的「一宗原則」，乃是取其「祖宗祭祀」由古至今的一以貫之，由父子世系承「祀」與承「嗣」來建立家族—宗族—國族共同體的一以貫之。

故「一宗原則」乃同時涵蓋兩個彼此貫穿交疊的層面。一是「宗法父權」在家族層面，如何透過父系母不系、男系女不系、男祭女不祭的「祖宗祭祀」之「踐履」而得以鞏固。二是「宗法父權」在國族層面，如何透過「宗族」去串連「家族」與「國族」，而讓「祖國」——既是社會主義祖國，也是百年民族主義祖國、千年中華文明祖國——成為可能。先就第一個家族層面而言，中文「祖宗祭祀」與英文翻譯的 ancestor worship, ancestor veneration 並不完全相同。從字源學的角度觀之，英文 ancestor 乃是由拉丁字根 *ante* "before" 加上 *oedere* "go"，亦即前行者、先行者之義，故 ancestor 只可以是祖「先」而不會是祖「宗」（從歷史、政治的宗法組織到文化、社會的宗法秩序）。而 worship 或 veneration 之為崇拜、膜拜、敬奉也完全看不出「祭祀」的宗法父權部署，更完全帶不出為何華文文化所有的「祖先」總已「祖宗化」，所有生理血緣意義上的「祖先」總已是宗法父權意義上的「祖宗」。

故中文的「祖宗祭祀」不僅是造字視覺意象上「示」（從男根象形、先祖形貌到神主牌位）的無所不在（「祖宗祭祀」四個字中每個字皆有「示」），更是循「父系繼嗣法則」(patrilineal descent)，以父系家族男系世系為主要的繼承軸，但此「父系繼嗣法則」在華文文化迥異於西方文化之處，正在於將「繼嗣」與「祭祀」緊緊綁在一起，「祭祀」權決定了是否可以擁有「繼嗣」權（從姓氏、身分到財產）的關鍵，唯有父系男性子孫才有「祭祀—繼嗣」權，亦即拳拳服膺「祭祀」與「繼嗣」合而為一的「宗祧繼承」傳統。[30] 然在此有兩個關鍵需要特別注意，一是男尊女卑與祭祀文化的關係，二是「血緣」／「血統」與祭祀文化的關係。以「宗法父權」的角度觀之，華文文化傳統中男尊女卑的性別歧視，並不純粹在於男女「生理性別」的「差異」，而是此「生理性別」的差異「總已」(always already)「社會性別」化為兩種「差序」位置：一個是擁有「祭祀—繼嗣」權的位置（父、子），一個是不擁有「祭祀—繼嗣」權的位置（母、女）。同理可推，純粹的家族「血緣」關係原本無父「系」、母「系」之嚴格區別，但在「宗法父權」的部署之中，所有「生理血緣」總已「父系宗法血統化」為上下內外尊卑、男女有別，女兒不是因為「生理血緣」不夠親近，而是因為父系「宗法血統」不夠純正，而被徹底排除在「祭祀—繼嗣」的位置之外。此亦提醒我們大可不必一再拘泥於「血緣民族主義」與「文化民族主義」之分，在宗法父權的部署之中，所有「血緣」都總已是「血統」，並不存在獨立於宗法父權文化系統之外的純粹「血緣」，呼應的正是前文所言華文文化所有的「祖先」總已「祖宗化」，所有生理血緣意義上的「祖先」總已是宗法父權意義上的「祖宗」。

此亦為何本章一開場便強調既有英美女性主義的父權批判，不足以處理華文文化「祖宗祭祀」、父系男嗣「承祭—承嗣—承業」由古至今的一脈相承（即便當代台灣在婦女運動的努力之下，民法親屬編已有諸多修訂，但仍多舊習難改、陽奉陰違）。[31] 此亦為何本章一再強調必須以「宗法父權」批判的角度切入，不僅要標示出三位一體的「父權—父系—父財」，更要牽帶出華文文化延續至今的「父之黨為宗」之世系傳承與「祖宗祭祀」的各種殘餘和變形。故沒有「宗法父權」的批判意識，我們就只能僅僅在表面上反統戰、反「祖國」修辭、反跨海祭祖之為統戰陷阱，而無法從歷史面、文化面、性別批判面析剔出華文文化從古至今盤根錯節的「祖宗祭祀」、「宗祧繼承」，以父系「血統」關係所建構從祖廟、宗祠、祖姓（姓氏）、祖籍（籍貫）、祖產、祖墳、祖國牽一「宗」而動全局的緊密相連，其間的幽微繁複，絕非僅僅追究是否可以跨海祭拜祖先或祭祀文化是否重男輕女所能簡化表達之。

或許有人以為「一宗原則」核心的「祖宗祭祀」乃是封建殘餘，今幾乎已近凋敝或滅絕，或終將被時代所淘汰，不足掛慮；或許也有人以為「祖宗祭祀」與近代民族主義或民族國家的形成，並無任何關連，不該放大檢視；或許更有人以為無神論的共產主義自不會與「祖宗祭祀」有所瓜葛。接下來就讓我們進入「一宗原則」的第二個層面，看一看在近代中國民族主義反滿革命與民族國家論述的建構之中，「祖宗祭祀」所扮演的重要角色，再以「祭黃帝陵」之為「國祭」（不僅只是國家層級的祭典，更是用以形構國族想像共同體的祭典）為例，在國共兩黨歷史脈絡中的糾葛與當前海峽兩岸分隔分治下的現況。

首先，能成功將「家祖—宗祖—國祖」串連一氣、並以「家毀—宗滅—國亡」為民族主義生死存亡之號召者，首推台灣稱「國父」、中華人民共和國稱「偉大民主革命先行者」的孫中山。孫中山曾抱怨「中國人最崇拜的是家族主義和宗族主義，所以中國只有家族主義和宗族主義，沒有國族主義」。[32] 然其並非希冀藉此進行反封建或「宗法父權」批判，反而是企圖循此探究如何有可能透過（或曰利用）源遠流長的家族主義與宗族主義，進一步建構出原本中國人並不具有的國族主義認同。在《三民主義》的〈民族主義〉第五講中，孫中山清楚表明傳統中國的「敬祖親宗」，如何有助於近代中國國族主義的建構：

如果用宗族做單位，中國人的姓，普通都說是百家姓，不過經過年代太久，每姓中的祖宗，或者有不同，由此所成的宗族，或者不祇一百族，但是最多不過四百族。各族中總有連帶的關係，譬如各姓修家譜，常由祖宗幾十代推到從前幾百代，追求到幾千年以前，先祖的姓氏，多半是由於別姓改成的，考求最古的姓是很少的。像這樣宗族中窮源極流的舊習慣，在中國有了幾千年，牢不可破。在外國人看起來，或者以為沒有用處，但是敬祖親宗的觀念，入了中國人的腦，有了幾千年。國亡他可以不管，以為人人做皇帝，他總是一樣納糧，若說到滅族，他就怕祖宗血食斷絕，不由得不拚命奮鬥。……若是給他知道外國目前種種壓迫，民族不久即要亡，民族亡了，家族便無從存在。譬如中國原來的土人苗傜等族，到了今日，祖宗血食早斷絕了，若我們不放大眼光，結合各宗族之力來成為一個國族，以抵抗外國，則苗傜等族今日祖宗之不血食，就是我們異日祖宗不能血食的樣子。那麼，一方可以化各宗族之爭，而為對外族之爭，國內野蠻的各姓械鬥，可以消滅；一方他怕滅族，結合容易而且堅固，可以成就極有力量的國族。[33]

在此長段引文之中，「宗族」作為同姓同宗團體之界定乃至為明確，孫中山援用「宗族」的企圖亦至為明確，乃是要以「宗族」為基礎（一姓一宗，最多不過四百族）來擴充國族，以挽救如一盤散沙般、世界上最貧弱、國際地位最低下的中國。孫中山深信，如果外國以個人為單位，個人放大便是國家，那注重家族的中國，則在國民與國家結構之間出現了「中空」，必須先透過「家族」推到「宗族」，再由「宗族」推到「國族」，「宗族」乃扮演著彌補「中空」的重要角色。此出自〈民族主義〉第五講的長段引文，則是成功展示此由「家族—宗族—國族」的關鍵串連，其核心便在於如何避免「祖宗血食」的斷絕。此處的「血食」原指商周貴族的宗廟祭祀品，古代殺牲取血以祭，故稱「血食」，亦為宗廟祭祀權力系統的表徵，後亦泛指祭祖儀禮中的受享祭品。孫中山認為傳統中國人只有改朝換代而沒有「亡國」

觀念，但卻深深烙印著「祖宗祭祀」窮源極流的舊習慣，唯有透過「祖宗血食」斷絕的「滅族」焦慮與警示，才得以激起其抵禦外侮、捍衛國家的決心與勇氣。此處「祖宗血食」斷絕說乃是古代封建思想中的封建核心，古代中國「最大的不孝和不幸就是子孫由於行為過失或政治鬥爭失敗而『滅宗廢祀』，使祖宗不得血食」。[34]此由「古代」宮廷貴族延伸到士庶民間的「祖宗血食」，在此卻成為孫中山筆下中國「近現代」民族主義的重要建構元素、成為串連家族與國族的關鍵，恐也不無反諷。

此段「祖宗血食」斷絕說除了在思想上的封建復辟之外，更點出了中國近代民「族」主義與民「族」國家論述中可能的語詞滑動：血緣「種族」、文化「族群」與血統「宗族」的混亂與交疊，此「族」非彼「族」，但此「族」又與彼「族」，相互塌陷、反覆摺曲。長段引文中出現「土人苗傜等族」（最早版本為「土人苗猺等族」）作為「祖宗不血食」的負面案例與警示恐嚇，充分展現了「大漢族中心主義」的思考模式，既有「華夷之辨」與潛在的民族歧視，更有以「祖宗祭祀」之漢人傳統涵蓋少數民族之文化傳統之嫌，前者有異化之過，後者有同化之錯。與此同時，或許我們也更該捫心自問「土人苗傜等族」的文化傳承為何以及如何被斷絕。

過去我們只注意到孫中山「民族主義」論述的內在矛盾，如何在排滿革命、推翻異族統治、「驅除韃虜，恢復中華」的漢民族主義，與漢、滿、蒙、回、藏族的「五族共和」（或再加上西南邊疆苗傜等少數民族）之間反反覆覆、前後不一。而此段引文則讓我們看到「一族」（漢民族）與「五族」（漢、滿、蒙、回、藏民族）之中潛在的「四百族」（一姓一宗的祖宗、宗族、宗廟）。而孫中山思想中的「國族」，不僅只是「合漢、滿、蒙、回、藏諸地方為一國，即合漢、滿、蒙、回、藏諸族為一人，是曰民族之統一」，[35] 更是以延續「祖宗祭祀」、以「祖宗血食」不能斷絕為警示來抵禦外侮的情感訴求與其所建立「家族—宗族—國族」三位一體的民「族」主義，讓此「族」在指向血緣「種族」與文化「族群」的同時，更指向血統「宗族」的舉「族」輕重。

由此觀之，孫中山在一九一一年元旦發布的〈布告全國同胞書〉，以「大漢同胞」為號召、告祭「黃帝烈聖在天之靈」的用語也就不足為奇。[36] 其於一九一二年一月一日在南京宣誓就任中華民國臨時大總統後，三月旋即委派十五人代表團，前往陝西省黃帝陵橋山致祭軒轅黃帝陵，並親撰〈祭黃帝文〉：「中華開國五千年，神州軒轅自古傳。他造指南車，平定蚩尤亂。世界文明，唯有我先」。[37] 此將「軒轅黃帝」視為「漢族始祖」(若談五族共和時，則是將軒轅黃帝從漢民族的「始祖」變為多民族的「共祖」)。孫中山顯然是以「中華民族始祖論」來進行「民族革命」、以祭黃帝陵為實際行動來落實。但充滿封建思想的歷代祭黃帝陵儀典，在民國時期畢竟仍多疑義，直至一九三五年南京國民政府為提高民族意識、尊重祖賢，才明定四月五日為「民族掃墓節」，並派代表赴黃帝陵致祭，以此正式啟動「民族掃墓」的官方祭典，而其中又以一九三七、一九三八、一九三九年三次國共兩黨合祭黃帝陵，最為特殊。此抗戰前後三次祭黃帝陵之舉，國共兩黨皆視軒轅黃帝為「中華民族始祖」，凸顯的乃是昭告列祖列宗、團結以禦外侮(從西方列強、滿清異族到日本帝國)之迫切，此時「國共統一陣線」亦即「民族統一陣線」，其核心訴求自是聯合抗日救中國。[38] 毛澤東當年手書之「赫赫始祖，吾華肇造，胄衍祀綿，嶽峨河浩」，至今仍矗立於黃帝陵廟碑亭之中。

一九四九年兩岸分隔分治後，祭黃帝陵之儀典／疑點則各見殊異。中華人民共和國建國之初，信奉馬列的共產主義自是視宗族組織與民間信仰為封建傳統，祭黃帝陵變得時斷時續、可有可無，文化大革命時期更是將黃帝陵建築體破壞殆盡。但自改革開放後，恢復孔教，提倡儒學，開始弘揚慎終追遠的「祭祖」文化傳統，祭黃帝陵轉身一變為恢復民族文化尊嚴的重要活動。一九八八年鄧小平為黃帝陵題辭「炎黃子孫」，一九九三年江澤民題辭「中華文明源遠流長」。二〇〇八年中國更將清明與端午，訂為國定假日，各地更見蓬勃熱切的「祭祖熱潮」。[39]而文革時期遭受嚴重破壞的黃帝陵，也於一九九二年起進行大規模重建，並於一九九四年開始擴大舉辦祭黃帝陵大典，既是對外號召海內外「炎黃子孫」，也是對內展現「大國崛起」的民族氣勢。二〇〇五年黃帝陵祭祖大典更被升級為國家級的祭祀活動，也同時成為中國對台「清明統戰」的最主要訴求之一。

而一九四九年分隔分治之後，中華民國在國民黨主政與第一次政黨輪替期間，對軒轅黃帝的祭祀活動皆未曾中斷，每年都於清明前夕在台北圓山「國民革命忠烈祠」舉辦「中樞遙祭黃帝陵典禮」。二〇〇九年起馬英九更六次以總統身分親臨主祭、並以五院代表陪祭、中央各部會派員與祭，以此鄭重表達其對中華傳統文化尊宗敬祖的重視。此「中樞遙祭黃帝陵典禮」直至二〇一七年民進黨第二次執政由蔡英文出任總統時，才以展現台灣主體性與多元文化為由，正式取消「中樞遙祭黃帝陵典禮」，代之以祭拜「各民族先祖之靈位」。此政治操作的意圖甚為明顯，乃是拒絕肯認中華民族始祖黃帝、拒絕遙望中國陝西黃陵縣橋山的黃帝陵，以期斬斷遙祭黃帝陵所代表的「中華民族」（既是血緣「種族」，也是文化「族群」，更是血統「宗族」），以期跳脫中國「炎黃子孫」、「血濃於水」、「同根同源、同文同宗」、「兩岸一家親」等「統」戰訴求。但此舉在置換國民黨「道統」神主牌、凸顯台灣多元族群共存共榮之同時，卻似乎對其中所同樣涉及的「祖宗祭祀」傳統，絲毫未曾提出置疑或挑戰，以至於在廢除「中樞遙祭黃帝陵典禮」之同時，繼之以「各民族先祖之靈位」，仍是貫徹「慎終追遠、緬懷先祖」的「一宗原則」，只是改變了「敬祖親宗」的對象而已。而與此同時，國民黨自二〇〇九年起每年都派代表參與中國陝西黃帝陵祭典，國民黨、新黨、親民黨的政治人物更從「遙祭」轉而變成親臨現場，絡繹不絕出席中國陝西的祭軒轅黃帝大典活動（後亦有趕赴河南新鄭的黃帝祭祖大典者），包括連戰、宋楚瑜、吳伯雄、郁慕明、洪秀柱、林豐正、蔣孝嚴等人，甚至還發展出兩岸祭黃帝陵的連線直播，堪稱最新回合祭黃帝陵的「國共統一戰線」。

四・台灣的「祭祖難局」

我們從中共統戰文宣〈告台灣同胞書〉「一個中國，三個祖國」的曖昧，談到「三個祖國，一個宗國」的「宗法父權」部署，再以「國共統一戰線」的黃帝陵尋根認祖為例，意欲凸顯的莫過於「一宗原則」作為當代兩岸「祖宗祭祀」的基本操作模式。原本的「一中原則」(One China Principle)乃是強調世界上只有一個「中國」的政治論述與外交策略。而在過去三十多年兩岸權衡折衷的政治協商過程中，「一中原則」乃是中國所強加主導的談判框架，也由此產生了「一中各表」(九二共識、九二精神、憲法一中)或「各表一中」(特殊國與國關係、一邊一國、一中一台、互不隸屬)的各種說法。而相對於莫衷一是、甚至南轅北轍、矛盾衝突的「一中原則」，兩岸對「一宗原則」所標舉的「祖宗祭祀」與貫穿家族—宗族—國族的共同體建構，卻似乎是有志一同、奉行不悖，只是在歷史演變的過程中、在誰為「祖」、何為「宗」的認定上，出現了巨大的斷裂與歧異。在此我們可以重新回到本章開場二〇二三年馬英九赴中國的「祭祖之行」，再輔以另一位前總統陳水扁「烏」龍一場的尋根祭祖，來鋪陳台灣的「祭祖難局」，如何在「一宗原則」之下出現「一宗各表」與「各表一宗」的各種紊亂。

台灣一碰到選舉，便無所不用其「籍」，拿競爭對手的「國籍」與「省籍」大作文章。馬英九的「國籍曖昧」曾不斷被反對派人士當成攻訐目標，稱其出生地乃香港九龍，或其在美國留學期間曾申請過綠卡等，藉此貶斥其為香港人、中國人、美國人而非台灣人。然相較之下馬英九的「祖籍曖昧」，恐怕遠遠勝過同樣被政治過度操弄與扭曲的「國籍曖昧」。馬英九的父親馬鶴凌乃湖南湘潭人，隨國民政府來台，按照繼承父親本籍的血統主義與宗法父權邏輯，馬英九的「祖籍」或「籍貫」便成為湖南湘潭。如果中共統戰之「統」重在一脈相承的「血統」，那被稱為「外省第二代」的馬英九，其在「祭祖」作為行動踐履上的反覆與混亂，或正足以彰顯台灣在「祖宗」、「祖墳」、「祖籍」、「祖國」上的無「統」（絲之頭緒開端）可統。在反對者破口大罵其二〇二三年清明赴中的「祭祖之行」乃無知愚昧、正中中共統戰陰謀下懷之同時，有沒有可能也看到此統戰中的「反統戰」，不是不去中國尋根祭祖，而是在尋根祭祖之時，在萬變不離其「宗」之刻，也看到「萬變」如何由roots（根源）變成routes（路徑），以便能讓表面上名正言順、堂而皇之的「祭祖」終／宗點（「統」之為絲之端緒），轉身一變成為我們思考「祭祖」之為「難局」的測試起／啟點。

馬英九二〇二三年的中國「祭祖之行」清楚標示出兩個「路徑」，而此兩個路徑也清楚指向兩個「根源」。第一個是「血統」根源，二〇二三年清明前夕馬英九乃是第一次回到中國湖南省湘潭縣白石鎮老家「祖墳」祭祖，此「祖墳」乃其「祖父」馬立安的墳墓，而非「歷代祖先」之墳墓。馬英九率四位姊妹立於祖父墳前，以湖南話唸祭文，強調父親馬鶴陵如何愛鄉愛國、投筆從戎，加入抗日戰爭行列，後輾轉來台；而其自身又如何遵循祖父家訓完成哈佛大學博士學業，並於民國九十七年與一〇一年兩度當選中華民國總統。[40] 就這篇滿溢「祖澤與孝思」的祭祖文而言，既是向已逝祖父報告家族的變遷與現況，且以自身光耀門楣的成就來安慰祖父在天之靈，也是藉此再次宣示其一貫「和陸、親美、友日」的政治立場與推動兩岸和平的努力，於公於私面面俱到。而第二個路徑標舉的則是「道統」根源。若如前所述，「統」之為「絲縷有紀」，凸顯的乃是一脈相承、世代相繼相續的系統，如血統、宗統、法統、道統等，那馬英九此行的自我「統」戰，不僅是要在湖南湘潭白石鎮祖父墳前上香祭拜，更是要赴南京總統府、國父孫中山先生故居、辛亥革命武昌起義紀念館、中央政治學校舊址、張自忠烈士陵園等，以及抗戰地點如拉貝故居、南京大屠殺紀念館、湖南大學抗戰受降地、重慶抗戰遺址博物館、張自忠陵園、四行倉庫紀念館等，其所祭所拜者乃是承繼自國父孫中山一脈相傳的「中國國民黨」之「道統」，而此「道統」路徑與前一「血統」路徑的最佳交集點，便是其父馬鶴凌出生湖南、參與抗日戰爭、輾轉來台、一生作為忠貞國民黨黨員的個人與家族歷史。

照理來說，此名正言順的兩個「祭祖」路徑，難道也有任何難局測試可言？首先，此次「祭祖」既是祭父之父（祖父），也是祭黨之父、國之父，前者自是中共「統」戰所號召的尋根祭祖，後者卻溢出中共「統」戰的權謀，彷彿形成了一種「一宗各表」的曖昧與尷尬。此「道統」之「宗」乃是循國父孫中山—民國政府—中國國民黨—抗日戰爭的脈絡「一脈相承」，顯然與中國共產黨的「道統」有互別苗頭之處。馬英九在「家族血統」上「認祖歸宗」，卻似乎在「國族道統」上與中華人民共和國的論述分道揚鑣，各認各的祖，各祭各的宗。而更值得觀察的則是昔日在清明前夕於台北圓山「國民革命忠烈祠」、以最隆重莊嚴的儀式親臨主祭「中樞遙祭黃帝陵典禮」的馬英九，此次卻未如媒體所預測或陝西地方政府所期待親赴黃帝陵祭拜。不論是因為事涉敏感或路途遙遠、不便安排的各種可能原因或說辭，顯然此次馬英九的「國祭」，不放在「一宗原則」的最「宗」點陝西「黃帝陵」，而放在南京「中山陵」。但偏偏馬英九在拜謁中山陵時的公開講話，卻又指稱兩岸人民同屬「中華民族」，都是「炎黃子孫」，而被國內外媒體大幅報導與放大檢視。[41] 此「中山陵」非彼「黃帝陵」，但此「中山陵」又是彼「黃帝陵」，明明人在「中山陵」的馬英九，依舊以語言行動遙寄「黃帝陵」，既是地理意義上千里之外的文化／觀光勝地，也是歷史意義上千年久遠的黃帝神話起源之地。

而此次馬英九「祭祖之行」在「一宗原則」上所呈現的另一弔詭，則是在家族—宗族—國族想像連續體之上，一反國父孫中山對「宗族」之強調，直接從「祖父」連接「國父」（孫中山），從「父祖」連接「始祖」（黃帝），而「宗族」所涉及的「宗統」、「宗祖」、「宗廟」、「宗祠」、「族譜」等，皆盡量無涉。因而當我們在檢視馬英九「祭祖之行」之時，既要看其去了哪些地方，也要看其沒去哪些或許也應該去的地方。馬英九此行未赴河北邯鄲紫山祭拜「世界馬氏祖源地」，即便其父馬鶴凌生前曾於二〇〇五年清明節以八十七歲高齡率台灣馬氏宗親、親赴邯鄲紫山尋根祭祖，立於馬氏始祖趙奢墓前，緬懷祖先，即便馬英九自身也一再強調中華馬氏的始祖乃戰國時期名將趙奢，因功被封於馬服，子孫以「馬服」為姓，再簡化為單姓「馬」。[42] 馬英九此行也未赴福建清流縣賴坊南山馬氏宗祠祭拜，此建於明朝中期、號稱馬英九「祖家」、「祖祠」的南山馬氏宗祠，供奉南山馬氏入閩始祖馬發龍，亦為閩西「客家」馬姓入閩始祖。該宗祠自稱馬英九的先祖曾五代居住清流南山，後輾轉遷往湖南衡陽，故馬英九乃是馬發龍一脈第三十四世裔孫，也清楚載於族譜，而據聞馬英九也曾派代表赴清流縣南山獻祭，表達對始祖的尊崇。[43]

在此我們當然不是要以這些本就不排在行程之中的「祭祖」地點來刁難馬英九，而是這些「祭祖」地點更增添了馬英九在「祭祖」上的「難局」，此難局不只發生在二〇二三年的中國「祭祖之行」，也早已發生在二〇二三年之前馬英九在台灣的各種「祭祖之行」，早已讓「根源」變「路徑」，讓民族始祖、得姓始祖、入閩始祖、來台始祖成為「遍地祖宗而終無所宗」的尷尬。那接下來就讓我們看看在二〇二三年清明前後親赴中國湖南湘潭「祭祖」的馬英九，過去在台灣都是如何「祭祖」的？其雙親先後在台過世，骨灰罈皆奉於台北木柵富德公墓，故清明前夕馬家人乃是一同前往該地掃墓祭祖。如前所述，馬英九在八年總統任內曾六次於清明前夕親赴台北圓山的「國民革命忠烈祠」，擔任「中樞遙祭黃帝陵典禮」的主祭。而清明節當日，馬英九則多是親赴桃園大溪兩蔣陵寢獻花行禮。此從家祭、黨祭到國祭，從祭父母、祭兩蔣到祭黃帝，貫穿血統、宗統、法統與道統的實際行動，皆在在展現馬英九對祖宗祭祀、慎終追遠的強烈信念。

但除此之外，馬英九還有一個非常著名的「祭祖」行程，便是自一九九四年起每年春節親赴苗栗縣通霄鎮楓樹里馬家庄祭祖。此祭祖的「相認」關鍵在於馬英九聲稱偶然發現馬家庄老房子的堂號是「扶風堂」，而他父親祭拜祖先用的紅紙寫的正是「扶風馬氏歷代祖先神位」，故他認為他與馬家庄隸屬同源同宗，每年大年初二都要「回娘家」、親赴通霄馬家庄祭祖。當然我們好奇「祭祖」為何會與「回娘家」相連結，或許清明前後行程太滿而年三十、初一要在自家祭祖，也或許苗栗縣通霄馬家庄的「先祖」沒有那麼「親近」（「扶風堂」乃是全球馬姓的固定堂號之一），但其企圖透過客家「馬家庄」與苗栗鄉親、更進一步與全台「客家」族群沾親帶故的政治動機與選票考量，也是不難理解。馬英九就曾自豪其在苗栗縣競選總部用客家話向民眾問好，甚多苗栗縣民也把他當成「鄉親」看待，「還有人幫他填上『台灣苗栗』的籍貫，讓他到苗栗有回家的感覺」。[44]

馬英九的籍貫當然不是真的從「湖南湘潭」在地化、本土化為「台灣苗栗」，但能透過「扶風」作為郡望堂號而在台「認祖歸宗」，馬英九自是非常珍惜其與苗栗通霄客家「馬家庄」的連結，而「馬家庄」也因此成為轟動一時的文化觀光勝地。但此連結也同時錯亂了馬英九自承馬家宗脈的路徑。[45] 一個是其父馬鶴凌所代表的

「河北邯鄲（始祖春秋趙奢）—陝西扶風（始祖東漢馬援）—江西永新—湖南湘潭—台灣」路徑，另一個則是苗栗通霄客家「馬家庄」所凸顯另一宗馬氏南遷「福建連城—廣東五華—廣東陸豐—台灣」（與客家祖籍多閩西、閩南、粵東相吻合）的路徑。[46] 若再加上福建清流南山馬家宗祠所號稱「福建清流—湖南衡陽—湖北湘潭—台灣」的路徑，則可發現馬英九尋根祭祖「路徑」之紊亂，不僅只是北方馬氏／南方馬氏／台系馬氏之分合與由北往南、由南往北、由東往西、由西往東的各種反覆遷移，也不僅只是得姓始祖、望出祖、始遷祖、入閩始祖、來台開基祖的「遍地先祖」，更是「血統」上的最終／宗無法一統。而在馬英九執政期間，其「客家」認同亦不斷被本土派人士刻意打臉。苗栗縣政府曾委託文史工作者調查馬英九與苗栗縣通霄鎮馬家庄的關係，研究報告指出馬英九與通霄馬家庄乃不同的血緣系統，並無直接證據證明馬英九與馬家庄有任何「宗族關係」，也無法證實馬英九有「客家血統」。[47]

看來馬英九不論是在台灣或是在中國尋根祭祖，其所遵循的「一宗原則」，竟可以如此「根源」化為「路徑」、「路徑」化為「根源」，相互紊亂而無法一統，但似乎總還是可以祭出最終／宗法寶，亦即「中華民族」、「炎黃子孫」的「萬變不離其宗」。但不幸的是，「馬」姓本身總已充滿多民族、多源流的弔詭，除了可以是「嬴姓」—「趙姓」—「馬姓」的一連串改姓，[48]也可以是「他姓改姓」，更可以是「他族改姓」，尤其是少數民族改姓，如「十回九馬」的通俗表達。台灣醫學專家陳耀昌就曾指出，「馬」姓來源之一，本就是「穆罕默德」（Mohammed）之「穆（Mu）」之漢語化，他聲稱馬英九或許是漢朝將軍馬援之後（漢族馬氏），但也有可以能是新疆馬氏或雲南馬家之後（回族馬氏），而馬英九的「五官俊秀」，或許正因為他有漢人以外的血統。[49]然我們此處旁徵博引的用意，並非意欲探討或猜測馬英九是否具有客家血統或回族血統，而是希望藉此鬆動「一宗原則」尋根祭祖不疑有他的確切性與真確性，看到「同根同源、同文同種（同宗）」之中各種「一宗各表」的根源／路徑紊亂與「各表一宗」的可能血統紊亂，任何想要「宗其宗而無冒他人宗，祖其祖而無捨自出之祖」的意圖與努力，恐皆非易事。

看完了馬英九認祖歸宗的不確定，接下來就讓我們看看前總統陳水扁的「祭祖難局」。話說在台灣並非只有國民黨高官要員赴中國祭祖，民進黨亦不乏去中國尋根祭祖者。其中最有名的畫面，莫過於曾任行政院院長的謝長廷於二〇一二年親赴福建漳州市東山島謝氏宗祠祭祖時的激動落淚。[50]但民進黨更有趣的案例，乃是不曾親赴中國祭祖、卻鬧出錯認祖宗「烏龍」事件的前總統陳水扁。二〇〇〇年陳水扁託人去中國尋根，被告知祖宗「陳烏」、祖籍乃福建詔安縣太平鎮白葉村的客家莊，自此陳水扁便以「客家」後裔自居。二〇〇五年陳水扁台南老家官田西庄陳姓宗親會修族譜，才發現陳水扁的「祖籍」並非福建詔安縣白葉村，而是福建詔安縣長田保磁窯村，祖宗乃「陳烏」而非「陳烏」。長田保磁窯乃詔安三都河佬話地區，白葉村則是二都客家話地區，故「陳烏」與「陳烏」的差別，不僅在於白葉村與三都磁窯村孰為「祖籍」最終歸屬的差別，也在於前者為客家、後者為福佬作為「族裔」最終歸屬的差別，於是陳水扁又從「客家人」重新回歸到「福佬人」。51

而在此錯認祖宗「烏龍」事件正本清源後，二〇〇六年陳水扁便以總統之尊擔任台南縣官田西庄老家首次祭祖儀禮的主祭官，獻禮祭拜第一代的來台開基祖陳烏。開基祖陳烏來自中原福建詔安地區，係康熙年間到台灣諸羅邑三都村二泰爺港部落定居，而此次乃西庄陳氏三百二十年來首次舉行的宗親祭祖典禮。而身為開基祖陳烏第九代孫的陳水扁，也藉此祭祖典禮澄清昔日在中國尋根卻錯認祖先之事：「陳水扁說，他小時候曾爬上神明桌，翻看『公媽牌』背後，看到『福建』、『詔安』等字樣；當上了總統，就有人開始幫他尋根。有人說他來自白葉村，有人說他是河洛村，也有人說他是磁窯村，連他自己也幾乎『花煞煞』；但無論如何，官田就是他的家，他絕對不會認錯祖先」。52

陳水扁此處所坦承的「祭祖難局」，絕不僅止於其在中國溯源「祖先」的錯「宗」複雜而「花煞煞」，也不僅止於幽默帶出跨海尋根祭祖上可能出現的荒謬與鬧劇，更有積極意義上的破與立。當他強調「官田就是家」、「台灣就是根」時，乃是將「祖先」裂解為「唐山祖」與「來台開基祖」、前者是「本」、後者是「根」；前者是「祖籍」、後者是「本籍」；前者是「中國福建詔安」、後者是「台灣台南官田」；前者有可能因時代久遠而錯認，後者則是千真萬確的家鄉故土，而更關鍵的是，前者遠遠不及後者來得重要與切身。此「落地生根，絕不忘本」的立場，既給出了陳水扁跨海尋祖的合理解釋（慎終追遠不忘本），也強化了其落地台灣、認同鄉土的政治主張。

但陳水扁的「祭祖難局」卻沒有因認同台灣鄉土的政治正確而停歇，顯然是因為仍然有人認為這樣「唐山祖是本、來台祖是根」的政治正確，還是不夠正確。如果馬英九因「扶風」堂號而每年大年初二赴苗栗通霄馬家庄祭祖，並藉此聲稱擁有客家人血統，如果陳水扁因祖先「陳烏」與「陳鳥」的一筆之差，也一度誤認自己為客家人後裔，那從「祖先」、「祖籍」、「族譜」一路以降可以不斷重新調整的「認祖歸宗」，究竟是強化了「一宗原則」的族裔血統純正、抑或「一宗各表」、「各表一宗」的族裔血統與種族血緣紊亂呢？[53] 如前所述，醫學專家陳耀昌曾就馬英九的姓氏與五官，提出了其是否擁有回族血統的揣測，然其出發點乃是正面肯定而非負面攻訐，希望藉此凸顯台灣之為「混血雜種」的複雜性與多樣性。而一度由「客家」重新歸返「福佬」的陳水扁，其「福佬」血統又該如何被看待呢？若就陳耀昌的《島嶼DNA》研究，五胡亂華（三〇四—四三九年）時，東晉南遷，林、黃、陳、鄭、詹、邱、何、胡「八姓入閩」，而今之福建人乃父系漢人、母系百越之後裔。[54] 換句話說，即使回歸「福佬」血統的陳水扁，恐怕依舊有著中國少數民族「百越族」的血緣，「族裔」（福佬）血統的純正顯然不能真正保證「種族」（漢族）血緣的純正。

但這樣的「混血雜種」說恐怕還是不夠政治正確，因為其似乎仍可溯源到中國南方的少數民族，如何拉出一條陳水扁與台灣「原住民」的血源連結，恐怕才是「血獨」（台灣血統獨立）人士處心積慮之所在。此處我們可以取網路上流傳的一份〈扁之血統〉為例，重點不在分辨其所言是真是偽，重點在端詳其由「血獨」到「台獨」、誓死反對台灣人是「炎黃子孫」的政治意圖。該文指出爭辯陳水扁的客家人血統毫無意義，因為都還是繞著中國福建詔安之為祖源地打轉，反而是應該回到陳水扁老家台南縣官田鄉西庄村的地理位置一探究竟。此地四面為「番」，陳水扁的祖先陳烏，應是乾隆年間改漢姓的「漢化祖」，而非乾隆年間渡海來台的「來台祖」。故陳水扁不是客家人，也非福佬人，而是幾千年前來自屏東小琉球的麻豆社西拉雅平埔族。該文作者甚至建議取麻豆社人遺骸驗DNA來讓陳水扁認祖歸宗。[55]此說法之所以清堅決絕，乃是讓陳水扁尋根祭祖的爭議，從陳烏／陳鳥、福佬人／客家人之分別或「本」在福建詔安／「根」在台南官田之分裂，直接跳到所有台灣的福（和）佬人和客家人都不是來自中國的移民，而都是被強迫漢化的在地原住民（平埔族），以此堅持、堅定、堅決主張台灣與中國絕不可能有來自「兩岸一家親」的相同血緣。

五・祭祖的「姓／性別麻煩」

談完了兩位男性前總統的「祭祖難局」之後，本章的最後就讓我們來看一看中華民國第一任女總統蔡英文的「祭祖難局」，看其為何乃「血緣」上最政治正確

（多族裔、多種族）但在「血統」上恐最不政治正確的案例，看其「性別麻煩」如何讓原本台灣的「祭祖難局」難上加難，但卻也同時成為最能夠展現「宗法父權」在國／家之間的連續與斷裂，也最能帶出台灣在「祖宗」、「祖籍」、「祖國」上的一團紊亂，以及此無法一統的一團紊亂，如何有可能給出台灣在「數典忘祖」、裂變宗法父權上的最大潛力。蔡英文在其自傳《洋蔥炒蛋到小英便當：蔡英文的人生滋味》中言道，父親蔡潔生乃屏東縣枋山鄉楓港客家人，母親張金鳳閩南人，祖母則是屏東縣獅子鄉的排灣族原住民，而她在台北出生長大。故就原生的血緣親族而言，蔡英文的「血緣組成」乃是同時具有福佬、客家與原住民，當是較「攀附」苗栗通霄客家馬家庄的馬英九、或一時不察錯認祖先而自詡客家人後裔的陳水扁，更具有正字標記的客家人血緣。而其與排灣族原住民的血緣連結，更讓她在二〇一七年出訪南太平洋友邦馬紹爾群島、吐瓦魯、索羅門群島等國的行程，被彼時外交部定位為「尋親之旅」：「和我們一樣皆是南島語族大家庭的一份子」。此充滿政治操作意味的血緣推理邏輯，無非是台灣乃南島民族的祖居地或最早擴散地，台灣原住民乃南島語族，甚至更有英國學者指出排灣族與其他東南亞及大洋洲族群的基因序列較為接近。[56] 有著排灣族血緣的蔡英文出訪大洋洲友邦國家，自是另一種種族血緣上的「大洋一家親」，足以與中共統戰「兩岸一家親」來劃「親」界限。

但「血緣組成」終究不同於「血統祖承」。在「血緣組成」上最為政治正確的蔡英文（既有福佬漢人與客家漢人的族裔多元，又有漢人與原住民的種族多元），為何會在「血統祖承」上變得難以政治正確了呢？蔡英文不曾像馬英九親赴中國祭祖，也不曾像陳水扁託人赴中國尋根，雖然其家族曾表示祖先來自廣東梅縣，卻從未有任何尋根祭祖的企圖或行動。[57] 蔡英文更曾驕傲自信地表示，「馬父親馬鶴凌骨灰罈上寫的是化獨漸統，可是我父親墓碑上寫楓港（屏東地名）」。[58] 此番話語乃一邊指向父—子一脈相承的家國認同（批評馬鶴凌到馬英九皆無台灣認同），另一邊則指向父—女一脈相承的家國認同（強調蔡潔生到蔡英文的台灣認同）。我們當然可以質疑「化獨漸統」作為一種可被詮釋的政治立場，為何就直接等於不認同台灣，為何若有不認同台灣的父親，就必然有不認同台灣的兒子呢？但更讓我們好奇的，乃是為何在墓碑寫上台灣地名，就是認同台灣了呢？此必須從蔡英文家族「堂號」的「去中國化」談起。蔡英文家族在屏東楓港祖墳的堂號為「濟陽」（中國古代濟陽郡，乃是全球蔡姓的郡望堂號之一，一如「扶風」乃是全球馬姓的郡望堂號之一），祭拜的是「蔡府歷代祖先」（修繕於民國九十七年）；蔡英文家族在新北市新店家族墓園墓碑上的堂號為「楓港」，祭拜的是蔡英文之父蔡潔生（歿於民國九十五年）。而此由「濟陽」（郡望堂號）改「楓港」（自立堂號）的決定，自是意欲凸顯其家族對台灣的認同，不再依照傳統民俗讓墓碑上出現中國地名（郡望堂號），不願混淆後代子孫的認同，也更是由此斷開「血濃於水」、「炎黃子孫」、「兩岸一家親」的中共「統」戰。

但當蔡英文驕傲地說「我父親墓碑上寫楓港」的同時，我們也不要忘記同一塊墓碑上的另一行字「男五大房立石」。如果說「濟陽」改「楓港」乃是違反了台灣墓碑民俗傳統慣用的中國堂號，那「男五大房立石」則是嚴嚴實實遵循了台灣墓碑民俗傳統的「宗法父權」習俗。蔡英文之父蔡潔生有四位配偶、十一名子女，蔡英文乃是么女。墓碑上的「男五大房立石」，指的自是蔡英文的五位兄長，即便其中一位早已在美國車禍過世，仍被視為一「房」。「房」乃兒子相對於父親的身分，凸顯的乃是「男系原則」（女子不稱房）與世代原則（兒子對父親才構成房關係）。[59]「男五大房立石」顯然是將蔡父的六名女兒徹底排除在外，自然也包括彼時擔任行政院副院長的蔡英文在內。兄弟姊妹之為「同胞」內含「宗法階序」，此處的「性別差異」，不是直接歧視女人，而是以父系男性血親所建構的世系傳承

「房」為核心，區分出有權承繼與無權承繼「祖宗祭祀」的兩種位置，「男五大房」有權，而六個女兒則無權。故「男五大房立石」不是「血緣」問題（兒子與女兒有相同或類同——同父異母或同母異父——的血緣），而是「血統」問題（男系才稱房、才承嗣與承祀）。表面上的重男輕女、性別歧視，實則緊緊扣連著宗法父權「承祀——承繼——承業」的「血統」規範。[60]

同樣的宗法父權邏輯與其所產生的性別政治弔詭，也出現在蔡英文極為少見的「祭祖之行」。二〇一一年總統大選前夕蔡英文趕赴金門瓊林蔡氏宗祠，身披「主獻官」紅條，在蔡氏宗親的簇擁之下獻禮祭祖，不僅表達了對慎終追遠、崇敬祖先之重視，更自期明年能出一位蔡姓總統來「光宗耀祖」。[61] 二〇一五年六月十四日蔡英文再次啟動金門瓊林蔡氏「祭祖之行」，為二〇一六年總統大選拉票，此次蔡英文已從瓊林蔡氏族人口中的「屏東鄉親」轉為「宗親」，歡迎布條上更被尊為「宗姐」。二〇一六年九月十一日蔡英文以總統身分再赴瓊林蔡氏宗祠祭祖兼謝票，尊古禮向蔡氏祖先致敬並報告當選總統的心境，當地媒體也以〈千年首位總統瓊林蔡氏家廟祭祖〉熱烈報導之。[62]

為何是金門瓊林蔡氏宗祠呢？此乃直接涉及蔡英文的「姓別」。金門「蔡」氏主要分為濟陽派和青陽派兩大派系，而濟陽派乃是以瓊林蔡氏為主。根據《浯江瓊林蔡氏族譜》〈瓊林蔡氏遷移重修族譜序〉所載，「其入閩也，當在五季之初，已遷於同（同安）之西市，又遷於浯之許坑（今金門鎮古崗村）。贅於平林（今瓊林村）之陳，則自十七郎始」。[63] 瓊林蔡氏的「根源」在光州固始縣（今河南信陽），其「路徑」則是五代時期入閩，遷於福建同安西市，再遷金門許坑、金門平林，時間約為南宋初年。故蔡英文「祭祖之行」所在地的瓊林蔡氏宗祠，自是源遠流長、大有來頭，早被指定為台閩地區第二級古蹟。而其與中國歷史地理的緊密關係更可說是「絲縷有紀」：瓊林蔡氏祠堂（或稱新倉上二房十一世宗祠，簡稱十一世宗祠），始建於清道光二十年（一八四〇年），而「瓊林」舊名「平林」，位於金門島中央，乃明熹宗皇帝御賜「瓊林」一名而沿用至今。[64] 如今金門瓊林蔡氏不僅擁有全台閩南文化保存最完整的瓊林聚落及蔡氏家廟，其依古禮的家廟祭祖儀式，更以凝聚宗族、傳承文化著稱全台。

而蔡英文的金門瓊林「祭祖之行」，最啟人疑竇的當然是一心一意想要「去中國化」、並自豪父親墓碑的堂號已從「濟陽」在地化為「楓港」的蔡英文，為何會去金門瓊林蔡氏宗祠祭「濟陽」的宗祖？「楓港蔡」到「金門蔡」去認祖歸宗，難道也是一種反統戰的「統」（絲之端緒）戰、反「兩岸一家親」的另類「兩岸一家親」（金門至今在中華民國憲法上仍屬福建省，與台灣島之間隔著台灣海峽）？此貌似自我精神分裂的「祭祖難局」，在台灣顯然還是可以用選舉與選票的考量一筆帶過。湖南湘潭的馬氏循著「扶風」堂號找到了號稱「同源同宗」的苗栗通霄客家馬家庄，屏東楓港的蔡氏自然也可以循著「濟陽」堂號找到了號稱「同源同宗」的金門瓊林蔡氏祠堂。此亦或可解釋為何彼時（二〇一一年）身為民進黨主席、總統候選人的蔡英文，也隨後旋踵出席了唯心宗總本山禪機山仙佛寺的「中華民族祭祖大典」，並在祭祖大典上行「三獻禮」儀式並朗讀祭祖文。[65] 顯然標榜以「楓港」置換「濟陽」以「去中國化」的政治主張，依舊未能擋下必須承擔選舉勝敗的蔡英文，展開在選前奔赴金門瓊林「濟陽派」蔡氏宗祠的「祭祖之行」，或毫不避諱地出席「中華民族祭祖大典」並公開獻禮奠祭。

但如果蔡英文的「姓別政治」讓我們看到金門瓊林「蔡」氏宗祠「祭祖」的象徵意義與選舉考量，那蔡英文的「性別政治」也讓我們看到此「祭祖之行」所涉及的宗法父權部署。二〇一一年蔡英文首次赴金門瓊林蔡氏宗祠「祭祖」之時，原本宗族之內就有質疑聲音，主要是針對蔡英文的女性身分，而蔡英文在祭拜後也清楚表示「宗祠平時不允許女性祭拜，但今天特別破例讓一個女性參拜，她期望這不是破例而已，而是一個新的開始」。[66] 金門瓊林蔡氏宗祠（家廟）的祭拜，傳統是以族長擔任主祭，族之長者四至六人陪祭，族之男丁則依長幼之序與祭，行跪拜之禮，而「婦女則不與焉」。[67] 此「婦女不與祭」的千年傳統，絲毫無足為奇，乃是嚴格遵循宗法父權在父系男嗣「祭祀—繼嗣」的「一宗原則」（宗乃「尊祖廟也」，祖廟之內立「示」以祀之），而蔡英文父親墓碑上的「男五大房立石」，不也同樣來自父系男嗣「祭祀—繼嗣」的「一宗原則」。雖然金門瓊林蔡氏宗祠曾為蔡英文暫開方便之門，但此「破例」顯然未能如蔡英文所願形成一個「新的開始」，「宗姐」蔡英文的家廟宗祠主祭，依舊是前無古人，後無來者。[68]

親赴金門「濟陽派」瓊林蔡氏的「祭祖之行」，讓蔡英文「濟陽」改「楓港」的「去中國化」破功，讓堅決反對「一中原則」的蔡英文，如此不察個中的「一宗原則」。而與此同時，此「祭祖之行」更暴露出蔡英文作為「象徵女人」（token woman）的尷尬，既是「千年首位總統瓊林蔡氏家廟祭祖」的光宗耀祖，也是「千年」首位「女性」擔任蔡氏宗祠主祭的特例，完全無法撼動宗法父權「一宗原則」下「婦女不與祭」的姓／性別部署。作為中華民國首位女總統，蔡英文任內乃是從中樞到各地廟宇毋庸置疑的「主祭官」、「主獻官」，在此「公」領域「總統」的位高權重，讓「性別」得以暫時或被迫存而不論。但回到「私」領域的家族事務，主其事者為兄長，一如父親墓碑上「男五大房立石」所示，管國家大事的女總統，管不了也不能管家族大事。對宗法父權的姓/性別部署而言，蔡英文的「性別麻煩」，顯然極為巨大，也極為渺小，極為長遠，也極為短暫，其究竟能發揮多少顛覆撼動的潛力，仍有待觀察。[69]

本章從「統戰」難局切入，帶出「統」的雙重與裂解、「統」本身的無法一統，並嘗試從文字學的角度概念化「合統」與「宗統」的差異微分。接著再從中共對台「統」戰的關鍵字「祖國」，爬梳六次〈告台灣同胞書〉中的「祖國」難局，再一路談到台灣三位前後任總統作為實際分析案例的「祭祖」難局。行文真正處心積慮之處，不在於力斥中共統戰之陰謀詭計或貶抑跨海尋根祭祖的徒勞無功，也不在於臧否個別政治人物的家族歷史，而是希望最終能回到台灣的政治、文化、社會與生活場域，看到台灣自身在「尋根祭祖」上的精神分裂，看到「一中原則」與「一宗原則」的互為表裡，看到宗法父權在「祭祀—繼嗣」與「姓/性別政治」上的千年部署與延至當下的陰魂不散。然而在過去七十多年來，所有檯面上有關「統一祖國」的是拒是迎，都沒有任何「宗法父權」的姓／性別批判面向，而祖國之「祖」與祭祖之「祖」，也未曾有政治與文化概念上的徹底會通。本章所自／字創的「一宗原則」，正是要凸顯「祖國」作為政治統戰與「祭祖」作為踐履行動之間的弔詭依存關係，以女性主義「宗法父權」歷史批判的角度，重審兩岸風雲詭譎的「祖國」論述與爭議不斷的「祭祖」交流，讓女性主義的「拒統」不至淪為只是政治立場上的統（統一）／獨（獨立）宣示，而是「統，絲之端緒」、「父之黨為宗」的宗法父權批判，反「統」戰、反「祖」國、反民族始「祖」、反姓氏萬流歸「宗」，更希冀在反中共「統」戰的同時、也反台灣的自我「統」戰，以期避免「一邊一國，都是宗國」的弔詭。唯有透過一次又一次的「祖國」難局與「祭祖」難局的測試，我們或可知曉「萬變不離其宗」的「統」戰（炎黃子孫、血濃於水、兩岸一家親），乃是與「其宗早已萬變」的反「統」戰同時發生、進行與相互反轉，而得以在當前兩岸的「祖國」論述與「祭祖」交流之中，另闢更具「根源」批判力道的逃逸「路徑」。

結語

止戰、反戰、反反戰

《止戰》一書從「止」之為「難局」切入，既可以是「邁步向前」迎向戰爭，也可以是「停住不動」止息戰爭，更可以是直接踩在戰爭的邊界極限之上「停也，足也，禮也，息也，待也，留也」。其之所以不同於當前檯面上的主流兩岸戰爭論述，正在於《止戰》一書的思考九拐十八彎，乃是纏繞在「難局」所帶來的「不確定性」，企圖以「不確定性」來解構所有主戰／主和作為「確定性」的指稱與擇選。「難局」不在「此路不通」處找到自此暢行無阻的通路，「難局」是要在困惑不安處啟動差異思考。

所以面對隨時兵凶戰危的兩岸關係，我們不去問「要戰爭，還是要和平」，因為「以戰止戰」的邏輯早已顯示，和平不在戰爭之外，戰爭也不在和平之外，「要戰爭」與「要和平」並非二元對立，而是彼此纏繞，故任何二選一的確切抉擇並無多大意義。中國企圖以武力嚇阻來維持和平（嚇阻台獨與境外勢力，維持兩岸和平統一的前景）；台灣也企圖以武力嚇阻與美台同盟來維持和平（嚇阻中國的侵略，維持兩岸和平穩定的現狀）。兩岸都標舉和平為理想，卻不斷朝戰爭前進，以「積極備戰」、「不惜一戰」來「以戰止戰」。故「止戰」的難局測試，就是要讓我們弔詭地看到所有終結戰爭的思考，都有可能成為鞏固戰爭的思考，「止戰之戰」不會有盡頭，也不會有終結。故「止戰」的不確定性，不在於戰爭是否會發生、戰爭何時會發生、戰爭將以何種形態發生等外在因素的干擾變動，「止戰」的不確定性在於戰爭本身的不確定：「要戰爭」無法與「要和平」涇渭分明，「要戰爭」既是且是「要和平」，「要戰爭」也既非且非「要和平」。

就如同台海兩岸都要和平，但台海兩岸卻長期處於「以戰止戰」的軍事敵對狀態，且有越演越烈的趨勢。美中台三邊嚇阻所運用的「戰爭邊緣策略」，變得如此這般如影隨形、如真似幻。原本「戰爭邊緣策略」之為策略，就是要使危機升級到接近戰爭的狀態來嚇阻對方，其最可怕之處就在於當一個被刻意創造的風險，已越來越逼近風險失控的邊界極限，但偏偏越是可怕越是成功，沒有失控的最大風險，也就沒有嚇阻威懾的最大效力。因而「完全掌控」與「完全失控」，都沒有賽局博奕的可能；戰爭不可兒戲，但當代的戰爭就是也必須是一場賽局博奕，一場在掌控與失控之間的賽局、一場充滿停止不動／邁步向前、攻勢／守勢不確定性的博奕。於是乎我們被迫在一波接著一波的戰爭緊鑼密鼓中，擺盪在策略與實戰、真實與擬像、挑釁與節制之間，我們是否還能夠判斷戰爭是不是仍在遠方，還能夠分辨鐘聲是不是為我們而敲響。

同理可推，在「以戰止戰」的嚇阻策略中，任何「要外交與談判，不要軍備競賽」的呼籲也終究徒勞無功。其表面的問題在於倡議者很輕易就被套上「反戰」、「投降」、「中共同路人」、「侵略者幫凶」的帽子，但更深沉的問題乃在於「賽局理論」的嚇阻邏輯，展現軍事肌肉正是外交的一環，軍事實力乃是外交談判最重要的籌碼，美中兩大強權之間一回吵一回談，一回挑釁一回理性，一回翻臉一回重回談判桌，兩邊顯然都是將兩手策略運用到了出神入化的境地，只剩夾在中間的台灣，一臉茫然，還要被各種激情叫喊的「要戰爭，還是要和平」、「反戰就是投降」、「台海終須一戰」所不斷催逼、不斷侵擾。

所以《止戰》談兩岸戰爭，既談實體戰爭，也談隱喻戰爭，從軍事武裝衝突、戰爭時間表、軍購爭議，一路談到「防疫視同作戰」的疫戰與「兩岸一家親」的統戰，有對台灣當下動態的深切關注，也時時希望拉出具有理論視角的批判思考。故從「不確定性」出發的《止戰》一書，其自我定位乃是「兩岸戰爭的哲學思考」，不求立即的正確解答或清晰的方向指引，也沒有拍板定案的是其所是、非其所非，而是希望能保持不確定性，向時間的未來性開放，讓思考本身永遠攜帶著一個始終在進行的摺曲、轉向與變形。於是《止戰》讓「止戰」模擬兩可，曖昧不可譯，無法一詞一義(譯);《止戰》讓「止戰」沒有斬釘截鐵的陳述,以便能帶出完整之不可能,在場之不可能;《止戰》也是讓「止戰」無法終止戰爭,卻企圖在所有的確定性之中,看到不確定性的纏祟;《止戰》更是讓「止戰」既是毒藥又是解藥、既是戰爭又是和平、既是「此路不通」又是「多孔滲透」。或許唯有透過這樣基進不確定性的思考難局,我們才能在當下台灣談論兩岸戰爭的可能與不可能,才能展開思考的弔詭、矛盾、兩難與困局,而非被迫立即選邊站而開始彼此攻訐、互扣帽子。

在《止戰》一書的結尾,就讓我們來回顧一下書中四個主要章節所分別嘗試展開的難局測試。第一章〈戰爭的未來完成式〉乃是對「未來完成式」作為「時間難局」所進行的思考測試。「未來完成式」所展現的時間弔詭,本就是既「尚未」發生(未來式)又「已經」發生(過去式)。而「未來完成式」的動詞時態「將已」,既包括「將」作為「前瞻」的不確定性,也包括「已」作為「回顧」的確定性,而「已」作為「回顧」的確定性,又是在「將」作為「前瞻」的不確定性之中的「虛擬」可能,「一個尚未到來的已經」、「一個未來的過去」或「已經發生過的未來,或發生過卻從未發生的過去」。

此「時間難局」的測試，自是有助於我們理解「未來完成式」為何得以滿足當代後結構主義對流變、事件、不可預期性的偏嗜。此時的「未來」已成為「將來」（futurus, le futur）與「將臨」（adventus, l'avenir）的分裂與雙重，前者乃是「從現在前往未來」（時間的前進運動），服膺「過去—現在—未來」的線性時間進步觀；後者則是「從未來回返現在」（時間的回返運動），指的乃是未來的不可預期，將自尚未發生處將臨。而「未來完成式」來自文法時態與來自當代理論演繹的「時間難局」，正是要幫助我們重新回到當下的「台海戰爭時間性」，嘗試挑戰並企圖破解「台海終須一戰」作為終極目的論的魔咒，也嘗試給出「戰爭預言」（第一種「未來」之為線性時間的「將來」）與「戰爭讖言」（第二種「未來」之為非線性時間的「將臨」）之間的差異政治與倫理抉擇。

第二章〈病毒、台海戰疫與攻擊欲力〉則是聚焦有關「攻擊難局」的測試。就精神分析而言，攻擊欲力來自自我保護、自我防衛的生存本能，但攻擊欲力一旦啟動，卻又無可避免地易於導向死亡、終結與毀滅，此欲力本身即是一種既為生又求死的弔詭。而就兩岸關係而言，中國的文攻武嚇乃是「攻擊欲力」的強勢展現，但台灣作為弱勢者、受害者，卻一點也不能避免其同時成為「攻擊欲力」的施作者、執行者，且更能順理成章將攻擊欲力合理化為一種對攻擊的反攻擊，合理化為一種護衛台灣、捍衛本土的自我防衛，以其人之道還治其人之身的以戰止戰、以暴易暴。而此「攻擊難局」晚近最具體而微的案例，便是台灣在新冠疫情期間所展現的歧視、汙名化與充滿「反中」、「仇中」情緒的仇恨語言，讓三年多的「台海戰疫」同時陷入實體軍演的威脅與文字隱喻的槍林彈雨。但若「攻擊欲力」無法自我消解、化為無形，那經由「攻擊難局」的測試所能提醒的，或許正在於如何將攻擊欲力導向「抵抗的非暴力形式」，將憤怒轉化為抗辯、抗議、抗爭的非暴力行動，而不是將攻擊欲力導向「暴力模式」的語言攻擊、肢體攻擊與仇恨犯罪，更不是導向足以全面燃起對毀滅與死亡潛在欲力的戰爭狂熱與軍事衝突。昔日我們有「反共不反中」（反對極權政府，支持中國人民）的思辨討論，今日我們也可以有「抗中不仇中」的思考行動，讓「非暴力」與「暴力」模式有被差異區分的可能。就如同第一章所寄望的「闕言不預言」，第二章想要推動的「抗中不仇中」，皆是希望讓未來之為「開放異質」與未來之為「目的終結」有被差異區分的可能。

第三章〈小心「地雷島」？〉則是嘗試處理「境外難局」。「境外」是指台灣海岸之外、國界之外、還是邊境之外呢？中國是台灣的「境外」嗎？台灣是中國的

「境外」嗎？金門與馬祖是台灣的「境外」嗎？什麼是「境外」假訊息所可能造成的「錯誤認知」？什麼又是「決戰於境外」所可能形構的「拒絕認知」？這一切的困惑不解、猶豫不決，皆可由一樁既非最先進、亦非最昂貴的火山車載布雷系統軍購案牽引而出，牽引出台灣「地雷情結」中經年無法面對、持續難以處理的「境外難局」，牽引出「地雷—島嶼—戰爭」的重新想像與重新部署，更牽引出台灣本島「前線化」、「離島化」、「地雷島化」的焦慮與恐懼。「境外」不在，「境外」也無所不在，而「境外」的無法區辨，或許也正是「地雷島」的無法區辨，讓其得以如此魔幻般穿插藏閃於「實質字義」與「象徵譬喻」、「文字地雷」與「情感地雷」之中，既可指向殘酷無情的戰爭現實，也可指向內部壓迫的歷史記憶，更可指向在意識與潛意識之間浮沉起落的「拒認」心理機制。此或許正是「境外難局」對內／外、本島／離島、本我／他者作為二元對立的鬆動，也同時是對「基進平等」與「倫理政治」的可能召喚。

第四章〈祭祖與統戰〉則是從政治、文化、社會與日常生活場域，展開對台灣「祭祖難局」的測試，思考其為何無法由跨海不跨海、赴中不赴中來區辨其政治正確與否，也無法由唐山祖／來台開基祖／漢化祖來區辨其認同本土與否，更無法由種族意義上的「血緣多元」來判定其宗族意義上的「血統正宗」與否。「祭祖難局」讓我們看到台灣在「尋根祭祖」上的精神分裂，既可誓死反對「一中原則」，又可全心擁抱「一宗原則」；既可「去中國化」改「濟陽」為「楓港」，又可「再宗國化」循「濟陽」堂號跨海金門認祖歸宗。「祭祖難局」也讓我們看到在「祭黃帝陵」的「國祭」層面，「國共統一戰線」所展現的歷史弔詭與政治反諷，或是在台灣政治人物的「家祭」層面，看到各種根源／路徑的紊亂與無法一統的烏龍鬧劇。如果「祖國是理念，祭祖是實踐」，那究竟我們是要在「宗法父權」核心的「祭祀─繼嗣」傳承中力求改革，鬆動父系母不系、男系女不系、男祭女不祭的千年傳統，還是直接「打出幽靈塔」，徹底斬斷從「祖國」到「祭祖」的不斷召喚呢？究竟我們要如何區分親情與生命記憶相互銘刻的「掃墓」和抽象卻深具宗法象徵秩序與姓／性別壓迫歷史的「祭祖」呢？顯然這些都是需要持續思考並付諸行動的倫理實踐。

《止戰》一書便是如此這般透過「時間難局」、「攻擊難局」、「境外難局」與「祭祖難局」的測試，以弔詭、兩難、絕境、迷途、此路不通的不確定性，積極展開「兩岸戰爭」的差異思考，只求能在既有政治、經濟、國際關係、社會與文化的兩岸論述套路之中，另闢蹊徑。難局所啟動的差異思考，並非要在模稜兩可、似是而非之中懸而不決，亦非要在純然的文字遊戲或虛無主義之中自得其樂。難局測試乃是要在弔詭、兩難、絕境、迷途、此路不通的困境之中而非之外，進行倫理政治的抉擇，以「回應—能力」來勇敢承擔「責任」。就如同前文已引述過的德希達話語，「倫理、政治和責任，如果有的話，也只能從難局的經驗與實驗開始」。所以我們拒絕回答「要戰爭，還是要和平」，並由此展開「止戰」的難局測試與思考困境，即便此拒絕的本身也總已是一種倫理政治的抉擇。

同理可推，我們為什麼要放棄線性時間的「過去式」、「現在式」、「未來式」，而是選擇已被當代理論超級複雜化的「未來完成式」來思考「台海戰爭」，就是不願陷入「台海終須一戰」的線性史觀與終極目的論，要以「未來完成式」或「先完成式」所允諾的異質性、開放性與創造性來放手一搏。或是我們為什麼要在批判台灣在疫情期間以「仇中」發洩攻擊欲力的同時，要殷切期盼台灣能由「他者攻擊我，我難道不反擊嗎？」此類憤怒、悲情的受害者詰問，轉而思考「我和他者的關係是什麼，我如何了解那個關係？」，而能帶出「每個人的命都是命」的「基進平等」，誠實回到日常生活言行舉止的微觀政治去反省、去改變、去踐履。

又或是我們為何要從金門與馬祖作為「地雷島」的歷史經驗，來重新審視火山布雷系統軍購案所掀起的群情激憤；我們為什麼要在「中華民國在台灣」的「地雷情結」與「拒認機制」的分析中，同時批判台灣內部的壓迫機制呢？在軍購作為整軍備戰之必要，在地雷（不論是人員殺傷雷、戰防雷或集束炸彈）作為阻敵殲敵之必要之外，我們還能看見什麼？聽見什麼？回應什麼？為何對內的「反壓迫」可以和對外的「反侵略」並置思考？為何「棄金馬論」可以和「棄台論」並置思考？又甚或我們在批判台灣政治人物跨海「祭祖」的同時，如何也能批判強調台灣本土認同的「祭祖」呢？我們如何看到「統戰」與「宗法父權」之間貌似毫不相干卻千絲萬縷糾結的關連呢？我們又如何有可能展開「掃墓不祭祖」作為「反戰」微觀政治的日常生活踐履呢？

這些都是我們在既有、既定、甚至已然套式化的「台海戰爭」論述模式之外的另闢蹊徑，都是我們在「時間難局」、「攻擊難局」、「境外難局」、「祭祖難局」的思考測試中、所不斷奮力開展的逃逸路徑。《止戰》所嘗試給出的，乃是在既有主流台海戰爭論述之外的另類思考與想像，如時間性的哲學思考，如精神分析的攻擊欲力與拒認機制，如「姓／性別政治」的宗法父權批判。《止戰》更期待能在國際關係、強權政治、政黨對立、軍事對峙等宏觀政治的架構之外，得以身體力行「閾言不預言」（未來都在當下啟動）、「抗中不仇中」、「平等不壓迫」、「掃墓不祭祖」等微觀政治的日常踐履，以達思想與行動的翻轉。

二〇二三年三月下由傅大為、盧倩儀、馮建三、郭力昕等人組成的台灣反戰工作小組，發起了一份「反戰宣言」的連署，以「和平、反軍火、要自主、重氣候」為主要訴求，但首波參與連署的學者與文化工作者僅有三十餘人。台灣本就沒有「反戰」的傳承，過去少數有關「反戰」論述與行動的積累，主要都是針對美國為首所發動的兩次波斯灣戰爭，包括本書第一章所提及的《戰爭．文化．國家機器》、《戰爭沒有發生？二〇〇三年英美出兵伊拉克評論與紀實》（該書主編馮建三亦為此次「反戰宣言」的主要發起人之一，二〇二三年亦被視為台灣響應全球反對美英侵略伊拉克的反戰運動二十週年）。[1] 在台灣不僅只是「反戰」論述與行動的極度稀疏，甚至連中文反戰歌曲也極為稀少，就連周杰倫二〇〇四年那首遠赴俄羅斯海森威拍攝、充滿人道溫情訴求、但歷史、地域、政治面目極度模糊的〈止戰之殤〉，也能輕易被中國網民惡搞篡改為〈告台灣青年書〉。[2] 就算台灣本島是世界上極少數沒有直接遭受過「大戰爭」摧殘的地域，但台海七十多年的軍事對峙，顯然也沒能讓台灣在「反戰」論述與行動上有較為積極的表現。在這樣的歷史情境之下，這份「反戰宣言」的公布，果不其然立即引來各方撻伐，幾位發起人被攻擊為「中共同路人」、「侵略者的幫凶」、「大中國沙文主義」、「紅藍統代言人」、「左膠」等，完全不顧他們過去數十年來在台灣社會運動的積極參與和學術研究的認真投入。這些攻擊背後的邏輯極為簡單直白：「反戰宣言」就是「投降書」，就是親中，就是反美，就是弱化台灣國防、破壞美台同盟、陷台灣於險境。這樣激烈的紅帽亂扣，只能再次證明台灣幾乎沒有談論「反戰」的論述空間，一切只有攪和與混亂，說不清楚也講不明白。

作為首波連署書中的一名連署人，在最初收到連署書時確曾有過猶豫，但還是願意支持的主因，在於十分困惑、十分不甘心也十分擔心，為何台灣學界與文化界在兩岸關係空前緊張之時，沒有任何公開的討論或爭辯。我願意連署所寄盼的，乃是此「反戰宣言」或許至少能引起一些騷動與對話的契機，至少可以像一顆頑石，投入湖面而激起漣漪。然當此「反戰宣言」正式公布後，引來的卻是既定政治立場的宣示與對立，甚至詛咒謾罵與紅帽亂扣。更讓人心冷的是一陣叫罵後一切復歸沉寂，並未引發台灣「反戰」論述的後續開展、詰難與論戰，剩下的只有台灣反戰工作小組默默持續推動的「反戰工作網絡」，編選全球相關的反戰文章與評論。

依然記得「反戰宣言」公布後的第二天，陸續接到幾位女性主義朋友「溫柔的質問」，質問我為何會加入連署。當時我並未直接回答，只說正在寫一本談論兩岸戰爭的小書，日後定將奉上。或許這「部分說明」了《止戰》一書撰寫過程中重要的動力來源之一，就是要向我的女性主義朋友們說明我的「反戰」與「反反戰」立場、說明我為何不直接談「反戰」而要談「止戰」、說明我為何要將兩岸戰爭當成「哲學思考」以自困於難局，說明我為何願意在沒有「反戰」論述空間的當下台灣、甘冒風險去思考「戰爭」的「不可能性」。

如果思考必然攜帶著一個始終在進行的摺曲、轉向與變形過程，那《止戰》一書的「結語」也必然是一種「詰語」，一種自我詰問的反覆與重新出發。對我而言，什麼是同時存在的「反戰」與「反反戰」？什麼是我在書寫過程中不斷想要放棄、卻又再度堅持下去的原因？什麼是我在連署「反戰宣言」當下無可迴避的猶豫？是的，我猶豫是否會被嚴重質疑我的政治立場與書寫策略，我猶豫是否會被莫名其妙扣上莫須有的帽子，但我真正最大最深最惶惑的猶豫，乃是這樣的「反戰宣言」如何既是又不是我的「反戰」立場。

作為一位女性主義者，我最怕聽到「女人天生愛和平」、「母性反戰爭」等說法；同樣作為一位反戰者，我最怕看到了無新意的反戰宣言：反戰就是要外交斡旋與和平談判、不要軍事擴張與武裝衝突；反戰就是要批判強國軍事主義與軍工複合體的利益輸送、反戰就是要大量削減國家預算在戰爭軍武上的支出、轉而挹注到教育、環保與社會福利。這些都好、都對、都重要，但終究是老生常談，抑或許正是因為始終不見成效而落得反覆倒帶。而真正最讓我生氣也最讓我擔憂的，乃是絕大多數的反戰宣言都將焦點放在國家政策、預算、國際外交或政府作為等「宏觀政治」的層面去質疑、去抗議、去要求，彷彿「反戰」作為「國家大事」永遠無法與「微觀政治」的「日常小事」有任何瓜葛牽連。不是說上街頭抗議、發傳單、靜坐、參與連署有任何不對不好不切實際之處，而是我們有沒有可能在這些既定論述與行動模式之外仍能去思考、去想像、去創造呢？如果我說「要戰爭，還是要和平」是個假議題，這跟「反戰」有關嗎？如果我堅持清明可掃墓但絕不進宗祠祭祖，這跟「反戰」有關嗎？如果我拒絕使用「武漢肺炎」的用詞，這跟「反戰」有關嗎？如果我抗議對武漢台灣人的歧視、抗議對萬華茶室性工作者的汙名化、抗議對金門、馬祖的邊緣化，這跟「反戰」有關嗎？如果我想要區分「祖先」與「祖宗」、「血緣」與「血統」，這跟「反戰」有關嗎？如果我想要改變戰爭的「時態」、改變我們對「未來」

的想像，這跟「反戰」有關嗎？

《止戰》這本「小」書，或許正是這樣一個未盡周全也不擬周全的小小嘗試，嘗試將「反戰」與「反反戰」並置思考，嘗試將「反戰」之為「國家大事」翻轉成「日常小事」，讓我們或有可能在層層復層層的難局測試中，找到可以落實在日常所思所想與生活踐履上的倫理抉擇。

若「反戰」是立場、「止戰」是思考，那我反戰，我也反反戰。

章節註解

前言

1 朱迪斯・巴特勒（Judith Butler）著，申昀晏譯，《戰爭的框架：從生命的危脆性與可弔唁性，直視國家暴力、戰爭、苦痛、影像與權力》（台北：麥田，二〇二二），頁二五。原英文版為Judith Butler, *Frames of War: When Is Life Grievable?* (London: Verso, 2010).

2 Chris Hedges, "This Way for the Genocide, Ladies and Gentlemen," *The Chris Hedges Report*, accessed October 15, 2023, https://chrishedges.substack.com/p/this-way-for-the-genocide-ladies.

3 朱迪斯・巴特勒（Judith Butler）著，申昀晏譯，《戰爭的框架：從生命的危脆性與可弔唁性，直視國家暴力、戰爭、苦痛、影像與權力》，頁二〇。

4 Hannah Arendt, *Eichmann in Jerusalem: A Report on the Banality of Evil* (New York: The Viking Press, 1963).

5 〈原本美國開心度假以色列十九歲女兵衝前線救全隊同袍 遭哈瑪斯一槍射嘴慘死〉，《聯合新聞網》，二〇二三年十月十二日，https://udn.com/news/story/123777/7500844。

6 〈十九歲少女批評軍隊入侵烏克蘭 遭俄國列為恐怖分子、面臨入獄〉，《自由時報電子報》，二〇二三年一月三十日，https://news.ltn.com.tw/news/world/breakingnews/4195626。

7 "Israel under attack: Testimonial by a 19-year-old from Kibbutz Be'eri who survived the massacre," *YouTube*, October 25, 2023, https://www.youtube.com/watch?v=u1AxZG09hIl.

8 "Palestinian Lives Matter Too: Jewish Scholar Judith Butler Condemns Israel's 'Genocide' in Gaza," *Democracy Now: Independent Global News*, October 26, 2023, https://www.democracynow.org/2023/10/26/judith_butler_ceasefire_gaza_israel.

9 Judith Butler, *Senses of the Subject* (New York: Fordham University Press, 2015), 12.

緒論

1 漢・許慎著，宋・徐鉉校訂，《說文解字：附檢字》（北京：中華書局，一九六三），頁三八。

2 同上註，頁四五。

3 學者指出甲骨文一般用「止」來稱呼「腳」。若參照金文的足徵符號，原先應有五趾，後來為了書寫之便，省略兩趾而成三趾，乃腳步的形象。可參見許進雄，《文字小講》（新北：臺灣商務印書館，二〇一四），頁四六八。

4 宋・陳彭年等著，《廣韻・上聲》（上海：商務印書館，一九三六），卷三，頁二二一—二二三。

5 漢・許慎著，宋・徐鉉校訂，《說文解字：附檢字》，頁二六六。

6 晉・杜預注，唐・孔穎達正義，《春秋左傳正義》（上海：上海古籍出版社，一九九〇），卷二三（宣公十二年），頁三九八。

7 轉引自徐中舒主編，《甲骨文字典》（成都：四川辭書出版社，一九八九），頁一三六五。

8 同上註。

9 晉・杜預注，唐・孔穎達正義，《春秋左傳正義》，卷二三（宣公十二年），頁三九八。

10 同上註，頁三九八—三九九。

11 Jacques Derrida, "Plato's Pharmacy," in *Dissemination*, trans. Barbara Johnson (Chicago: University of Chicago Press, 1981), 63-171.

12 Bernard Stiegler, "Distrust and the Pharmacology of Transformational Technologies," trans. Daniel Ross, in *Quantum Engagements*, ed. Torben B. Zülsdorf et al. (Heidelberg: IOS Press/AKA, 2011), 28. 相對於德希達的「書寫是藥」，斯蒂格勒主張「技術是藥」，既是毒藥（資本主義增熵），亦是解藥（逆熵，代具性

存在，技術器官共生），以此成功發展出當代「技術藥理學」(pharmacology of technology) 的相關理論。

13 Jacques Derrida, *Aporias*, trans. Thomas Dutoit (Stanford, California: Stanford University Press, 1993).

14 Jacques Derrida, *Aporias*, 20-21.

15 Sarah Kofman, "Beyond Aporia?" trans. David Macey, in *Post-Structuralist Classics*, ed. Andrew Benjamin (New York: Routledge, 1988), 10.

16 Jacques Derrida, *The Other Heading: Reflections on Today's Europe*, trans. Pascale-Anne Brault and Michael B. Naas (Bloomington: Indiana University Press, 1992), 41. 斜體部分為原文所有。

17 Jacques Derrida, "Intellectual Courage: An Interview," trans. Peter Krapp, *Culture Machine* 2 (2000): 6.

18 在此可對「戰」之為「左戈右弓」稍作解釋。根據東漢許慎的《說文解字》，「戰，鬬也。从戈單聲」，左之「戈」為長兵器，右之「單」為形聲，亦即「戈」為邊旁，「單」為聲旁。但亦有回返甲骨文，將「戰」之「單」視為商朝軍隊的武器配備之一，象丫形，兩頭分岔綁縛石塊，長柄中央又有繩索能擊發石塊，類似狩獵的射擊工具彈弓。古文字學者更將甲骨文「戔」視為「戰」之初字，「戰」乃雙戈相接。「羅振玉氏以為『從（古字）二戈相向，當為戰爭之戰，乃戰之初字；兵刃相接』，戰之意昭然可見」，高樹藩編纂，《正中形音義綜合大字典》（新北：正中書局，二〇〇三），頁五三七。但不論「戰」之為左戈右弓或雙戈相接，顯然是比「單」之為純粹聲旁來得更為凶險可怕。

19 春秋．司馬穰苴等著，劉仲平註譯，《司馬法今註今譯》（新北：臺灣商務印書館，一九八六），頁一。此外《商君書．畫策》亦有類似的表達：「故以戰去戰，雖戰可也；以殺去殺，雖殺可也；以刑去刑，雖重刑可也」，可見於戰國．商鞅等著，嚴萬里校，《商君書》（上海：商務印書館，一九三七），頁三二。然《司馬法．仁本》的「以戰止戰」，當是比「以戰去戰」，更能凸顯本書所一再強調「止」的歧義與不確定性。

20 春秋．司馬穰苴等著，劉仲平註譯，《司馬法今註今譯》，頁一。

21 可參見Robert Jervis, "Deterrence Theory Revisited," *World Politics* 31, no. 2 (January 1979): 289-324. 與Jeffrey W.

Knopf, "The Fourth Wave in Deterrence Research," *Contemporary Security Policy* 31, no. 1 (April 2010): 1-33.

22 Thomas C. Schelling, *Arms and Influence* (New Haven: Yale University Press, 1966), 74. 斜體為原文所有。

23 Thomas C. Schelling, *The Strategy of Conflict* (1960; reis., Cambridge: Harvard University Press, 1980), 199-200.

24 Thomas J. Christensen et al., "How to Avoid a War Over Taiwan: Threats, Assurances, and Effective Deterrence," *Foreign Affairs*, October 13, 2022, https://www.foreignaffairs.com/china/how-avoid-war-over-taiwan.

25 江澤民，〈為促進祖國統一大業的完成而繼續奮鬥〉，《人民日報》，一九九五年一月三十一日，https://cn.govopendata.com/renminribao/1995/1/31/1/#1000310。

第一章

1 C. J. Polychroniou, "Noam Chomsky: Another World Is Possible. Let's Bring It to Reality," *TRUTHOUT*, January 4, 2023, https://truthout.org/articles/noam-chomsky-another-world-is-possible-lets-bring-it-to-reality/.

2 波斯灣戰爭（Gulf War，又稱第一次波斯灣戰爭）乃指一九九〇年八月二日至一九九一年二月二十八日期間，以美國為首的多國部隊和伊拉克之間發生的戰爭行動。肇因於一九九〇年八月二日伊拉克軍隊入侵科威特，多國部隊在取得聯合國安理會授權後，於一九九一年一月十七日展開對科威特和伊拉克境內的伊拉克軍隊發動軍事進攻，經四十二天的戰鬥而取得決定性的勝利，伊拉克接受聯合國安理會決議並從科威特撤軍。

3 另一位法國當代思想家維希留（Paul Virilio）亦與布希亞同時觀察到波斯灣戰爭作為「新形態戰爭」的特異性：即時播放、全面可見且無處不在，甚至還提供飛彈視角從瞄準到擊中目標的過程畫面，但同時卻看不見傷兵與死者，成為徹底虛擬化、媒體化、抽象化的新形態戰爭影像。可參見其 *Desert Screen: War at the Speed of Light*, trans. Michael Degener (London: Athlone Press, 2002), 46-47.

4 Jean Baudrillard, *The Gulf War Did Not Take Place*, trans. Paul Patton (Bloomington: Indiana University Press,

1995), 26.

5 Michael J. Shapiro, *Studies in Trans-disciplinary Method: After the Aesthetic Turn* (London: Routledge, 2013), 143.

6 Jean Baudrillard, *The Gulf War Did Not Take Place*, 25.

7 此語典出朱元鴻，〈「只有那不是藝術的才還能是藝術」：關於布希亞的時態造作〉，《現代美術學報》第二九期（二〇一五年五月），頁六七—七九。在這篇精采的論文中，朱元鴻以英文 tense/intense/pretense 之間的轉化，評論布希亞的「時態造作」（pretense of tenses）與其充滿「誇張強度」（play intense）的形上學劇場（頁七〇）。朱元鴻清楚點出布希亞的「時態造作」，不只是賣弄聰明或耽溺於修辭戲耍，更是涉及「時間識框的造作或線性時間的顛覆」，「布希亞書寫的時態造作，給予一種時間倒置或逆轉的弔詭感：過去包含在現在裡，未來包含在過去裡」（頁七一）。然該文的重點隨後轉入對布希亞藝術觀的探討，對於如何讓「過去包含在現在裡，未來包含在過去裡」，並未接續著墨，而本章第一、二部分都將針對「已經發生過的未來，或發生過卻從未發生的過去」（頁七一）等充滿弔詭的陳述，進行「戰爭時間性」的進一步開展。

8 可參見 *The Gulf War Did Not Take Place* 一書英譯者 Paul Patton 在書中一致性的英文翻譯。對此法文轉英文「時態」翻譯錯誤的指認，亦可參見朱元鴻，〈「只有那不是藝術的才還能是藝術」〉，頁七一。

9 Jean Baudrillard, "The Year 2000 Will Not Take Place," trans. Paul Foss and Paul Patton, in *Futur*Fall: Excursions into Post-Modernity*, ed. Elizabeth A. Grosz et al. (Sydney: Power Institute of Fine Arts, 1987), 18-28. 其中一名翻譯者 Paul Patton，亦是後來 Jean Baudrillard, *The Gulf War Did Not Take Place* 的全書英譯者。

10 Jean Baudrillard, "The Year 2000 Has Already Happened," trans. Nai-fei Ding and Kuan-Hsing Chen, in *Body Invaders: Panic Sex in America*, ed. Arthur Kroker and Marilouise Kroker (New York: St. Martin's, 1987), 35-44. 此版本的英文翻譯者為台灣學者丁乃非與陳光興。

11 法文 *futur antérieure* 作為「先完成式」的中文翻譯，可參見楊凱麟，〈事件三一八〉，《文化研究》第二三期（二〇一六年九月），頁三三—四八。該文乃是目前針對三一八占領立法院行動（太陽花運動）最具理論原創性與啟發力的論文。

12 朱元鴻，〈「只有那不是藝術的才還能是藝術」〉，頁七〇。

13 William Merrin, *Baudrillard and the Media: A Critical Introduction* (Cambridge: Polity Press, 2005), 87. 有趣的是，該法文劇本的英文翻譯乃 *The Trojan War Will Not Take Place*，亦是再次將「未來完成式」改為「未來式」，看來這種「未來不會發生，但是已經發生」的法文時態，總是在法翻英的過程中變得捉襟見肘。

14 可參見馮建三編，《戰爭沒有發生？二〇〇三年英美出兵伊拉克評論與紀實》（台北：唐山，二〇〇三）；尚・布希亞（Jean Baudrillard）著，朱元鴻編，邱德亮、黃建宏譯，《波灣戰爭不曾發生》（台北：麥田，二〇〇三）。第二次波斯灣戰爭，又稱伊拉克戰爭，乃指二〇〇三年至二〇一一年之間在伊拉克境內持續進行的武裝衝突。肇因為美國指出伊拉克製造「大規模毀滅性武器」，在未獲得聯合國安理會的同意之下，於二〇〇三年三月二十日逕自率領英國、澳大利亞、波蘭等多國聯軍入侵伊拉克，推翻海珊（Saddam Hussein）政權，也造成伊拉克後續經年的各種武裝反叛與內部分裂行動。台灣對一九九〇年第一次波斯灣戰爭的反戰論述較為零星，部分可見於《婦女新知》第一〇六期（一九九一年三月一日）的「話題焦點：反戰：對戰爭說不」，頁一七—二二，其中包括成令方，〈阿拉伯女人不再沈默〉，頁一九；成令方，〈反戰是女人的求活手段〉，頁一九—二〇；何春蕤，〈我們沒有家：吳爾芙談女性的反戰基礎〉，頁二一—二二；傅大為，〈弱勢者為什麼不結盟反戰？〉，頁二二。爾後相關文章的集結出書為成令方編，《戰爭・文化・國家機器》（台北：唐山，一九九一）。對二〇〇三年第二次波斯灣戰爭的批判論述則火力集中，有反戰示威與靜坐接力等具體行動，《戰爭沒有發生？二〇〇三年英美出兵伊拉克評論與紀實》一書乃為台灣彼時反戰運動的最重要文獻集結與運動現場記錄。

15 馮建三編，《戰爭沒有發生？二〇〇三年英美出兵伊拉克評論與紀實》，頁 i。亦可參見該書〈對沒格調的戰爭更應有高格調的反戰〉的作者趙剛所言，「美國自從上次波灣戰爭始，開啟了一種最懦弱最醜陋的戰爭模式，摧毀別國像是玩電腦，全靠高科技電子遙控。……以高科技濫殺無辜不應該叫戰爭，只宜乎如實叫做殺戮行動」（頁七九）。

16 Renaat Declerck (in collaboration with Susan Reed and Bert Cappelle), *The Grammar of the English Verb Phrase*, vol. 1, *The Grammar of the English Tense System: A Comprehensive Analysis* (Berlin: Mouton de Gruyter, 2006), 25. 一般英文文法書慣於將時態分為十二種：過去式、過去進行式、過去完成式、過去完成進行式；現在式、現在進行式、現在完成式、現在完成進行式；未來式、未來進行式、未來完成式、未來完成進行式。但 *The Grammar of the English Tense System* 則化繁為簡，將焦點放在時間的「絕對」關係與「相對」關係之上，更能貼近本章「戰爭時間性」的關注。

17 中文的「時態」表達，多以緊跟在動詞或形容詞之後的「時態助詞」（aspectual particles）為輔助，如用「了」、「已」來表達過去式或完成式，用「要」、「將」來表達未來式，用「在」、「正」、「著」來表達進行式，用「過」來表達過去式。「未來完成式」最常見的「時態助詞」，乃是「將已」、「將曾」。

18 另一個也可同時表達「相對時態」的「之前」與「之後」，乃是「假設完成式」（the conditional perfect tense, would have + pp.），可參見 Renaat Declerck, *The Grammar of the English Tense System*, 25

19 Jacques Lacan, *Écrits: A Selection*, trans. Alan Sheridan (London: Travistock, 1977), 86.

20 知名拉岡研究學者芬克（Bruce Fink）也曾舉例說明「未來完成式」的回溯建構，如何讓精神分析主體永遠無法在時間或空間中被準確定位。他的例子是「在你回來之前，我將已經離開」，亦即在未來的某時刻，某事已經發生（過去式，已離開），但又無法確切指出何時（何時回來的未來不確定），有如佛洛依德所言的後遺性（après coup）或延遲反應（deferred action），「離開」乃是被「回來」後遺地建構為先行發生，但「回來」一旦發生，「離開」便已完成，亦即已經發生的「離開」（或創傷、或夢境）之表意過程，需要經過尚未發生的「回來」（事件、意符）來達成。Bruce Fink, *The Lacanian*

Subject: Between Language and Jouissance (Princeton: Princeton University Press, 1995), 64.

21 Catherine Clément, *The Lives and Legends of Jacques Lacan*, trans. Arthur Goldhammer (New York: Columbia University Press, 1983), 123.

22 Jacques Derrida, *Of Grammatology*, 40th Anniversary ed. Trans. Gayatri Chakravorty Spivak (Baltimore: Johns Hopkins University Press, 2016), 5.

23 此種時間弔詭亦出現在德希達的其他重要理論概念之中，如「幽靈時間」（the spectral time，不僅只是現在如何被過去所纏祟，更是過去如何被未來所纏祟，徹底打破線性時間的因果律與目的論）、「彌賽亞時間」（the messianic time，不是基督再次降臨的最後審判或示警末日終結的「彌賽亞主義」，而是「沒有救世主的彌賽亞時間」，亦即未知與不可預期事件的將臨）、「將臨的民主」（democracy to come，不是民主在未來的實現，而是民主本身對流變生成的開放，充滿了不穩定性與可塑性），皆有異曲同工之妙。

24 Diane Elam, *Romancing the Postmodern* (New York: Routledge, 1992), 95.

25 Diane Elam, *Feminism and Deconstruction* (New York: Routledge, 1994), 41.

26 Tani Barlow, *The Question of Women in Chinese Feminism* (Durham: Duke University Press, 2004), 16-19.

27 可參見 Lee Edelman, *No Future: Queer Theory and the Death Drive* (Durham: Duke University Press, 2004). Queer 一詞最早乃是被用來貶抑、咒罵非異性戀傾向者，在中文語境的翻譯，尚包括「同志」（早期並不嚴格區分「同志」gay and lesbian 與 queer 之差異）與「酷兒」（音譯），主要指向性／別作為身分認同之外的邊緣流動，不受「異性戀正統」與可能的「同性戀正統」所拘束規範。一九八〇年代受後結構主義影響下興起的「怪胎理論」，則是針對既有的「同志研究」（gay and lesbian studies）之叛離，更形凸顯性／別的複雜流動與對主流社會的抗衡，拒絕任何性／別二元或性／別身分認同的謹守，亦拒絕以平等待遇向主流社會要求接納。

28 可參見 José Esteban Muñoz, *Cruising Utopia: The Then and There of Queer Futurity* (New York: New York

University Press, 2009).

29 鄭浪平，《一九九五・閏八月：中共武力犯台白皮書》（台北：商周，一九九四）。

30 台灣前參謀總長李喜明亦於二〇二二年九月發表的新書《台灣的勝算》中，將二〇二二年底列為中共武力犯台的可能時間點之一。該書亦表列了另外三個台海戰爭時間點，分別為二〇二七年、二〇三二年、二〇四九年。二〇二三年一月中華民國外交部長吳釗燮在接受國外媒體專訪時表示，中國武力犯台的機率升高，二〇二七年是他認為北京最有可能採取行動的時間點，以凸顯台灣的「現狀」恐無法永遠維持下去，具體展現美台雙方的口徑一致、相互呼應，可參見陳韻聿，〈吳釗燮：中國攻台機率升高 二〇二七是可能時間點〉，《中央通訊社》，二〇二三年一月十八日，https://www.cna.com.tw/news/aipl/202301180319.aspx。

31 「時間脫了臼」（"The time is out of joint."）典出莎士比亞的《哈姆雷特》，常被當代理論家用以凸顯線性時間錯亂失序所可能造成的開放創造性。可參見 Jacques Derrida, *Specters of Marx*, trans. Peggy Kamuf (New York: Routledge, 1994); Gilles Deleuze, *Cinema 2: The Time-Image*, trans. Hugh Tomlinson and Robert Galeta (Minneapolis: University of Minnesota Press, 1989) 等書。

32 〈台灣海峽歷次危機回顧：從一江山島戰役、八二三砲戰到飛彈危機，看美中台三角關係演繹〉，《BBC News 中文》，二〇二〇年八月二十六日，更新二〇二二年八月四日，https://www.bbc.com/zhongwen/trad/chinese-news-53834569。此處所言「過去式」的台海戰爭，暫不包括在一九六一至一九七二年間由台灣發動「反攻大陸」的多次小規模交戰行動，也暫不包括中共至今在台灣海峽與台灣周圍不斷進行的各種導彈試射與實彈演習，尤以一九九五至一九九六年和二〇二二年至今最為顯著。

第二章

1 Albert Einstein and Sigmund Freud, "Why War?" in *The Standard Edition of the Complete Psychological Works*

of Sigmund Freud, vol. 22, *New Introductory Lectures on Psycho-Analysis, and Other Works* (1932-1936), ed. and trans. James Strachey (London: The Hogarth Press, 1964), 199.

2 同上註，200。

3 同上註，201。

4 在精神分析的理論中，有甚多文獻專文探討佛洛依德在「欲力」（Trieb/drive）和「本能」（Instinkt/instinct）之間的區分，並指出英文版佛洛依德全集將兩者皆翻譯為「本能」實有商榷之處。本章在此採用「欲力」之翻譯，僅希望能跳脫任何動物學遺傳性固著行為或生物學意義上有關對象或目的之規制。

5 同上註，207-208。

6 同上註，215。

7 本章對「台海戰疫」的分析，焦點放在台灣場域的自我批判反省。在這場「台海戰疫」中不是只有台灣展現了攻擊欲力，中國更不遑多讓，但本文篇幅有限，不擬專注處理中國在疫情期間對台灣有增無減的軍事恫嚇與從不罷手的資訊認知作戰、中國的疫情隱匿與清零政策的酷烈等議題。有關中國新冠疫情的批判分析，可參考劉紹華，《疾病與社會的十個關鍵詞》（台北：春山，二〇二〇）。該書從中國民族主義如何因面子問題而隱匿疫情、嚴重缺乏民主監督的透明度，談到中國醫療人權、公衛倫理的結構性現況，尤其凸顯中國在「戰疫」歷史上的軍事化群眾動員：強制指派、強制隔離、中央集權、服從命令。該研究不逕自以「極權國家」標籤一語帶過中國在新冠疫情上各種荒腔走板的表現，而顯得特別中肯深入。

8 “structure of feeling”最早出自英國左派學者威廉斯（Raymond Williams），也是當代談論情感政治時最常援引的理論概念，中文翻譯有「情感結構」、「情緒結構」、「感覺結構」等。其最初的定義為「『情感』乃是被選用來強調與『世界觀』、『意識形態』等較為形式正規概念之間的區別，我們關注的乃是那些被積極活過、感受過的意義與價值，以及實際上其與形式或系統性信念之間的多變」（*Marxism*

and Literature [Oxford: Oxford University Press, 1977], 132）。"affective assemblage" 則是來自法國哲學家德勒茲（Gilles Deleuze）與瓜達里（Félix Guattari），「我們對身體一無所知，直到我們知曉身體能做什麼。換言之，身體的情動為何，身體能或不能與其他情動、其他身體的情動產生組合，毀滅或被毀滅，交換行動與熱情或加入其中組合成更有力量的身體」（*A Thousand Plateaus*, trans. Brian Massumi [Minneapolis: University of Minnesota Press, 1987], 284）。

9 Susan Sontag, *Illness as Metaphor: AIDS and Its Metaphors* (New York: Picador/Farrar, Straus and Giroux, 1989), 98. 針對新冠病毒的隱喻用法，可參見 Jonathan Charteris-Black, *Metaphors of Coronavirus: Invisible Enemy or Zombie Apocalypse?* (Cham: Palgrave Macmillan, 2021)，尤其是第二章對新冠病毒作為戰爭隱喻的分析。針對病毒戰爭隱喻的批判，尤其是美國前總統川普對「中國病毒」的宣戰修辭，可參見 Benjamin R. Bates, "The (In) Appropriateness of the WAR Metaphor in Response to SARS-CoV-2: A Rapid Analysis of Donald J. Trump's Rhetoric," *Frontiers in Communication* 5, no. 50 (June 2020), accessed March 17, 2023, https://www.frontiersin.org/articles/10.3389/fcomm.2020.00050/full.

10 〈防疫視同作戰 總統：政府會確保國內醫療及防疫資源充足 全力做好防疫工作〉，《中華民國總統府》，二〇二〇年一月三十日，https://www.president.gov.tw/News/25210。另一種非隱喻式的「病毒—戰爭」連結，乃是凸顯以政府為主導的防疫措施對「感染區」所進行的「軍事武裝化」，亦即以衛生和安全為由進行嚴密監控與管制，形成「例外狀態的常態化」，可參見當代義大利哲學家阿岡本（Giorgio Agamben）的〈流行性傳染病的發明〉（最初以義大利文發表於 *Quodlibet*，英文翻譯為 "The Invention of an Epidemic"）。該文後來集結成書 *Where Are We Now? The Epidemic as Politics*, trans. Valeria Dani (Lanham, MD: Rowan & Littlefield, 2021)，書中阿岡本指出「科技衛生專家獨裁主義」（the technological sanitationist despotism）(10) 發展出各種新型治理技術，也包括中國對疫情掌控的極端手段（9），讓人民淪為「無聲無臉之裸命」（the mute and faceless bare life）(97)。有關最初該文所引發新冠肺炎疫情「例外狀態」與生命政治的相關論戰，亦可參見黃涵榆，〈病毒、例外狀態、危脆性：當前生命政治情境的一些反思〉，《CLABO 實驗 波》，二〇二〇年九月十一日，https://mag.clab.org.tw/clabo-article/biopolitics-of-covid-19/。

11 陳菘齡，〈新冠疫情醫療詞彙之多面向敘事：語言、事件與時間〉，《中國語文通訊》第一〇一卷第二期（二〇二二年七月），頁二一三—二四三，指出疫情醫療詞趨勢分布中「疫／役」之同音轉換甚為明顯：「……對抗疾病是一場戰役，並運用同音詞（homophone）展現『抗疫』如同『抗役』，經由『檢疫』『疫調』探查敵情分辨敵我之別，並監測『防控』疫情達到『抗疫』目的」（頁二三〇）。

12 何明修，〈反送中運動在台灣：抗爭性集會的分析〉，《中國大陸研究》第六四卷第二期（二〇二一年六月），頁一—三九。失敗者聯盟、春山出版編輯，《亡國感的逆襲：台灣的機會在哪裡》（台北：春山出版，二〇一九）。

13 Chien-ting Lin（林建廷）, "In Times of War and Love," *Inter-Asia Cultural Studies* 21, no. 4 (December 2020): 575-586.

14 洪子傑，〈二〇二〇年上半年解放軍台海周邊動態觀察〉，《國防安全研究院．國防安全雙週報》，二〇二〇年七月三日，https://indsr.org.tw/respublicationcon?uid=12&resid=777&pid=1929。

15 宋學文，〈武漢肺炎（COVID-19）大浩劫：對美—中—台三角關係之影響〉，《國策研究院文教基金會》，二〇二〇年五月五日，http://inpr.org.tw/m/405-1728-5213,c113.php?Lang=zh-tw。亦可參見中央通訊社，《百年大疫：COVID-19 疫情全記錄》（新北：印刻，二〇二〇），頁一七〇—一七一。

16 原本台灣中央疫情指揮中心研判感染源應來自帛琉共和國，但該國截至二〇二〇年四月中仍無任一確診病例，而台灣五月公布的疫情調查結果顯示，「磐石艦」確診病例中最早發病日為抵達帛琉之前，專家研判病毒來自台灣，相關人員亦接受懲處。可參見中央通訊社，《百年大疫：COVID-19 疫情全記錄》，頁二〇三—二〇四。有關三月敦睦艦隊遠航訓練的真實情況，彼時國防部部長嚴德發以「涉及機敏，不便說明」一語帶過，僅表示該艦隊在返航途中，曾對解放軍「遼寧艦」繞台進行監控。可參見蘇仲泓，〈敦睦艦隊執行什麼機密任務？嚴德發：確實去過別的地方，一周內提供航跡圖〉，《風傳媒》，二〇二〇年四月二十二日，https://www.storm.mg/article/2551202。

17 二〇二〇年下半年 SARS-CoV-2 病毒出現多種變異株，世界衛生組織最初以「B.1.1.7」、「B.1.351」、「B.1.28.1」、「B.1.617.2」的譜系編碼方式稱呼，但外界仍多以首次發現病毒株的國家命名，先後出現「英國變種病毒」、「南非變種病毒」、「巴西變種病毒」、「印度變種病毒」等。為避免這些國家遭受歧視與汙名化，二〇二一年五月底世界衛生組織宣布以希臘字母命名在英國、南非、巴西和印度首先發現的新冠病毒變異株，也就是「阿爾法」（Alpha）、「貝塔」（Beta）、「伽馬」（Gamma）、「德爾塔」（Delta），其他重要的變異株亦將按照「德爾塔」之後的希臘字母順序命名，並呼籲各國媒體跟進。爾後在二〇二一年十一月將新變異株 B.1.1.529 命名為 Omicron，未按照希臘字母順序，乃是跳過了 Nu 和 Xi，亦是出於避免 Nu 與 New 同音、Xi 作為中文常見姓氏之區域汙名化的考量，但仍被諸多國際評論家視為乃是刻意避開中國領導人「習」近平姓氏的政治操作。

18 劉紹華，《疾病與社會的十個關鍵詞》，頁一九。有關歷史疾病命名與汙名的連結，亦可參見劉紹華對愛滋病與麻風病作為汙名原型經典疫病的相關研究，包括《我的涼山兄弟：毒品、愛滋與流動青年》（新北：群學，二〇一三）；《麻風醫生與巨變中國：後帝國實驗下的疾病隱喻與防疫歷史》（新北：衛城，二〇一八）。有關新冠肺炎所涉及的偏見與歧視，亦可參見陳秀熙，〈新冠肺炎：種族偏見及歧視問題〉，《種族、偏見與歧視》，熊秉真、陳秀熙編（新北：聯經，二〇二二），頁二一三—二三四。

19 在台灣「小明」原本乃是對小男孩的通俗代稱，彼時陸委會主委陳明通以「小明」來說明入境政策，「小明」乃成為「領有中國戶籍、正在申請台灣國籍」、因春節返中而滯留中國的中籍配偶子女代稱，包括中國籍配偶與台人所生，也包括中國籍配偶前一任婚姻所生。據監察院之調查，我國十八歲以下且長期在台生活、就學、還尚未歸化之中國籍兒少，人數共有二千五百三十九位，部分「小明」因隨母親「小紅」（中國籍新婚配偶，尚未取得台灣國籍）前往中國探親，因新冠疫情的入境管制，而無法回台達半年以上，可參見李柏翰、王鼎棫，〈為了防疫，就能把國民擋在境外嗎？——回顧挑戰《兒童權利公約》極限的「小明們」〉，《疫情世代：如何因應與復原，給所有人的科學與法律指南》，法律白話文運動編著（台北：時報文化，二〇二三），頁二四六。該文對「小明事件」提出公允的法律見解，指出中國、台灣都應該盡全力保障兒權。然監察院用「小紅」來代稱尚未取得台灣國籍的中國籍新婚配偶，亦甚為不妥。「小紅」並不是「小明」的性別對照組，「小紅」乃十分混亂地成為「小明」的母親（那又何「小」之有？），而「紅」更是台灣慣用以指稱中國的顏色符號，即便她們目前是中國籍，但多也是因為新婚還在排隊等候入籍（新婚一詞亦有待商榷，目前中國籍配偶等待入籍的時間為六年），「小紅」之命名代稱怕也難逃「抹紅」的歧視與潛在敵意。有關台灣整體防疫在民主法治人權上可能引發的爭議，亦可參見李建良，〈COVID-19疫情下的民主法治人權圖像：台灣視角〉，《記疫：台灣人文社會的疫情視野與行動備忘錄》，林文源與「記疫」團隊編著（台北：大塊文化，二〇二二），頁一四二—一四九。

20 劉紹華，《疾病與社會的十個關鍵詞》，頁二〇—二二。

21 王育偉，〈WHO定名為COVID-19 台灣官方建議簡稱武漢肺炎〉，《中央通訊社》，二〇二〇年二月十二日，https://www.rti.org.tw/news/view/id/2051322。中國媒體隨後也對台灣媒體喊話，「不要讓疾病名稱成為歧視與仇恨的源頭」，可參見李宗憲，〈「新冠病毒」還是「武漢肺炎」？中美台不同表述的爭議〉，《BBC News 中文》，二〇二〇年三月二十日，https://www.bbc.com/zhongwen/trad/chinese-news-51958854。

22 劉紹華，〈肺炎疫情下談疾病的命名與汙名〉，《天下獨立評論》，二〇二〇年三月四日，https://opinion.cw.com.tw/blog/profile/406/article/9150。

23 此新興疾病命名指引背後滿是殷鑑不遠的歷史教訓，如二〇〇九年A型人傳人流感H1N1被稱為「豬流感」，造成埃及全面宰殺豬隻，以色列因信仰猶太教而視豬為禁忌，欲將其改稱「墨西哥流感」，後遭到墨西哥抗議而作罷。又如二〇一五年的MERS「中東呼吸道症候群」（Middle East respiratory syndrome-related coronavirus），因為前期個案多曾去過中東而以此命名，也引發中東國家的嚴正抗議。

可參見劉紹華，《疾病與社會的十個關鍵詞》，頁一五—一六。

24 孟建國，〈驅逐、圍堵、舉報：數百萬武漢人經歷了什麼？〉，《紐約時報中文網》，二〇二〇年二月四日，https://cn.nytimes.com/china/20200204/china-coronavirus-wuhan-surveillance/zh-hant/。

25 童清峰，〈武漢台灣人悲歌淪為政治皮球被汙名化〉，《亞洲週刊》二〇二〇年一一期（二〇二〇年三月十六日—二十二日），https://www.yzzk.com/article/details/封面專題/2020-11/1583984052908/。台灣本土另一個著名的社會汙名化指稱乃是「萬華病毒」，起因乃是二〇二一年四月下旬台北萬華茶藝館的集體感染事件，造成萬華人與萬華性工作者必須承受被「他者化」、「病毒化」的壓力與歧視。有關萬華事件所引發對台灣性工作者的汙名化，以及台灣防疫如何以性道德侵害弱勢群體，可參見陳美華，〈拆解「人與人的連結」：性／別、汙名與科學防疫〉，《記疫：台灣人文社會的疫情視野與行動備忘錄》，頁三一六—三二五；Chien-ting Lin, "Love of Empire by Dissociations," *American Quarterly* 74, no. 3 (September 2022): 700-705.

26 Wen-yu Chiang & Duann Ren-feng, "Conceptual Metaphors for SARS: 'War' Between Whom?" *Discourse & Society* 18 (September 2007): 587.

27 陳菘齡，〈新冠疫情醫療詞彙之多面向敘事：語言、事件與時間〉，頁二二四。該文作者亦清楚表明，其所使用的主要為《聯合知識庫》，有關《自由時報》的數據乃是不完全的計算。

28 李宗憲，〈「新冠病毒」還是「武漢肺炎」：中美台不同表述的爭議〉。該文亦指出二〇二〇年三月十六日川普發表「中國病毒」說之同時，谷歌（Google）在其中文官方臉書發布有關新冠病毒的政策，引發大批台灣網友留言，抗議谷歌採用「新型冠狀病毒肺炎」而非「武漢肺炎」的措辭，至三月十九日的累積留言數已超過一萬則；同日台灣政府亦宣稱，因法定傳染病名稱「嚴重特殊傳染性肺炎」不容易記，故可簡稱為「武漢肺炎」。該文亦平衡報導台灣對「武漢肺炎」偏執使用的可能原因：有人認為此乃抗中保台的潛意識發酵，有人則認為是為了紀念武漢人民的犧牲，並以此凸顯中國不當防疫處置所造成的人道危機。

29 李尚仁，〈疾病與政治：COVID-19與美國大選〉，《記疫：台灣人文社會的疫情視野與行動備忘錄》，頁三七六—三八三。

30 李宗憲，〈「新冠病毒」還是「武漢肺炎」？中美台不同表述的爭議〉。

31 陳元廷，〈林書豪稱被叫新冠病毒 聯盟允諾介入調查〉，《聯合新聞網》，二〇二一年二月二十七日，https://udn.com/news/story/7002/5281807。林書豪也在其臉書表示，球場上的「垃圾話」（trash talk）因「武漢肺炎」一詞的使用——「你是亞洲人所以有武漢肺炎」——而成為語言攻擊的武器，令人感到遺憾。然更令人遺憾的是部分台灣網民並不支持林書豪的發言，反而採取對其變相撻伐的態度，究其因「僅是中國大陸官方也要求台灣官方改掉武漢肺炎的用法，就認為林書豪是傾向中國，賺中國人的人民幣」，可參見陳伯彥，〈政府還在用「武漢肺炎」？從三面向談新冠病毒的俗稱和歧視〉，《聯合新聞網．鳴人堂》，二〇二一年三月二十八日，https://opinion.udn.com/opinion/story/5749/5349645。

32 〈新冠病毒助長世界各地反亞裔種族主義及仇外心態〉，*Human Rights Watch*，二〇二〇年五月十二日，https://www.hrw.org/zh-hant/news/2020/05/12/covid-19-fueling-anti-asian-racism-and-xenophobia-worldwide。

33 Lok Siu and Claire Chun, "Yellow Peril and Techno-orientalism in the Time of COVID-19: Racialized Contagion, Scientific Espionage, and Techno-economic Warfare," *Journal of Asian American Studies* 23, no. 3 (October 2020): 421-440; Chien-ting Lin（林建廷）, "In Times of War and Love." 有關反亞裔仇恨與恐中情結，可參見由 Chih-Ming Wang（王智明）主編的英文網路期刊專輯 "In the Wake of the Atlanta Shooting: Non/Citizens' Perspectives on Anti-Asian Racism and Sinophobia," *positions politics* epistemes issue 6, June 2021, accessed March 17, 2023, https://positionspolitics.org/episteme-6/.

34 "Memorandum Condemning and Combating Racism, Xenophobia, and Intolerance Against Asian Americans and Pacific Islanders in the United States," *The White House*, Jan. 26, 2021, https://www.whitehouse.gov/briefing-

room/presidential-actions/2021/01/26/memorandum-condemning-and-combating-racism-xenophobia-and-intolerance-against-asian-americans-and-pacific-islanders-in-the-united-states/.

35 李芯，〈蘇貞昌稱「武漢肺炎」拒改口 羅智強提林書豪嗆：丟盡台灣人的臉〉，《風傳媒》，二〇二一年三月一日，https://www.storm.mg/article/3508168。

36 〈「救無別類，應物無傷」——為對抗歧視，社會和諧提出呼籲，懇請連署支持〉，Google 表單，二〇二三年五月二十日上網檢索，https://docs.google.com/forms/d/e/1FAIpQLSdSxB4A7wv-EeKtfor7kg4lKXwDNSNG6foZ_TZO6LkL_sfEEw/viewform?vc=0&c=0&w=1。

37 此連署行動所引發的後續論戰，可參見黃涵榆，〈拒絕以「反歧視」為名維護大中國主義〉，《思想坦克》，二〇二〇年三月四日，https://voicettank.org/single-post/2020/03/04/030402/；王智明，〈開始對話，建立價值〉，《思想坦克》，二〇二〇年三月十二日，https://voicettank.org/single-post/2020/03/12/031202/；黃涵榆，〈是不是左派沒那麼重要〉，《思想坦克》，二〇二〇年四月一日，https://voicettank.org/single-post/2020/04/01/040101/。黃涵榆文一指出連署書「沒有站在醫療和防疫專業的立場上，提出任何客觀性的數據和論證」，枉顧台灣防疫的真實狀況。而疫情嚴峻期間中國用假訊息攻擊台灣、用軍機挑釁擾台，連署行動卻將「我方出於自我防衛」的應對，「扭曲成對『中國人』的歧視」，表面是反歧視的人道主義，實質是「維護一種超穩定的大中國主義」。黃涵榆文二表示其個人之所以堅持使用「武漢肺炎」一詞，乃基於權力抗衡的命名政治立場，「為這個造成全球性災難的傳染病留下證言」，「歸根究柢全球性的傳染病災難的起源不就是中國和 WHO 聯手隱匿疫情」。王智明文則指出二〇二〇年初總統大選前後，台灣社會對中國的不滿來到近十年的最高點，最初作為便宜行事的「武漢肺炎」用語，乃結合既定成見而變成具有歧視、汙名效應的「疾病的隱喻」。王文也質疑黃文一所標榜的「新台灣民族主義」，在人命關天的時刻，「它堅持的是主權，還是人權」，「如果『新台灣民族主義』無法以開放的胸懷，接納社會內部的差異，拒絕對話與溝通，僅是以貼標籤，潑髒水的方式進行鬥爭，那麼這樣的民族主義何『新』之有？」。

38 第一個揚言並真正退出世衛組織的大國乃是蘇聯，其於一九四九年為抗議美國對世衛組織的掌控，率領東歐共產聯盟一起退出，直至一九五六年才重返，可參見劉紹華，《疾病與社會的十個關鍵詞》，頁七五。

39 劉紹華，《疾病與社會的十個關鍵詞》，頁八〇。亦可參閱劉紹華，〈從國際衛生到全球衛生：醫療援助的文化政治〉，《東亞醫療史：殖民、性別與現代性》，王文基、劉士永主編（新北：聯經，二〇一七），頁一六五—一八七。

40 李柏翰，〈COVID-19 與後瘟疫政治：重新想像全球傳染病防治〉，《記疫：台灣人文社會的疫情視野與行動備忘錄》，頁三八五。此處的「西發里亞」乃指一六四八年的《西發里亞和約》（Peace of Westphalia），此和約結束了歐洲歷史上層出不窮的宗教戰爭，也確立了現代國家的主權概念。

41 可參見 David P. Fidler, *SARS, Governance, and the Globalization of Disease* (London: Palgrave Macmillan, 2004)，轉引自李柏翰，〈COVID-19 與後瘟疫政治：重新想像全球傳染病防治〉，頁三八七。

42 蔡友月，〈ＷＨＯ、新冠病毒與台灣例外的國家治理〉，《記疫：台灣人文社會的疫情視野與行動備忘錄》，頁三九九。

43 同上註，頁三九六。

44 李柏翰，〈COVID-19 與後瘟疫政治：重新想像全球傳染病防治〉，頁三八八—三八九。

45 有關「台灣申請加入ＷＨＯ之名義（一九四六—二〇二一）」與加入ＷＨＡ的名稱彙整，可參閱蔡友月，〈ＷＨＯ、新冠病毒與台灣例外的國家治理〉，頁四〇〇。

46 「生物民族主義」的說法最早由美國學者王愛華（Aihwa Ong）與陳女君（Nancy N. Chen）提出，她們點明新加坡、韓國、台灣等後殖民亞洲國家的生物科技政策雖各有不同，但皆帶有一種與民族主義相結合的特色，嘗試將生物科技作為重建民族認同的政治目標，可參見 Aihwa Ong and Nancy N. Chen, eds., *Asian Biotech: Ethnics and Communities of Fate* (Durham: Duke University Press, 2010)。而全球新冠肺炎疫情的大爆發，更展現了台灣生物民族主義集體打造國族的光榮敘事。誠如學者蔡友月所言，「從病毒的命名之爭、各國對公民身分的認定、醫療資源的分配、出入境疆界的管理，乃至不同國家從預防策略、快篩技術到疫苗研發等生物科技上的競逐，『病毒』防疫點燃了各國生物民族主義保衛戰」（蔡友月，〈WHO、新冠病毒與台灣例外的國家治理〉，頁三九四），而台灣在防疫初期的表現，包括迅速啟動自二〇〇三年SARS後建立的流行病管理機制、邊境管制、口罩管制、居家隔離政策、旅遊史與接觸史追蹤、快篩試劑與疫苗研發等，確實亮眼，成就了台灣「生物民族主義」的光榮敘事，更滿懷信心以口罩外交向國際推廣「台灣防疫模式」的成功範例。爾後BNT疫苗採購一波三折所呈現的國族中心主義、國產高端疫苗免疫橋接爭議及其後之不被國際承認、在二〇二一年年中本土疫情大爆發、進入三級警戒等，此「生物民族主義」的光榮敘事才稍稍受挫。有關台灣自行研發疫苗的困境，可參見陳宗文，〈後基因體時代的免疫台灣：疫苗的迷思與反思〉，《台灣的後基因體時代：新科技的典範轉移與挑戰》，蔡友月、潘美玲、陳宗文主編（新竹：交通大學出版社，二〇一九），頁一二八—一五〇。

47 吳介民，〈譚德塞背後那隻手〉，《思想坦克》，二〇二〇年四月十二日，https://voicettank.org/single-post/2020/04/12/2020041202/。

48 蕭博文，〈中國網民冒充台灣人 承認攻擊譚德塞還道歉〉，《中央通訊社》，二〇二〇年四月十日，https://www.cna.com.tw/news/firstnews/202004100033.aspx。

49 李丹，〈又一鐵證，從大數據看台灣網民如何攻擊譚德塞〉，《中國台灣網》，二〇二〇年四月十四日，http://big5.taiwan.cn/plzhx/plyzl/202004/t20200414_12265204.htm。

50 王銘宏，〈學者三數據，揪台灣人都怎麼「罵」譚德塞〉，《天下雜誌》，二〇二〇年四月十日，https://www.cw.com.tw/article/5099796。

51 謝明彧，〈回擊譚德塞！全球網友接力用「美食美景照」洗版推特護台灣〉，《遠見》，二〇二〇年四月九日，https://www.gvm.com.tw/article/72050。

52 徐薇婷，〈台灣網友以美食照「攻擊」譚德塞 登上華郵版面〉，《中央通訊社》，二〇二〇年四月十一日，https://www.cna.com.tw/news/firstnews/202004110008.aspx。

53 王心妤，〈阿滴聶永真集資登紐時廣告反擊譚德塞 不到九小時四百萬達標〉，《中央通訊社》，二〇二〇年四月十日，更新二〇二一年七月十二日，https://www.cna.com.tw/news/firstnews/202004100225.aspx。

54 黃順祥，〈譚德塞爆氣批台灣種族歧視攻擊 謝志偉：他要挫「塞」了〉，《NewTalk 新聞網》，二〇二〇年四月九日，https://newtalk.tw/news/view/2020-04-09/388479；詹鎰睿，〈譚德塞罵台灣「種族歧視」！謝志偉：被全球公 X 要挫塞了…〉，《三立新聞網》，二〇二〇年四月九日，https://www.setn.com/News.aspx?NewsID=722322。

55 呂伊萱，〈巧遇台灣團 譚德塞仍跳針：加入世衛需會員國同意〉，《自由時報電子報》，二〇二三年五月二十一日，https://news.ltn.com.tw/news/politics/breakingnews/4308637。

56 宮仲毅，〈台灣連七年缺席 WHA 薛瑞元全英文向世衛喊話〉，《民視新聞網》，二〇二三年五月二十一日，https://www.ftvnews.com.tw/news/detail/2023521L13M1。

57 李柏翰，〈COVID-19 與後瘟疫政治：重新想像全球傳染病防治〉，頁三八九。

58 Joanne J. L. Chang（裘兆琳），“Taiwan's Participation in the World Health Organization: The U.S. 'Facilitator' Role,” *American Foreign Policy Interests* 32, no. 3 (May 2010): 131-146.

59 李欣芳，〈蔡質疑馬「藉機偷渡主權」〉，《自由時報電子報》，二〇〇九年四月三十日，https://news.ltn.com.tw/news/politics/paper/299454。

60 斯影，〈聯合國和台灣：為什麼一項五十年前的決議再引爭議〉，《BBC News 中文》，二〇二一年十月二十九日，https://www.bbc.com/zhongwen/trad/world-59073975。

61 Judith Butler, *The Force of Nonviolence: An Ethico-Political Bind* (London: Verso, 2021). 巴特勒主張我們必須將暴力與非暴力的問題重新設定、重新框架。「非暴力」絕非放下屠刀，立地成佛，或預設一個沒有暴力攻擊性的美麗靈魂。「非暴力」指向的是一種倫理的困境與奮鬥：「非暴力不是德行也不是立場，更不是一組能普世運用的原則。非暴力點出受傷的憤怒主體所占據的衝突位置，亟欲行使暴力復仇但卻仍努力不將其付諸行動（而這憤怒時常轉向自身）」（《戰爭的框架：從生命的危脆性與可弔唁性，直視國家暴力、戰爭、苦痛、影像與權力》，頁二三三）。而巴特勒更為積極的思考，則是轉換提問的方式，不再是「他者攻擊我，我難道不反擊嗎？」，而是認真思考「我和他者的關係是什麼，我如何了解那個關係？」。唯有從此相互依存的「關係性」與倫理責任出發，才有可能真正理解與實踐「基進平等」之重要，沒有任何「爛命一條」可棄置、可摧毀、可殺戮，即便是無可寬宥、罪無可赦的「敵人」，也才有可能在憤怒、侵略性、甚至謀殺欲望中、在共同體的邊界或國家的邊界之外，與他者同處共存。

62 台灣在情感政治的研究領域，有甚多傑出成果，包括省籍與情緒結構（陳光興）、情感政治與大陸配偶的多元文化公民身分（趙彥寧）、兩岸情感結構（汪宏倫）、中國民族主義的情感結構（汪宏倫）、情感糾結與東亞國族主義（王智明）、太陽花運動的情感政治（王智明）、中國夢與香港反中情感結構（黃宗儀）等，都成功凸顯情感政治在個人、國家與兩岸對峙之外，更具歷史反省性與政治批判力的詮釋架構，如東亞殖民史、戰爭與戰爭遺緒所造成的重層怨恨結構、（新）冷戰意識形態的對峙等。可參見陳光興，〈為什麼大和解不／可能？〈多桑〉與〈香蕉天堂〉殖民／冷戰效應下省籍問題的情緒結構〉，《台灣社會研究季刊》第四三期（二〇〇一年九月），頁四一—一一〇；趙彥寧，〈情感政治與另類正義：在台大陸配偶的社會運動經驗〉，《政治與社會哲學評論》第一六期（二〇〇六年三月），頁八七—一五二；汪宏倫，〈淺論兩岸國族問題中的情感結構：一種對話的嘗試〉，《文明的呼喚：尋找兩岸和平之路》，曾國祥、徐斯儉主編（新北：左岸文化，二〇一二），頁一八一—二三一；汪宏倫，〈理解當代中國民族主義：制度，情感結構與認識框架〉，《文化研究》第一九期（二〇一四年九月），頁一八九—二五〇；Chih-ming Wang（王智明），"Introduction: Tracking the Affective Twists in Asian Nationalisms," *Precarious Belongings: Affect and Nationalism in Asia*, ed. Chih-ming Wang and Daniel Pei Siong Goh (London: Rowman & Littlefield International, 2017), vii-xxi；Chih-ming Wang（王智明），

“‘The Future That Belongs to Us’: Affective Politics, Neoliberalism and the Sunflower Movement,” *International Journal of Cultural Studies* 20, no. 2(March 2017): 177-192；黃宗儀，《中港新感覺》（新北：聯經，二〇二〇）。

63 Chih-ming Wang(王智明), “Introduction: Tracking the Affective Twists in Asian Nationalisms,” ix.

第三章

1 最初公告金額為一億八千萬美元（新台幣五十五．四億餘元），最新數據則來自國防部送交立法院的二〇二三年度公開預算書，全案總金額為新台幣四十八億九千八百四十七萬六千元，可參見羅添斌，〈四十八．九億採購十四套「火山」陸上機動布雷系統 今年年底前有七套抵台〉，《自由時報電子報》，二〇二三年九月一日，https://def.ltn.com.tw/article/breakingnews/4414149。

2 吳建國，〈禍延台灣子孫是美意？〉，《聯合新聞網》，二〇二三年一月五日，https://cofacts.tw/article/tn2ccbabyvid。

3 朱雲漢，〈美國軍售地雷 台灣必須覺醒〉，《天下雜誌》第七六五期，二〇二三年一月十一日，https://www.cw.com.tw/article/5124394。

4 黃光國，〈誰來幫我們掃雷〉，《中國時報．時論廣場》，二〇二三年一月十二日，https://www.chinatimes.com/newspapers/20230112000536-260109?chdtv。

5 據資料顯示，美國 M139 Volcano 散撒布雷系統，其基本組成為「地雷發射筒」（容量：六枚戰防雷）、「集裝架」（容量：四十個地雷發射筒），最大裝載量為九百六十枚，自毀時間：四小時／四十八小時／十五天，拋設距離：三十五公尺，布設範圍：長一千一百五十公尺、寬一百二十公尺。可參見吳奇諭，〈防衛作戰機動布雷運用及發展之研究〉，《陸軍工兵半月刊》第一五六期（二〇二〇年五月十五日），頁一〇。

6 此乃根據美國智庫二〇四九計畫研究所資深主任易思安（Ian Easton）的評估，他指出台灣十四處海灘適合用於兩棲登陸作戰，而其中四個地勢較為平緩的海灘，乃被陸軍評估為共軍重型載台最可能的登陸地點，故又名「紅色海灘」，可參見王思捷編輯，〈台灣會變地雷島？火山車載布雷系統一篇看懂〉，《中央通訊社》，二〇二三年一月十九日，二〇二三年九月二日更新，https://www.cna.com.tw/news/aipl/202301195006.aspx。

7 〈事實查核報告#二一二五〉，《台灣事實查核中心》，二〇二三年一月五日，https://tfc-taiwan.org.tw/articles/8623。

8 吳正庭，〈金門又見未爆彈 十八枚地雷纍纍分布小金門海邊〉，《自由時報電子報》，二〇二〇年十一月三十日，https://news.ltn.com.tw/news/society/breakingnews/3366699。

9 “Human Rights Watch Position Paper on ‘Smart’ (Self-Destructing) Landmines,” *Human Rights Watch*, February 27, 2004, https://www.hrw.org/sites/default/files/report_pdf/smartmines_formatted.pdf。相關的討論亦可參見施威全，〈地雷聰明人愚蠢〉，《奔騰思潮》，二〇一三年一月十三日，https://www.lepenseur.com.tw/article/1316。

10 〈事實查核報告#二一二五〉，《台灣事實查核中心》。

11 呂炯昌，〈海岸遍布地雷 曾阻礙金門經濟發展〉，《NOWnews今日新聞》，二〇二三年一月九日，https://www.nownews.com/news/6020769。更為詳盡的解說，可進一步參見二〇一三年二月二十三日中央通訊社電：「地雷依據功能，主要分為人員殺傷雷或戰防雷兩種。人員殺傷雷例如美製M3地雷，外形是個長寬九公分、高十四公分的方形鐵盒，只要施加四．五到九公斤壓力或二．七公斤拉力就可引爆，有效殺傷半徑十公尺。另一種美製M2A4跳雷，是直徑九．五公分、高二十四．五公分的圓形鐵筒，一旦誤觸，彈頭彈出地面，到約三公尺高度爆炸，有效殺傷半徑十公尺，危險半徑達一百五十公尺，這型地雷在電影常見。至於戰防雷因以阻絕敵方戰甲車輛為主，體積與重量均高於人員殺傷雷，美製M6A2戰防雷，外觀是直徑三十三．七公分、厚八公分的圓鐵盒，需施加一百三十六公斤以上的壓力才會引爆，主要是炸斷甲車履帶，人員踩到通常不會觸發。金馬的地雷就是以前述三種為主」。同篇報導中亦指出「軍方評估，清除金、馬約十萬枚地雷，需耗資新台幣四十六億元，平均排除一枚就要四．六萬元」，中央通訊社記者陳培煌、陳亦偉，〈無雷家園 金馬十萬地雷清除畢：戰地的雷與蕾系列一—六〉，二〇一三年二月二十三日，轉引自《大紀元新聞網》，二〇一三年二月二十三日，https://www.epochtimes.com/gb/13/2/23/n3807113.htm。

12 洪哲政，〈採購火山車載布雷系統 陸軍：獲裝後「負責任」運用〉，《聯合新聞網》，二〇二三年一月十二日，https://udn.com/news/story/10930/6906781。

13 International Campaign to Ban Landmines (ICBL), *Landmine Monitor Report 2001: Toward a Mine-free World*, Sept. 1, 2001, 593, https://reliefweb.int/report/world/landmine-monitor-report-2001-toward-mine-free-world。ＩＣＢＬ國際反地雷組織每年出版《地雷監督報告》，監督世界地雷現況，此為其二〇〇一年的出版報告。

14 International Campaign to Ban Landmines (ICBL), *Landmine Monitor Report 2002: Toward a Mine-free World*, Sept. 13, 2002, 857, https://reliefweb.int/report/afghanistan/landmine-monitor-report-2002-34-million-landmines-destroyed.

15 〈總統接見國際反地雷組織大使唐．桑納雷釋〉，《總統府網站》，二〇〇一年六月二十六日，https://www.president.gov.tw/NEWS/2489。

16 〈殺傷性地雷管制條例〉，《中華民國國防部 國防法規資料庫》，二〇一九年六月二十九日修正，https://law.mnd.gov.tw/scp/Query4B.aspx?no=1A00971601。原本國防部要求將條款名稱上的「殺傷性地雷」，限定在「人員殺傷性地雷」，但在提案立委的堅持下仍以〈殺傷性地雷管制條例〉名稱通過，但提案立委原本希望以此「擴大」地雷管制範圍（凡具有殺傷性的地雷都需要管制，不限於「人員殺傷性地雷」）之初衷顯然落空，管制條例的具體條款內容仍自我侷限在「人員殺傷性地雷」。此立法協商過程的另一大讓步，乃是將原訂所有庫存殺傷性地雷應於五年內銷毀，修訂為「主管機關非因戰爭之迫切需要，不得使用殺傷性地雷」，而留下伏筆，可參見李增汪，〈「殺傷性地雷管制條例」吳立委：俟三讀通過排雷將有法源依據〉，《金門日報》，二〇〇六年三月二十一日，https://www.kmdn.gov.tw/1117/1271/1272/132145/

17 〈殺傷性地雷管制條例〉。

18 〈佈雷區域殺傷性地雷剷除辦法〉，《中華民國國防部 國防法規資料庫》，二〇〇八年一月十八日公布，二〇一九年六月二十九日修正，https://law.mnd.gov.tw/scp/Query4B.aspx?no=1A00971604。

19 李金生、李明賢，〈金門地雷全清 國際組織肯定〉，《中時新聞網》，二〇一三年六月五日，https://www.chinatimes.com/newspapers/20130615000930-260106?chdtv。

20 "Taiwan: Mine Ban Policy," *Landmines & Cluster Munition Monitor*, Nov. 16, 2021, http://www.the-monitor.org/en-gb/reports/2022/taiwan/mine-ban-policy.aspx.

21 就目前可以從反地雷網站上查到的數據，台灣從美國進口的人員殺傷雷數目三萬六千七百四十七枚（包括一九九二年時的二千五百九十二枚 ADAM scatterable mines）；美國授權在台灣自行生產的人員殺傷雷型號包括 M16A1, M2A4, M3, M18A1。可參見 International Campaign to Ban Landmines (ICBL), *Landmine Monitor Report 2000*, Aug. 1, 2000, https://www.hrw.org/reports/pdfs/g/general/lmmon2k.pdf, 556。

22 法蘭克・加德納（Frank Gardner），〈烏克蘭戰爭：美國軍援基輔集束炸彈 引發人權爭議〉，《BBC News 中文》，二〇二三年七月十日，https://www.bbc.com/zhongwen/trad/world-66151168。

23 張子清（新聞引據：採訪、路透社），〈白宮：美國將限制使用殺傷人員地雷〉，《中央廣播電台》，二〇二二年六月二十一日，https://www.rti.org.tw/news/view/id/2136443。

24 呂炯昌，〈禁用地雷渥太華條約 中美各有盤算都不加入〉，《NOWnews 今日新聞》，二〇二三年一月九日，https://www.nownews.com/news/6020808。

25 中央通訊社，〈美國將首度提供烏克蘭「集束彈藥」：烏方稱保證慎用，人道組織譴責「對平民來說根本是死刑」〉，《關鍵評論》，二〇二三年七月八日，https://www.thenewslens.com/article/188353。

26 "Taiwan: Cluster Munition Ban Policy," *Landmines & Cluster Munition Monitor*, Oct.15, 2020, http://www.the-monitor.org/en-gb/reports/2021/taiwan/cluster-munition-ban-policy.aspx.

27 林詠青，〈藍委憂台灣變「地雷島」 綠委質疑認知作戰〉，《中央廣播電台》，二〇二三年一月十七日，https://www.rti.org.tw/news/view/id/2156633。

28 陳嘉宏，〈「別讓台灣變成地雷島」是場典型的認知戰〉，《上報》，二〇二三年一月十八日，https://www.upmedia.mg/news_info.php?Type=2&SerialNo=164196。

29 "Sharp Power: Rising Authoritarian Influence: New Forum Report," *National Endowment for Democracy*, December 5, 2017, https://www.ned.org/sharp-power-rising-authoritarian-influence-forum-report/.

30 可參閱吳介民、蔡宏政、鄭祖邦編，《吊燈裡的巨蟒：中國因素作用力與反作用力》（新北：左岸文化，二〇一七）；吳介民、黎安友主編，鄭傑憶翻譯，《銳實力製造機：中國在台灣、香港、印太地區的影響力操作與中心邊陲拉鋸戰》（新北：左岸文化，二〇二〇），原英文版為 Brian Fong, Wu Jieh-min, and Andrew Nathan, eds., *China's Influence and the Center-periphery Tug of War in Hong Kong, Taiwan and Indo-Pacific*（New York: Routledge, 2021）；玉山社編輯部，《認知戰下的台灣：寫給新世代台灣人的備忘錄》（台北：玉山社，二〇二三）。

31 此乃根據瑞典哥特堡大學（University of Gothenburg）主導的「民主多樣所」（Varieties of Democracy Institute）發布的《二〇二三民主報告》（*Democracy Report 2023*），可參見楊綿傑，〈境外假訊息侵擾 台灣連十年全球榜首〉，《自由時報電子報》，二〇二三年四月二日，https://news.ltn.com.tw/news/politics/paper/1575320。

32 Sarah Cook, Angeli Dart, Ellie Young, and BC Han, *Beijing's Global Media Influence 2022: Authoritarian Expansion and the Power of Democratic Resilience.* https://freedomhouse.org/sites/default/files/2022-09/BGMI_final_digital_090722.pdf.

33 Abby Huang，〈前美國副國安顧問博明：台灣在地協力者散布北京認知戰，荒謬內容「像臭豆腐一樣臭」〉，《關鍵評論》，二〇二三年一月十二日，https://www.thenewslens.com/article/179606。

34 吳介民，〈中文版序論：灰色地帶的戰爭〉，《銳實力製造機》，頁一一。此「毒針」譬喻一方面呼應原本「銳」（sharp）實力所強調的尖銳與穿刺，另一方面也是凸顯如何由「外部」向「內部」（中共扶持的台灣內部協力者，中共同路人）注射，逐漸侵蝕台灣的管轄權邊界與政治認同。

35 佛洛依德此文的焦點乃是「閹割情結」中的「拒認」機制，可參見 Sigmund Freud, "Splitting of the Ego in the Process of Defence," trans. James Strachey, in *The Standard Edition of the Complete Psychological Works of Sigmund Freud*, Vol. 23 (1937-1939) (London: Hogarth Press, 1964), 271-278. 有關「拒認」心理機制與相關的戀物理論（theories of fetishism）在當代文化研究中的運用，可參見拙著《在百貨公司遇見狼》（台北：聯合文學，二〇〇二）第二章〈台灣焦慮與時髦商品熱〉，頁五七—七六；拙著《慾望新地圖：性別．同志學》（台北：聯合文學，一九九六）第一章〈戀物張愛玲：性、商品與殖民迷魅〉，頁八—四九；拙著《張愛玲的假髮》（台北：時報文化，二〇二〇）第二章〈張愛玲的假髮〉，頁六九—一一九。

36 金門防衛指揮部表示，仍有「人員殺傷雷」存放於金門，其數量不便公布，但待這些地雷過期後，將由第三方協助銷毀。可參見 "Taiwan: Mine Ban Policy," *Landmines & Cluster Munition Monitor*, Nov. 16, 2021, http://www.the-monitor.org/en-gb/reports/2022/taiwan/mine-ban-policy.aspx。

37 林孝庭著，黃中憲譯，《意外的國度：蔣介石、美國、與近代台灣的形塑》（新北：遠足文化，二〇一七），頁三三一。該書原英文版為 Hsiao-ting Lin, *Accidental State: Chiang Kai-shek, the United States, and the Making of Taiwan* (Cambridge: Harvard University Press, 2016)，書中詳盡處理蔣介石政府的「海島反共」計畫，如何將金門、馬祖在內的浙江、福建諸島納入，並如何就此反覆與美國進行拉鋸斡旋。

38 何欣潔，〈序：斷裂的海，相連的島〉，《斷裂的海：金門、馬祖，從國共前線到台灣偶然的共同體》，何欣潔、李易安著（新北：聯經，二〇二二），頁 xix。

39 何欣潔、李易安，《斷裂的海》，頁六八。

40 何欣潔、李易安，《斷裂的海》，頁二六—二七、八二。

41 Ling-I Chu（朱凌毅）and Jinn-Yuh Hsu（徐進鈺）, "Accidental Border: Kinma Islands and the Making of Taiwan," *Geopolitics* (May 2021): 1-21.

42 洪伯邑，〈推薦序二：金馬日常邊界裡的多重斷裂與連結〉，《斷裂的海》，頁 ix-x。

43 何欣潔、李易安，《斷裂的海》，頁一五〇。

44 同上註，頁一七三。

45 同上註，頁二九。

46 吳書緯，〈火山車載布雷系統今年抵台 陸軍：不應以「地雷島」汙名化國軍努力〉，《自由時報電子報》，二〇二三年九月二日，https://def.ltn.com.tw/article/breakingnews/4415351。

47 何欣潔、李易安，《斷裂的海》，頁一四二。

48 同上註，頁一四一。

49 羅志平，《金門行業文化史》（台北：秀威資訊，二〇一〇），頁三七一。

50 何欣潔、李易安，《斷裂的海》，頁一〇二—一〇三。

51 同上註，頁一九〇。

52 本章有關金馬離島與「基進平等」的討論，較偏重於本島／離島、中心／邊緣的不平等與內在壓迫，以促使台灣本島能對過去的地緣政治與軍事部署反躬自省，較未對「去軍事化」後的金馬住民在因應地緣經濟變動時所產生的變化、以及此變化可能牽動的不同政治—經濟共同體想像多所著墨。但相關討論可參見宋怡明（Michael Szonyi）著，黃煜文、陳湘陽譯，《前線島嶼：冷戰下的金門》（台北：國立台灣大學出版中心，二〇一六）。該書原以 *Cold War Island: Quemoy on the Front Line*，出版於二〇〇八年，嘗試透過文獻檔案與口述歷史，凸顯金門在軍事化與後軍事化時代的定位與發展，其中亦以日常生活史的切入角度，處理一九九二年金門居民在解除「戰地政務」後的心理調適。而在馬祖研究方面，則以林瑋嬪，《島嶼幻想曲》（台北：春山，二〇二三）為代表。該書以人類學民族誌的方式，處理夾在兩岸之間的馬祖居民如何認識自我、想像未來，不僅成功凸顯馬祖與金門之間的地理歷史差異，也同時凸顯金馬離島與台灣本島在國族、地緣經濟與政治認同上的可能差異。

第四章

1 有關西周以降「宗法組織」到「宗法秩序」的演變與轉型、從「父權」到「宗法父權」的重新界定等議題更為詳盡的鋪陳，可參閱拙著《文本張愛玲》（台北：時報文化，二〇二〇）一書的緒論〈無主文本與宗法父權的裂變〉。

2 中國統一戰線全書編委會編，《中國統一戰線全書》（北京：國際文化，一九九三），頁三。

3 王德華、侯選長主編，《中國統戰論綱》（北京：中共中央黨校出版社，一九九〇），頁九—一〇。

4 此乃根據二〇二〇年十二月二十一日最新修訂版本，可參見新華社，〈中共中央印發《中國共產黨統一戰線工作條例》〉，《中華人民共和國中央人民政府》，二〇二一年一月五日，https://www.gov.cn/zhengce/2021-01/05/content_5577289.htm。

5 「工人無祖國」典出馬克思與恩格斯所著的〈共產黨宣言〉：「有人責備共產黨人，說什麼他們要廢除祖國，廢除民族。工人沒有祖國。絕不能剝奪他們原來沒有的東西。既然無產階級首先必須取得政治統治，上升為民族的主導階級，確立為民族，所以它本身暫時還是民族的，不過這完全不是資產階級所理解的那個意思。隨著資產階級的發展，隨著貿易自由和世界市場的確立，隨著工業生產以及與之相適應的生活條件的一致化，各國人民之間的民族孤立性和對立性日益消逝下去。無產階級的統治將更加快它們的消逝。聯合的努力，至少是各文明國家的聯合的努力，是無產階級獲得解放的首要條件之一」，可參見《馬克思恩格斯全集》第四卷（北京：人民出版社，一九七四），頁四八七—四八八。然此處我們也必須注意幾個關鍵問題。（一）此表達涉及多重的跨語際翻譯。原德文Vaterland乃是Vater(father)+Land，帶有較多的父系男性與父權結構的連結，以及原本上下文脈絡中與民族、民族主義的連結，但英文翻譯沒有採用fatherland或patria，反倒採用較偏向土地、地域、地理想像的country（"The workers have no country."）。但中文翻譯多採用「祖國」，則是成功將原德文Vaterland的父系與父權連結帶回，更強烈增加了華文文化脈絡中「祖」的宗法父權連結，以及家族—宗族—民族的連續共同體想像。（二）此處表達並非一個直接的聲稱或主張，乃是針對他人攻擊共產主義者廢除祖國、廢除民族的一種辯護，而其所提供的直接回答，便是「工人沒有祖國，絕不能剝奪他們原來沒有的東西」，故以此辯稱何來廢除祖國之說，也更進一步由此推論出沒有任何政治權力的工人無產階級，必須上升為政治統治階級之必要。（三）此表達的歷史脈絡乃是一八四八年席捲歐洲的民族之春、人民之春系列革命，但也強調「暫時還是民族的」，不僅區別此民族解放革命如何不同於資產民族主義，也凸顯透過民族解放革命、達成階級解放革命的階段性任務之重要。故「暫時還是民族的」所朝向的乃是「無產階級的國際團結」理想，不分國界，不被狹隘的單一國家國界或單一民族族界所圈限所隔離，因為無產階級的經濟狀況、階級敵人與解放條件都是國際的、都具世界歷史性的意義，不是單一國家或單一民族的，故「無產階級的國際團結」遠比資產階級民族國家所號召的民族團結更為重要。

6 本文在此進行的難局測試，乃是希冀凸顯「統戰」本身的矛盾弔詭。然對中國思想史學者汪暉而言，此「統戰」的無法一統乃是有因、有果、有解的，其關鍵在於中國已不存在以工人階級領導工農聯盟為基礎所形成廣泛統一戰線的人民範疇，中國早已喪失從四〇年代末期到五〇年代開始的「解放台灣」作為反帝反殖、階級革命的動力，統一問題轉而成為族裔民族主義及其主權形式的問題。可參見汪暉，《短二十世紀：中國革命與政治的邏輯》（香港：牛津大學出版社，二〇一五），頁四九一—四九二。

7 漢．許慎著，宋．徐鉉校訂，《說文解字：附檢字》（北京：中華書局，一九六三），頁二七一。漢．許慎著，清．段玉裁注，《新添古音說文解字注》（台北：洪葉文化，一九九九），頁六五一。

8 同上註。

9 漢・許慎著，宋・徐鉉校訂，《說文解字：附檢字》，頁二七一。

10 漢・許慎著，宋・徐鉉校訂，《說文解字：附檢字》，頁八、一九三。

11 郭沫若，〈釋祖妣〉，《甲骨文字研究》，中國科學院考古研究所編（北京：科學出版社，一九六二），頁三七—三八。有關更為詳盡「祖」、「宗」、「祭」、「祀」與宗法父權的構連，可參閱拙著《文本張愛玲》的緒論〈無主文本與宗法父權的裂變〉。

12 同上註，頁三八。

13 「踐履」作為當代理論的重要概念，乃是以「去本質化」的方式，凸顯「本質」乃是經由日復一日、一再重複的行為、動作、舉止所形構出的幻象。本章在此乃是嘗試將華文文化特有的「祭祖」視為形構「祖國」之為政治認同與情感投射的關鍵，乃是想要凸顯「祖國」無本質，不是僅由血緣、出生地、祖居地、祖籍來拍板定案，更是透過「祭祖」作為日常生活的重複行為來建構、來強化，祖國之「祖」與祭祖之「祖」乃是「家族—宗族—國族」的連通一氣。

14 台灣民主自治同盟，〈告台灣同胞書〉，《中華人民共和國國史全鑑》第一卷，中華人民共和國國史全鑑編委會編（北京：團結，一九九六），頁五二五—五二六。

15 第二次：毛澤東撰寫、彭德懷發表〈國防部部長彭德懷告台灣同胞書〉，《中華人民共和國國務院公報》三〇號（一九五八年十月），頁六四一—六四二。第三次：毛澤東撰寫、彭德懷發表，〈國防部部長彭德懷再告台灣同胞書〉，《中華人民共和國國務院公報》三二號（一九五八年十一月），頁六七二—六七三。第四次：毛澤東，〈中華人民共和國國防部三告台灣同胞書〉，《毛澤東文集》第七卷，中共中央文獻研究室編（北京：人民出版社，一九九九），頁四五三—四五四。

16 中華人民共和國第五屆全國人民代表大會常務委員會，〈中華人民共和國全國人民代表大會常務委員會告台灣同胞書〉，《中華人民共和國外交部》，一九七九年一月一日，https://www.mfa.gov.cn/web/ziliao_674904/zt_674979/dnzt_674981/qtzt/twwt/stflgf/202206/t20220606_10699016.html。

17 台灣中華書局辭海編輯委員會編，《辭海》（台北：中華書局，一九六八），頁二九。

18 有關「同胞」一詞如何在十九世紀下半葉以「日語借詞」的方式進入中國，成為晚清國族主義論述最主要的稱謂符號，而得以經由「血緣關係」來形塑中國國族共同體與「家國情感」認同，可參見楊瑞松，〈從「民吾同胞」到「我四萬萬同胞之國民」：傳統到近現代「同胞」符號意涵的變化〉，《國立政治大學歷史學報》第四五期（二〇一六年五月），頁一〇九—一六四。

19 梁啟超，《新民說》（台北：文景書局，二〇一二），頁四。

20 中華人民共和國第五屆全國人民代表大會常務委員會，〈中華人民共和國全國人民代表大會常務委員會告台灣同胞書〉，《中華人民共和國外交部》，一九七九年一月一日，https://www.mfa.gov.cn/web/ziliao_674904/zt_674979/dnzt_674981/qtzt/twwt/stflgf/202206/t20220606_10699016.html。

21 楊儒賓，《思考中華民國》（新北：聯經，二〇二三），頁二九四。

22 全文為「我們不承諾放棄使用武力，保留採取一切必要措施的選項，針對的是外部勢力干涉和極少數『台獨』分裂分子及其分裂活動，絕非針對台灣同胞」。習近平，〈在《告台灣同胞書》發表四十周年紀念會上的講話〉，《人民網》，二〇一九年一月二日，http://cpc.people.com.cn/BIG5/n1/2019/0102/c64094-30499664.html。

23 同上註。

24 同上註。

25 習近平，〈共圓中華民族偉大復興的中國夢〉，《新華網》，二〇一四年二月十八日，http://www.xinhuanet.com//politics/2014-02/19/c_119394028.htm。

26 學者林泉忠清楚指出，相較於社會主義意識形態下的「工人無祖國」，上世紀八〇年代的改革開放與愛國主義教育，讓「祖國」一詞在中國使用頻率大為增加。可參見其著作《當「崛起」中國遇上「太陽傘」：透視兩岸三地新關係》（香港：明報出版社，二〇一九），頁一二三。

27 有關清末民初「黃帝神話」或「黃帝熱」與「中華民族」、「炎黃子孫」作為想像共同體的相關討論，可參見沈松僑，〈我以我血薦軒轅：黃帝神話與晚清的國族建構〉，《台灣社會研究季刊》第二八期（一九九七年十二月），頁一—七七。有關古代戰國末至漢初「華夏認同」如何以「黃帝」或「炎帝」作為共同祖源想像的中國國族建構，可參見王明珂，〈論攀附：近代炎黃子孫國族建構的古代基礎〉，《中央研究院歷史語言研究所集刊》第七三本第三分（二〇〇二年九月），頁五八三—六二四。

28 漢．許慎著，宋．徐鉉校訂，《說文解字：附檢字》，頁一五一。

29 郭沫若，〈釋祖妣〉，頁三八。「宗」的另一種說法，則是回到中國古代帝王的世系，始祖稱祖，繼祖稱宗。此處我們回到「宗」的造字原則，正是希望能從「宗」作為祖先排序的特定義，回返到「宗」作為祖廟、宗祠之內立神主以祀之的通用義。

30 「宗祧」之制詳於周禮，有大宗小宗之別，「大宗之廟百世不遷者，謂之宗，小宗之廟五世則遷者，謂之祧」，後則以「宗祧」為「宗廟」，「近祖廟為宗，遠祖廟為祧」。「宗祧繼承」最初乃是立嫡以長（以嫡長子為主要繼承人），後逐漸轉為立父系男嗣、以承祖業。學者指出傳統中國的「承繼」乃涵括了三個相互環扣的關係：繼嗣（繼人的關係）、承祀（承擔祭祀）與承業（繼承財產），可參見滋賀秀三著，張建國、李力譯，《中國家族法原理》（北京：法律出版社，二〇〇三），頁九四—九七、一一五—一二〇。此說清楚點明財產繼承乃清楚建立在「嗣」與「祀」的相對倫理關係之上，而「嗣」與「祀」正是宗祧制度的核心。如今「宗祧」之制雖被視為封建宗法社會的遺物，但其影響一直延續到今日各種有關姓氏權、財產權、祭祀公業派下權、祭祀文化性別歧視等爭議。

31 英美女性主義研究並非全然不處理「氏族父祖權」的面向，但皆將其圈限在西方古文明的兩大支柱——希伯來文明與希臘文明，鋪陳其如何從部落圖騰，轉化到氏族父祖權的祖產、祖墳與長子繼承制，再轉化到現代的父權家庭，可參見 Gerda Lerner, *The Creation of Patriarchy* (New York: Oxford University Press, 1986)。然此「祖」並未導向或構成過「宗法組織」，更未形構出華文文化延續至今日的「祖宗祭祀」。故當前以英美為主導的女性主義在「父權」界定上，仍傾向以「男性在家中掌控女性與孩童的展現與體制化，以及將此男性掌控女性擴及到普遍社會」（Lerner 239）之方式極度簡化之。

32 孫文，《三民主義》（台北：中央文物出版；三民主義百萬冊印發委員會印發，一九九〇），頁二。

33 同上註，頁七〇。

34 何炳隸，《何炳隸思想制度史論》（新北：聯經，二〇一三），頁二一。

35 一九一二年一月一日發布的〈臨時大總統就職宣言〉。孫文，〈臨時大總統就職宣言〉，《國父全集》第二冊，秦孝儀主編、國父全集編輯委員會編輯（台北：近代中國出版社出版；中央文物經銷，一九八九），頁二三—二四。

36 全文為「中華民國軍政府大總統孫，為布告大漢同胞事……此必我黃帝烈聖在天之靈，佑助我同胞，故能成此興漢之奇功，蓋可以決滿虜之必無噍類矣」，孫文，〈布告全國同胞書〉，《國父全集》第二冊，頁二二—二三。

37 王柯，《亦師亦友亦敵：民族主義與近代中日關係》（香港：香港中文大學出版社，二〇二〇），頁一七三。而在祭黃帝陵之前，孫中山在一九一二年二月十五日舉行了「民國統一大典」，親自拜謁明孝陵（明太祖朱元璋之墓），亦將其視為另一個民國法統之繼承對象，以民國還諸明國。

38 有關民國時期祭黃帝陵更詳盡的史料，可參見郭輝，《國家紀念日與現代中國（一九一二—一九四九）》（北京：社會科學文獻出版社，二〇一九）第八章〈民族精神的建構：民族掃墓節〉。有關一九三七年國民黨祭文所凸顯黃帝作為「開國始祖」的文化制度貢獻與共產黨祭文所凸顯黃帝作為「民族始祖」之間的可能差異，可參見王柯，〈近代中日兩國民族主義的「血緣」關係〉，《中日國力消長與東亞秩序重構》，林泉忠主編（台北：五南，二〇二一），頁一四二—一四三。

39 張作錦，〈大陸清明「語」紛紛〉，《遠見》，二〇〇八年五月一日，https://www.gvm.com.tw/article/12452。原文見於《遠見雜誌》第二六三期（二〇〇八年五月），頁三二。

40 程遠述，〈馬英九湘潭祭祖再提中華民國總統、遵家訓推兩岸和平〉，《聯合新聞網》，二〇二三年四月一日，https://udn.com/news/story/123435/7071608。

41 施曉光，〈拜謁中山陵 馬英九：振興中華是兩岸中國人不可迴避責任〉，《自由時報電子報》，二〇二三年三月二十八日，https://news.ltn.com.tw/news/politics/breakingnews/4253409。

42 馬新民，〈我們的根在邯鄲：中華馬氏祖源地邯鄲柴山記事〉，《邯鄲文化網》，二〇二二年二月十日，http://www.handanwenhua.net/chuangzuozhongxin/2022-02-10/5622.html。此說法乃點出「姓」作為血緣符號與「華夏」作為漢族認同的緊密關連，表面上似乎是只要透過「姓氏」皆可溯及著名遠祖的一脈相承，但「攀附」者多（攀附姓氏、攀附郡望、攀附堂號），甚至非漢人亦可經由改姓來攀附漢人祖先，而到了唐宋時期各姓氏家族的「始祖」，更遠遠溯源「攀附」到神話傳說中的炎帝與黃帝，自此萬姓一家之始，歸於炎黃，遂得以聯天下為一家。可參見 Patricia Ebrey, "Surnames and Han Chinese Identity," in *Negotiating Ethnicities in China and Taiwan*, ed. Melissa J. Brown (Seattle: University of Washington Press, 1996), 11-36.；王明珂，〈論攀附：近代炎黃子孫國族建構的古代基礎〉，《中央研究院歷史語言研究所集刊》第七三本第三分（二〇〇二年九月），頁五八三—六二四。若以本章此處談論的「馬」姓為例，戰國時代的名將趙奢乃「得姓始祖」（馬姓來自趙姓），而「得姓始祖」之前的「得姓始祖」則是「伯益」：馬姓可溯源上古傳說黃帝後裔伯益助大禹治水而被帝舜賜姓「嬴」，後代建立趙國，趙王子趙奢因戰功被封於「馬服」，後以封地「馬服」為姓，又再進一步簡化為「馬」。故馬姓來自趙姓，趙姓來自嬴姓，嬴姓則來自帝舜對黃帝後裔伯益的「賜姓」。故以炎帝、皇帝為祖源的「炎黃子孫」或「黃帝子孫」之說，都可由姓氏源流所啟動的萬「姓」不離其「祖」、不離其「宗」所帶出。

43 鍾可心，〈南山馬氏宗祠 台灣馬英九的「祖家」〉，《蕃薯藤・報新聞》，二〇二三年六月三日，https://n.yam.com/Article/20230603203957。

44 張勳騰、翁聿煌、王錦義、黃美珠、羅正明、李容萍，〈馬自認與通霄馬家庄同源〉，《自由時報電子報》，二〇一一年十一月十四日，https://news.ltn.com.tw/news/politics/paper/539074。更詳盡的分析可參閱何來美，《台灣客家政治風雲錄》（新北：聯經，二〇一七），頁五二〇—五二六。

45 嚴格說來「郡望」與「堂號」並不完全相同。「郡」乃秦漢時期行政區域之建置，「郡號」乃以姓氏祖宗發祥地之郡名或望出地（成為顯赫望族）之郡名為「郡號」（又稱「郡望」）。而「堂號」除了以「郡號」（「郡望」）為名的「郡望堂號」外，尚有自創、自立的堂號。可參見楊緒賢，《台灣區姓氏堂號考》（台北：國史館台灣文獻館，一九七九），頁一一五—一一六。

46 何來美，《台灣客家政治風雲錄》，頁五二二。

47 張勳騰、翁聿煌、王錦義、黃美珠、羅正明、李容萍，〈馬自認與通霄馬家庄同源〉。

48 如前所述，馬姓可上溯上古傳說黃帝後裔伯益助大禹治水而被帝舜賜姓「嬴」，後代建立趙國，趙王子趙奢因戰功被封於「馬服」，後以封地「馬服」為姓，又再進一步簡化為「馬」，亦可參見馬新民，〈我們的根在邯鄲〉一文。

49 陳耀昌，《島嶼DNA》（新北：印刻，二〇一五），頁八一。

50 後補充說落淚乃是因為被香薰到眼睛，以息同黨人士之質疑。李欣芳、姚介修，〈謝登陸祭祖／謝長廷：到廈門像去兄弟家一樣〉，《自由時報電子報》，二〇一二年十月五日，https://news.ltn.com.tw/news/politics/paper/620313。

51 林瑤棋，〈陳總統尋根始末〉，《自由時報電子報》，二〇〇六年七月三日，https://talk.ltn.com.tw/article/paper/79655。

52 陳逸民，〈返鄉祭祖 總統：台灣就是根〉，《自由時報電子報》，二〇〇六年七月二日，https://news.ltn.com.tw/news/politics/paper/79556。

53 在尋根祭祖過程中「族譜」作為最核心的集體「祭」憶，也充滿各種攀附、增刪、改動的可能。誠如學者所言，「族譜所表現的不一定是生物性的親屬關係。事實上，族譜記載中經常忘記一些祖先，特別記得或強調一些祖先，或竊取攀附他人的祖先，甚至創造一個祖先」，王明珂，〈過去的結構：關於族群本質與認同變遷的探討〉，《新史學》第五期第三卷（一九九四年九月），頁一二八。

54 陳耀昌，《島嶼DNA》，頁六三—六九。陳耀昌也同時釐清，沿海自浙江到廣西、包括台灣的南方漢人，有古代百越族的血緣，但較為內陸的南方漢人，則是苗族、壯族等少數民族的基因（《島嶼DNA》，頁八三）。整體而言，陳耀昌意欲傳達的重點，乃是台灣在血緣上的複雜性與多樣性，「台灣本為南島語族原住民之地，自十六世紀起，經歷荷蘭（西歐）、漳泉移民（背景為百越與漢人）、客家移民、少數日本人，以及一九四五年至四九年之大量來自中國大陸的北方漢人、南方漢人、滿、蒙、苗、藏、回之移民，再加上二〇〇〇年以後，中南半島外籍新娘加入台灣住民。祖先來源之廣、之遠，除了美國之外，在地球上很難找到第二個像台灣人這麼『雜種』的；『炎黃』只是台灣人的眾多祖宗之一」（《島嶼DNA》，頁一〇六）。陳耀昌的「混血雜種說」主要是從遺傳疾病來探討台灣人的血緣組成與基因密碼。而另一個類似的醫學研究則是以血液 DNA 比對為主，代表人物為林媽利醫師，其主張近百分之八十五的台灣人帶有原住民血緣，乃是截至目前為止對中共統戰「血濃於水」、同文同種的原生式民族主義召喚最強烈之生物科學反擊，可參見其《我們流著不同的血液：台灣各族群身世之謎》（台北：前衛，二〇一〇）。對林媽利「台灣國族血統論」持不同論點者，可參見陳叔倬、段洪坤，〈平埔血源和台灣國族血統論〉，《台灣社會研究季刊》第七二期（二〇〇八年十二月），頁一三七—一七三，也包括兩造之間多次的相互回應。有關台灣基因科學與祖先起源的綜合討論，可參見蔡友月，〈基因科學與認同政治：原住民 DNA、台灣人起源與生物多元文化主義的興起〉，《族群、民族與現代國家：經驗與理論的反思》，蕭阿勤、汪宏倫主編（台北：中央研究院社會學研究所，二〇一六），頁三一五—三七〇；蔡友月，〈基因、祖先起源與科學爭論〉，《東亞醫療史：殖民、性別與現代性》，劉士永、王文基編（新北：聯經，二〇一七），頁三二一—三四四。然此以「混血雜種」來反擊「炎黃子孫」之做法，還是與本章對「祭祖」所涉及的宗法父權批判至少有兩點根本差異：（一）「血緣」（父系、母系皆算）與「血統」（系父不系母）（二）「祖先」（血緣親屬傳承的生物連結，有父系祖先，也有母系祖先）與「祖宗」（血緣親屬傳承的宗法父權化、生理血緣關係的象徵化，系父不系母，系男不系女）。故「混血雜種」所凸顯的「血緣」與「祖先」，並不等同於「血統」與「祖宗」，前者的複雜多樣，未必能撼動後者的一脈相承。

55 沈建德，〈扁之血統〉，《台灣國》網站，瀏覽日期二〇二三年八月十五日，https://www.taiwannation.com.tw/topic016.htm。文中另舉「漢化祖」變「來台祖」的案例，乃是世居桃園霄裡的「蕭家」，其原本為凱達格蘭平埔族，在乾隆期間被賜漢姓、改漢名、改講客家話（四縣腔），更在蔣介石統治的一九六〇年代製成假族譜尋根，上溯到廣東梅縣，攀附開山祖為蕭槐。有關更多「血統獨立」的論述，主張台灣人不是中國人，而是原住民，就連閩客其實都是被迫漢化的原住民，可參見沈建德，《台灣血統：揭開台灣人身世之謎！》（台北：前衛，二〇〇九）。

56 許家瑜，〈蔡英文訪馬紹爾、吐瓦魯、索羅門 是台灣尋親之旅？〉，《聯合新聞網》，二〇一七年十月十七日，https://theme.udn.com/theme/story/6773/2760530。

57 潘成旺，〈蔡英文楓港老家客溯源 廣東梅縣客家人〉，《蕃薯藤．客家電視台》，二〇一九年十二月三十日，https://n.yam.com/Article/20191230212004。

58 顏振凱。〈談馬父骨灰罈 批馬親中〉，《蘋果日報》，二〇一一年三月十七日，轉引自施正峰，《思考台灣外交大戰略》（台北：翰蘆，二〇一五），頁三七八。

59 此外尚可包括「兄弟分化原則」（每個兒子只能單獨構成一房）、「從屬原則」（房是家族的次級單位）、「擴展原則」（系譜上的擴展性與連續性，可指一個兒子，也可指歸屬於同一祖先的男性後代及其妻等所構成的父系團體）與「分房原則」（在系譜上不斷分裂成房），可參見陳其南，《家族與社會：台灣與中國社會研究的基礎理念》（新北：聯經，一九九〇），頁一三一—一三三。

60 有關蔡英文家族在「承業分產」上的爭議，可參見拙著《張愛玲的假髮》（台北：時報文化，二〇二〇）第六章〈姑姑的官司〉。

61 吳正庭，〈小英訪金門　蔡氏宗親喊「凍蒜」〉，《自由時報電子報》，二〇一一年十二月二十八日，https://news.ltn.com.tw/news/politics/breakingnews/585731。

62 〈千年首位總統瓊林蔡氏家廟祭祖〉，《金門縣議會．金門日報》，二〇一六年九月十一日，https://www.kmcc.gov.tw/8844/8847/8850/31735/。

63 清．國學生蔡鴻略脩，《浯江瓊林蔡氏族譜》，頁一三。轉引自林培雅、林建育（金門縣文化局委託），《蔡氏祭祖文化調查研究及出版結案報告書》，二〇一九年八月十六日，頁八，https://cabkc.kinmen.

gov.tw/uploads/files/201908/e48b08af-2196-4de2-b6dc-49dda5c33c0e.pdf。亦可參見葉鈞培、黃奕展，《金門族譜探源》（新北：稻田，二〇〇一），頁四三。

64 〈瓊林蔡氏宗祠〉，《文化部．文化空間》，一九八五年八月十九日，https://cloud.culture.tw/frontsite/inquiry/emapInquiryAction.do?method=showEmapDetail&indexId=45345。

65 〈出席中華民族祭祖大典 蔡英文盼建立更包容和諧的社會〉，《民主進步黨．新聞中心》，二〇一二年一月一日，https://www.dpp.org.tw/media/contents/4775。

66 〈蔡英文出席金門蔡氏宗祠祭祖〉，《獨立媒體》，二〇一一年十二月二十八日，http://www.twimi.net/detail.php?mid=518。

67 蔡是民（金門縣文化局委託），《金門縣瓊林聚落祭祖傳承計畫案成果報告書》，二〇一七年十二月十五日，頁四，https://cabkc.kinmen.gov.tw/uploads/cabkc/files/201812/c609c94e-b0ee-4f87-b20d-0ee4a5681ccf.pdf。另一種更詳細的說法則是「祭祀者：一．由各房祧選派長老七位擔任祭祀官。二．由長房即竹溪房輩份高年長者為主祭。三．其他族人於祭祀完畢後，依序跪拜」，可參見蔡是民，《金門縣瓊林聚落祭祖傳承計畫案成果報告書》，頁二七。該頁也同時比較了瓊林蔡氏家禮（男子與祭、女子不與祭）與朱子家禮（男女皆可行祭禮）之差別。金門瓊林蔡氏宗族的「女眷」，可擔任工作人員，負責祭前籌備和祭後收拾的工作，但不可參與祭儀，更遑論擔任主祭。然其亦有其他方面的姓／性別突破嘗試，瓊林蔡氏族譜已有一百九十二年未修，最近的一次修訂則勇於破除舊規，「不論是男、是女，或是『外甥承母舅』、異姓養子、被除名者的子孫，一律准予入譜」，可參見張建騰，〈瓊林蔡氏族譜續修工程啟動蔡主賓擔大任〉，《金門日報》，二〇一三年四月十七日，https://www.kmdn.gov.tw/1117/1271/1272/222786/?cprint=pt。有關金門作為以男性為主的宗族社會、女性沒有話語權的討論，可參見羅志平，《爺們的天空：金門學術略論》（台北：獨立作家，二〇一六），頁三。有關整體金馬女性的軍事社會史與日常生活史，可參見宋怡明（Michael Szonyi）著，黃煜文、陳湘陽譯，《前線島嶼：冷戰下的金門》第十章〈女性的生活：軍妓、閱兵及動員型現代化的象徵〉；林瑋嬪，《島嶼幻想曲》第七章〈馬祖女人的家庭意識與家庭〉，詳盡討論了馬祖女性在父系漢人親屬結構中的性別位置。

68 另一個也值得注意的「姓／性別麻煩」，則是一九九〇年八月時任台灣桃園縣縣長的呂秀蓮（後於二〇〇〇至二〇〇八年出任中華民國副總統）親赴福建省漳州市南靖縣書洋鄉田中村尋根祭祖，並於二〇〇〇年為呂氏族譜親筆：「呂祖萬古流芳，我族日月增光」，可參見季節，〈台政要赴陸祭祖 連戰次數最多〉，《中時新聞網》，二〇一七年四月四日，https://www.chinatimes.com/newspapers/20170404000551-260309?chdtv。此例之特殊，除了再次彰顯經文化大革命後的當代中國祭祀文化，已不如台灣嚴格恪遵古禮「婦女不與祭」，也再次凸顯中共「統」戰對台灣政治人物的特別禮遇，但更為關鍵的是呂秀蓮乃台灣七〇年代婦女運動的拓荒先行者，其性別意識與對台灣婦女運動的推行，自是遠遠超過同屬民進黨的後輩蔡英文，但「祭祖」所涉及的「姓／性別麻煩」，顯然絲毫並未進入兩人的思考邏輯與行動實踐之中。

69 但亦值得一提的，乃是台灣婦女運動在推動「祭祀文化性別平等」上所做的長期努力與階段性成果，包括爭取女性擔任奉祀官、從母姓運動、「姑不入廟」習俗破解、祭祀公業違反性別平等釋憲案等。

結語

1 就歷史向度而言，一九四九年由楊逵草擬的〈和平宣言〉（其亦因此而被判刑入獄十二年），或亦可被視為一種「反戰宣言」。該文除了表達政治改革、言論自由、還政於民的理念之外，更直接呼籲不要再用武裝來刺激民心、造成威懼，並堅決反對任何戰爭（國共內戰）波及台灣：「據吾人所悉，現在國內戰亂已經臨到和平的重要關頭，台灣雖然比較任何省份安定，沒有戰，亦沒有亂，但誰都在關心著這局面的發展。究其原因，就是深恐戰亂蔓延到這塊乾淨土，使其不被捲入戰亂，好好的保持元氣，從事復興。我們相信台灣可能成為一個和平建設的示範區」，《楊逵全集 第十四集．資料卷》（台南：國立文化資產保存研究中心籌備處，二〇〇一），頁三一五。此極為少見的「反戰」論述，截然不同於台灣九〇年代以後以反美帝國主義入侵伊拉克的全球反戰論述框架，乃是直接著眼於國共兩黨和兩岸關係的「反戰」，謝謝傅大為的提醒。

2 除了〈止戰之殤〉外，在台灣被歸類為「反戰」歌曲的尚包括陸森寶〈豐年〉（〈美麗的稻穗〉）、伍佰〈空襲警報〉、陳昇〈爸爸的年代〉、〈北京一夜〉（信樂團翻唱為〈One Night in 北京〉）；更具有台灣視角與抗爭意含的，則包括閃靈〈皇軍〉、滅火器〈一九四五〉、恆月三途《Behind the Lethal Deceit》專輯。與〈止戰之殤〉一樣以普世戰爭想像當作歌詞與影像畫面主軸的，則包括周杰倫另一首〈最後的戰役〉、陶喆〈孫子兵法〉、F.I.R.〈應許之地〉、林俊傑〈會有那麼一天〉、范曉萱〈戰〉等，可參見〈台灣有反戰歌曲嗎？〉，*BIOS monthly*，二〇二二年四月二十九日，https://www.biosmonthly.com/article/11038。然亦不可忽略的，乃是台灣文學領域在反戰與戰爭議題上的長年積累。詩歌創作上最有名的當屬余光中一九六九年詩集《在冷戰的年代》中的〈如果遠方有戰爭〉，承襲美國越戰中期以後所展開的反戰思潮，以及後來以此詩為名的台灣第一本戰爭詩合集《如果遠方有戰爭》。在小說創作上則可包括柏楊《異域》、陳千武《獵女犯》（改編為《活著回來》）、朱西甯《八二三注》、李喬《山女》與《寒夜三部曲》、葉言都《海天龍戰》（更名為《綠猴劫》）、瓦歷斯・諾幹《戰爭殘酷》、蘇碩斌等《終戰那一天》、朱宥勳《以下證言將被全面否認》等等，即便有世代、種族、族裔、政治立場上的明顯差異，皆展現深刻的戰爭反思。

引用書目

傳統文獻

春秋．司馬穰苴著，劉仲平註譯，《司馬法今註今譯》，新北：臺灣商務印書館，一九八六。

戰國．商鞅著，嚴萬里校，《商君書》，上海：商務印書館，一九三七。

漢．許慎著，宋．徐鉉校訂，《說文解字：附檢字》，北京：中華書局，一九六三。

漢．許慎著，清．段玉裁注，《新添古音說文解字注》，台北：洪葉文化，一九九九。

晉．杜預注，唐．孔穎達正義，《春秋左傳正義》，上海：上海古籍出版社，一九九〇。

宋．陳彭年，《廣韻．上聲》，上海：商務印書館館，一九三六。

近人論著

中央通訊社，《百年大疫：COVID-19疫情全記錄》，新北：印刻，二〇二〇。

中國統一戰線全書編委會編，《中國統一戰線全書》，北京：國際文化，一九九三。

毛澤東，〈中華人民共和國國防部三告台灣同胞書〉，《毛澤東文集》第七卷，中共中央文獻研究室編，北京：人民出版社，一九九九，頁四五三—四五四。

毛澤東撰寫、彭德懷發表，〈國防部部長彭德懷再告台灣同胞書〉，《中華人民共和國國務院公報》第三二號，一九五八年十一月，頁六七二—六七三。

——，〈國防部部長彭德懷告台灣同胞書〉，《中華人民共和國國務院公報》第三〇號，一九五八年十月，頁六四一—六四二。

王明珂，〈過去的結構：關於族群本質與認同變遷的探討〉，《新史學》第五期第三卷，一九九四年九月，頁一一九—一四〇。

——，〈論攀附：近代炎黃子孫國族建構的古代基礎〉，《中央研究院歷史語言研究所集刊》第七三本第三分，二〇〇二年九月，頁五八三—六二四。

王柯，〈近代中日兩國民族主義的「血緣」關係〉，《中日國力消長與東亞秩序重構》，林泉忠主編，台北：五南，二〇二二，頁一二六—一五五。

——，《亦師亦友亦敵：民族主義與近代中日關係》，香港：香港中文大學出版社，二〇二〇。

王德華、侯選長主編，《中國統戰論綱》，北京：中共中央黨校出版社，一九九〇。

台灣民主自治同盟，〈告台灣同胞書〉，《中華人民共和國國史全鑒》第一卷，中華人民共和國國史全鑒編委會編，北京：團結，一九九六，頁五二五—五二六。

失敗者聯盟、春山出版編輯，《亡國感的逆襲：台灣的機會在哪裡》，台北：春山出版，二〇一九。

玉山社編輯部，《認知戰下的台灣：寫給新世代台灣人的備忘錄》，台北：玉山社，二〇二三。

成令方，〈阿拉伯女人不再沉默〉，《婦女新知》第一〇六期，一九九一年三月一日，頁一九。

——，〈反戰是女人的求活手段〉，《婦女新知》第一〇六期，一九九一年三月一日，頁一九—二〇。

——編，《戰爭・文化・國家機器》，台北：唐山，一九九一。

朱元鴻，〈「只有那不是藝術的才還能是藝術」：關於布希亞的時態造作〉，《現代美術學報》第二九期，二〇一五年五月，頁六七—七九。

朱迪斯・巴特勒（Judith Butler）著，申昀晏譯，《戰爭的框架：從生命的危脆性與可弔唁性，直視國家暴力、戰爭、苦痛、影像與權力》，台北：麥田，二〇二二。

何來美，《台灣客家政治風雲錄》，新北：聯經，二〇一七。

何明修，〈反送中運動在台灣：抗爭性集會的分析〉，《中國大陸研究》第六四卷第二期，二〇二一年六月，頁一—三九。

何欣潔，〈序：斷裂的海，相連的島〉，《斷裂的海：金門、馬祖，從國共前線到台灣偶然的共同體》，何欣潔、李易安著，新北：聯經，二〇二二，頁 xiii-xix。
何欣潔、李易安，《斷裂的海：金門、馬祖，從國共前線到台灣偶然的共同體》，新北：聯經，二〇二二。
何春蕤，〈我們沒有家：吳爾芙談女性的反戰基礎〉，《婦女新知》第一〇六期，一九九一年三月一日，頁二一—二二。
何炳棣，《何炳棣思想制度史論》，新北：聯經，二〇一三。
吳介民，〈中文版序論：灰色地帶的戰爭〉，《銳實力製造機》，吳介民、黎安友主編，鄭傑憶翻譯，新北：左岸文化，二〇二二，頁一一—三〇。
吳介民、蔡宏政、鄭祖邦編，《吊燈裡的巨蟒：中國因素作用力與反作用力》，新北：左岸文化，二〇一七。
吳介民、黎安友主編，鄭傑憶翻譯，《銳實力製造機：中國在台灣、香港、印太地區的影響力操作與中心邊陲拉鋸戰》，新北：左岸文化，二〇二二。
吳奇諭，〈防衛作戰機動布雷運用及發展之研究〉，《陸軍工兵半月刊》第一五六期，二〇二〇年五月，頁一—一五。
宋怡明（Michael Szonyi）著，黃煜文、陳湘陽譯，《前線島嶼：冷戰下的金門》，台北：國立台灣大學出版中心，二〇一六。
李尚仁，〈疾病與政治：COVID-19 與美國大選〉，《記疫：台灣人文社會的疫情視野與行動備忘錄》，林文源與「記疫」團隊編著，台北：大塊文化，二〇二二，頁三七六—三八三。
李建良，〈COVID-19 疫情下的民主法治人權圖像：台灣視角〉，《記疫：台灣人文社會的疫情視野與行動備忘錄》，林文源與「記疫」團隊編著，台北：大塊文化，二〇二二，頁一四二—一四九。
李柏翰，〈COVID-19 與後瘟疫政治：重新想像全球傳染病防治〉，《記疫：台灣人文社會的疫情視野與行動備忘錄》，林文源與「記疫」團隊編著，台北：大塊文化，二〇二二，頁三八四—三九二。

李柏翰、王鼎棫，〈為了防疫，就能把國民擋在境外嗎？——回顧挑戰《兒童權利公約》極限的「小明們」〉，《疫情世代：如何因應與復原，給所有人的科學與法律指南》，法律白話文運動編著，台北：時報文化，二〇二三，頁二四五—二五三。

李喜明，《台灣的勝算：以小制大的不對稱戰略，全台灣人都應了解的整體防衛構想》，新北：聯經，二〇二二。

汪宏倫，〈淺論兩岸國族問題中的情感結構：一種對話的嘗試〉，《文明的呼喚：尋找兩岸和平之路》，曾國祥、徐斯儉主編，新北：左岸文化，二〇一二，頁一八一—二三一。

——，〈理解當代中國民族主義：制度，情感結構與認識框架〉，《文化研究》第一九期，二〇一四年九月，頁一八九—二五〇。

汪暉，《短二十世紀：中國革命與政治的邏輯》，香港：牛津大學出版社，二〇一五。

沈松僑，〈我以我血薦軒轅：黃帝神話與晚清的國族建構〉，《台灣社會研究季刊》第二八期，一九九七年十二月，頁一—七七。

沈建德，《台灣血統：揭開台灣人身世之謎！》，台北：前衛，二〇〇九。

尚・布希亞（Jean Baudrillard）著，朱元鴻編，邱德亮、黃建宏譯，《波灣戰爭不曾發生》，台北：麥田，二〇〇三。

林孝庭著，黃中憲譯，《意外的國度：蔣介石、美國、與近代台灣的形塑》，新北：遠足文化，二〇一七。

林泉忠，《當「崛起」中國遇上「太陽傘」：透視兩岸三地新關係》，香港：明報出版社，二〇一九。

林媽利，《我們流著不同的血液：台灣各族群身世之謎》，台北：前衛，二〇一〇。

林瑋嬪，《島嶼幻想曲：戰地馬祖的想像主體與未來》，台北：春山，二〇二三。

施正峰，《思考台灣外交大戰略》，台北：翰蘆，二〇一五。

洪伯邑，〈推薦序二：金馬日常邊界裡的多重斷裂與連結〉，《斷裂的海：金門、馬祖，從國共前線到台灣偶然的共同體》，何欣潔、李易安著，新北：聯經，二〇二一，頁v-xii。

孫文，〈布告全國同胞書〉，《國父全集》第二冊，秦孝儀主編、國父全集編輯委員會編輯，台北：近代中國出版社出版；中央文物經銷，一九八九，頁二二—二三。

——，〈臨時大總統就職宣言〉，《國父全集》第二冊，秦孝儀主編、國父全集編輯委員會編輯，台北：近代中國出版社出版；中央文物經銷，一九八九，頁二三—二四。

——，《三民主義》，台北：中央文物出版；三民主義百萬冊印發委員會印發，一九九〇。

徐中舒編，《甲骨文字典》，成都：四川辭書出版社，一九八九。

馬克思、恩格斯著，中共中央馬克思恩格斯列寧斯大林著作編譯局編譯，《馬克思恩格斯全集》第四卷，北京：人民出版社，一九七四。

高樹藩編纂，《正中形音義綜合大字典》，新北：正中書局，一九七四。

張小虹，《慾望新地圖：性別．同志學》，台北：聯合文學，一九九六。

——，《在百貨公司遇見狼》，台北：聯合文學，二〇〇二。

——，《文本張愛玲》，台北：時報文化，二〇二〇。

——，《張愛玲的假髮》，台北：時報文化，二〇二〇。

梁啟超，《新民說》，台北：文景書局，二〇一一。

許進雄，《文字小講》，新北：臺灣商務，二〇一四。

郭沫若，〈釋祖妣〉，《甲骨文字研究》，中國科學院考古研究所編，北京：科學出版社，一九六二，頁一五—六〇。

郭輝，《國家紀念日與現代中國（一九一二—一九四九）》，北京：社會科學文獻出版社，二〇一九。

陳光興，〈為什麼大和解不／可能？〈多桑〉與〈香蕉天堂〉殖民／冷戰效應下省籍問題的情緒結構〉，《台灣社會研究季刊》第四三期，二〇〇一年九月，頁四一—一一〇。

陳秀熙，〈新冠肺炎：種族偏見及歧視問題〉，《種族、偏見與歧視》，熊秉真、陳秀熙編，新北：聯經，二〇二一，頁二一三—二三四。
陳其南，《家族與社會：台灣與中國社會研究的基礎理念》，新北：聯經，一九九〇。
陳叔倬、段洪坤，〈平埔血源和台灣國族血統論〉，《台灣社會研究季刊》第七二期，二〇〇八年十二月，頁一三七—一七三。
陳宗文，〈後基因體時代的免疫台灣：疫苗的迷思與反思〉，《台灣的後基因體時代：新科技的典範轉移與挑戰》，蔡友月、潘美玲、陳宗文主編，新竹：交通大學出版社，二〇一九，頁一二八—一五〇。
陳美華，〈拆解「人與人的連結」：性／別、汙名與科學防疫〉，《記疫：台灣人文社會的疫情視野與行動備忘錄》，林文源與「記疫」團隊編著，台北：大塊文化，二〇二二，頁三一六—三二五。
陳菘齡，〈新冠疫情醫療詞彙之多面向敘事：語言、事件與時間〉，《中國語文通訊》第一〇一卷第二期，二〇二二年七月，頁二一三—二四三。
陳耀昌，《島嶼ＤＮＡ》，新北：印刻，二〇一五。
滋賀秀三著，張建國、李力譯，《中國家族法原理》，北京：法律出版社，二〇〇三。
馮建三編，《戰爭沒有發生？二〇〇三年英美出兵伊拉克評論與紀實》，台北：唐山，二〇〇三。
黃宗儀，《中港新感覺：發展夢裡的情感政治》，新北：聯經，二〇二〇。
傅大為，〈弱勢者為什麼不結盟反戰？〉，《婦女新知》第一〇六期，一九九一年三月一日，頁二一。
楊瑞松，〈從「民吾同胞」到「我四萬萬同胞之國民」：傳統到近現代「同胞」符號意涵的變化〉，《國立政治大學歷史學報》第四五期，二〇一六年五月，頁一〇九—一六四。
楊逵，〈和平宣言〉，《楊逵全集 第十四集．資料卷》，台南：國立文化資產保存研究中心籌備處，二〇〇一，頁三—五。
楊凱麟，〈事件三一八〉，《文化研究》第二三期，二〇一六年九月，頁三三—四八。
楊緒賢，《台灣區姓氏堂號考》，台北：國史館台灣文獻館，一九七九。

楊儒賓，《思考中華民國》，新北：聯經，二〇二三。

葉鈞培、黃奕展，《金門族譜探源》，新北：稻田，二〇〇一。

臺灣中華書局辭海編輯委員會編，《辭海》，台北：中華書局，一九六八。

趙彥寧，〈情感政治與另類正義：在台大陸配偶的社會運動經驗〉，《政治與社會哲學評論》第一六期，二〇〇六年三月，頁八七—一五二。

趙剛，〈對沒格調的戰爭更應有高格調的反戰〉，《戰爭沒有發生？2003年英美出兵伊拉克評論與紀實》，馮建三編，台北：唐山，二〇〇三，頁七八—八〇。

劉紹華，〈從國際衛生到全球衛生：醫療援助的文化政治〉，《東亞醫療史：殖民、性別與現代性》，王文基、劉士永主編，新北：聯經，二〇一七，頁一六五—一八七。

——，《我的涼山兄弟：毒品、愛滋與流動青年》，新北：群學，二〇一三。

——，《麻風醫生與巨變中國：後帝國實驗下的疾病隱喻與防疫歷史》，新北：衛城，二〇一八。

——，《疾病與社會的十個關鍵詞》，台北：春山，二〇二〇。

蔡友月，〈基因科學與認同政治：原住民ＤＮＡ、台灣人起源與生物多元文化主義的興起〉，《族群、民族與現代國家：經驗與理論的反思》，蕭阿勤、汪宏倫主編，台北：中央研究院社會學研究所，二〇一六，頁三一五—三七〇。

——，〈基因、祖先起源與科學爭論〉，《東亞醫療史：殖民、性別與現代性》，劉士永、王文基編，新北：聯經，二〇一七，頁三二一—三四四。

——，〈ＷＨＯ、新冠病毒與台灣例外的國家治理〉，《記疫：台灣人文社會的疫情視野與行動備忘錄》，林文源與「記疫」團隊編著，台北：大塊文化，二〇二一，頁三九三—四〇七。

鄭浪平，《一九九五．閏八月：中共武力犯台白皮書》，台北：商周，一九九四。

羅志平，《金門行業文化史》，台北：秀威資訊，二〇一〇。

——，《爺們的天空：金門學術略論》，台北：獨立作家，二〇一六。

Agamben, Giorgio. *Where Are We Now? The Epidemic as Politics*. Trans. Valeria Dani. Lanham, MD: Rowan & Littlefield, 2021.

Arendt, Hannah. *Eichmann in Jerusalem: A Report on the Banality of Evil*. New York: The Viking Press, 1963.

Barlow, Tani. *The Question of Women in Chinese Feminism*. Durham: Duke University Press, 2004.

Baudrillard, Jean. "The Year 2000 Has Already Happened." Trans. Nai-fei Ding and Kuan-Hsing Chen. In *Body Invaders: Panic Sex in America*, edited by Arthur Kroker and Marilouise Kroker, 35-44. New York: St. Martin's, 1987.

---. "The Year 2000 Will Not Take Place." Trans. Paul Foss and Paul Patton. In *Futur*Fall: Excursions into Post-Modernity*, edited by Elizabeth A. Grosz, Terry Threadgold, David Kelly, Alan Cholodenko and Edward Colless, 18-28. Sydney: Power Institute of Fine Arts, 1987.

---. *The Gulf War Did Not Take Place*. Trans. Paul Patton. Bloomington: Indiana University Press, 1995.

Butler, Judith. *Frames of War: When Is Life Grievable?* London: Verso, 2010.

---. *Parting Ways: Jewishness and the Critique of Zionism*. New York: Columbia University Press, 2012.

---. *Senses of the Subject*. New York: Fordham University Press, 2015.

---. *The Force of Nonviolence: An Ethico-Political Bind*. London: Verso, 2021.

Chang, Joanne J. L.（裘兆琳）. "Taiwan's Participation in the World Health Organization: The U.S. 'Facilitator' Role." *American Foreign Policy Interests* 32, no. 3（May 2010）: 131-146.

Charteris-Black, Jonathan. *Metaphors of Coronavirus: Invisible Enemy or Zombie Apocalypse?* Cham: Palgrave Macmillan, 2021.

Chiang, Wen-yu and Duann Ren-feng. "Conceptual Metaphors for SARS: 'War' Between Whom?" *Discourse & Society* 18（September 2007）: 579-602.

Chu, Ling-I（朱凌毅）and Jinn-Yuh Hsu（徐進鈺）. "Accidental Border: Kinma Islands and the Making of

Taiwan." *Geopolitics* (May 2021): 1-21.

Clément , Catherine. *The Lives and Legends of Jacques Lacan*. Trans. Arthur Goldhammer. New York: Columbia University Press, 1983.

Declerck, Renaat, in collaboration with Susan Reed and Bert Cappelle. *The Grammar of the English Verb Phrase.* Vol. 1, *The Grammar of the English Tense System: A Comprehensive Analysis*. Berlin: Mouton de Gruyter, 2006.

Deleuze, Gilles and Félix Guattari. *A Thousand Plateaus: Capitalism and Schizophrenia*.1980. Translated by Brian Massumi. Minneapolis: University of Minnesota Press, 1987.

Deleuze, Gilles. *Cinema 2: The Time-Image*. Trans. Hugh Tomlinson and Robert Galeta. Minneapolis: University of Minnesota Press, 1989.

Derrida, Jacques. "Plato's Pharmacy." In *Dissemination*, translated by Barbara Johnson, 63-171. Chicago: University of Chicago Press, 1981.

---. *The Other Heading: Reflections on Today's Europe*. Translated by Pascale-Anne Brault and Michael B. Naas. Bloomington: Indiana University Press, 1992.

---. *Aporias*. Translated by Thomas Dutoit. Stanford, California: Stanford University Press, 1993.

---. *Specters of Marx*. Trans. Peggy Kamuf. New York: Routledge, 1994.

---. *Of Grammatology*. 40th Anniversary ed. Trans. Gayatri Chakravorty Spivak. Baltimore: Johns Hopkins University Press, 2016.

Ebrey, Patricia. "Surnames and Han Chinese Identity." In *Negotiating Ethnicities in China and Taiwan*, edited by Melissa J. Brown, 11-36. Seattle: University of Washington Press, 1996.

Edelman, Lee. *No Future: Queer Theory and the Death Drive*. Durham: Duke University Press, 2004.

Einstein, Albert and Sigmund Freud. "Why War?" In *The Standard Edition of the Complete Psychological Works of Sigmund Freud*. Vol. 22, *New Introductory Lectures on Psycho-Analysis, and Other Works*（1932-1936）. Edited and Translated by James Strachey, 199-215. London: The Hogarth Press, 1964.

Elam, Diane. *Feminism and Deconstruction*. New York: Routledge, 1994.

---. *Romancing the Postmodern*. New York: Routledge, 1992.

Fidler, David P. *SARS, Governance, and the Globalization of Disease*. London: Palgrave Macmillan, 2004.

Fink, Bruce. *The Lacanian Subject: Between Language and Jouissance*. Princeton: Princeton University Press, 1995.

Fong, Brian, Wu Jieh-min, and Andrew Nathan, eds. *China's Influence and the Center-periphery Tug of War in Hong Kong, Taiwan and Indo-Pacific*. New York: Routledge, 2021.

Freud, Sigmund. "Splitting of the Ego in the Process of Defence." Translated by James Strachey. In *The Standard Edition of the Complete Psychological Works of Sigmund Freud*, Vol. 23（1937-1939）, 271-278. London: Hogarth Press, 1964.

Jervis, Robert. "Deterrence Theory Revisited." *World Politics* 31, no. 2（January 1979）: 289-324.

Knopf, Jeffrey W. "The Fourth Wave in Deterrence Research." *Contemporary Security Policy* 31, no. 1（April 2010）: 1-33.

Kofman, Sarah. "Beyond Aporia?" Translated by David Macey. In *Post-Structuralist Classics*, edited by Andrew Benjamin, 7-44. New York: Routledge, 1988.

Lacan, Jacques. *Écrits: A Selection*. Trans. Alan Sheridan. London: Travistock, 1977.

Lerner, Gerda. *The Creation of Patriarchy*. New York: Oxford University Press, 1986.

Lin, Chien-ting（林建廷）. "In Times of War and Love." *Inter-Asia Cultural Studies* 21, no. 4（2022）: 575-586.

---. "Love of Empire by Dissociations." *American Quarterly* 74, no. 3（September 2022）: 700-705.

Lin, Hsiao-ting. *Accidental State: Chiang Kai-shek, the United States, and the Making of Taiwan*. Cambridge: Harvard University Press, 2016.

Merrin, William. *Baudrillard and the Media: A Critical Introduction*. Cambridge: Polity Press, 2005.

Muñoz, José Esteban. *Cruising Utopia: The Then and There of Queer Futurity*. New York: New York University Press, 2009.

Ong, Aihwa and Nancy N. Chen, eds. *Asian Biotech: Ethnics and Communities of Fate*. Durham: Duke University Press, 2010.

Schelling, Thomas C. *Arms and Influence*. New Haven: Yale University Press, 1966.

---. *The Strategy of Conflict*. Cambridge: Harvard University Press, 1980. First published 1960.

Shapiro, Michael J. *Studies in Trans-disciplinary Method: After the Aesthetic Turn*. London: Routledge, 2013.

Siu, Lok and Claire Chun. "Yellow Peril and Techno-orientalism in the Time of COVID-19: Racialized Contagion, Scientific Espionage, and Techno-economic Warfare." *Journal of Asian American Studies* 23, no. 3 (October 2020): 421-440.

Sontag, Susan. *Illness as Metaphor: AIDS and Its Metaphors*. New York: Picador/Farrar, Straus and Giroux, 1989.

Stiegler, Bernard. "Distrust and the Pharmacology of Transformational Technologies." Translated by Daniel Ross. In *Quantum Engagements*, edited by Torben B. Zülsdorf et al., 27-39. Heidelberg: IOS Press/AKA, 2011.

Virilio, Paul. *Desert Screen: War at the Speed of Light*. Trans. Michael Degener. London: Athlone Press, 2002.

Wang, Chih-ming (王智明). "'The Future That Belongs to Us': Affective Politics, Neoliberalism and the Sunflower Movement." *International Journal of Cultural Studies* 20, no. 2 (March 2017): 177-192.

---. "Introduction: Tracking the Affective Twists in Asian Nationalisms." In *Precarious Belongings: Affect and Nationalism in Asia*, edited by Chih-ming Wang and Daniel Pei Siong Goh, vii-xxi. London: Rowman & Littlefield International, 2017.

Williams, Raymond. *Marxism and Literature*. Oxford: Oxford University Press, 1977.

網路文獻

〈「救無別類，應物無傷」——為對抗歧視，社會和諧提出呼籲，懇請連署支持〉，Google 表單，二〇二三年五月二十日上網檢索，https://docs.google.com/forms/d/e/1FAIpQLSdSxB4A7wv-EeKtfor7kg4lKXwDNSNG6foZ_TZO6LkL_sfEEw/viewform?vc=0&c=0&w=1。

〈十九歲少女批評軍隊入侵烏克蘭 遭俄國列為恐怖分子、面臨入獄〉，《自由時報電子報》，二〇二三年一月三十日，https://news.ltn.com.tw/news/world/breakingnews/4195626。

〈千年首位總統瓊林蔡氏家廟祭祖〉，《金門縣議會．金門日報》，二〇一六年九月十一日，https://www.kmcc.gov.tw/8844/8847/8850/31735/。

〈出席中華民族祭祖大典 蔡英文盼建立更包容和諧的社會〉，《民主進步黨．新聞中心》，二〇一一年一月一日，https://www.dpp.org.tw/media/contents/4775。

〈台灣有反戰歌曲嗎?〉，*BIOS monthly*，二〇二二年四月二十九日，https://www.biosmonthly.com/article/11038。

〈台灣海峽歷次危機回顧：從一江山島戰役、八二三砲戰到飛彈危機，看美中台三角關係演繹〉，《BBC News 中文》，二〇二〇年八月二十六日，最近更新二〇二二年八月四日，https://www.bbc.com/zhongwen/trad/chinese-news-53834569。

〈佈雷區域殺傷性地雷剷除辦法〉，《中華民國國防部 國防法規資料庫》，二〇〇八年一月十八日公布，二〇一九年六月二十九日修正，https://law.mnd.gov.tw/scp/Query4B.aspx?no=1A009716604。

〈防疫視同作戰 總統：政府會確保國內醫療及防疫資源充足 全力做好防疫工作〉，《中華民國總統府》，二〇二〇年一月三十日，https://www.president.gov.tw/News/25210。

〈事實查核報告#二一二五〉，《台灣事實查核中心》，二〇二三年一月五日，https://tfc-taiwan.org.tw/articles/8623。

〈原本美國開心度假以色列十九歲女兵衝前線救全隊同袍 遭哈瑪斯一槍射嘴慘死〉，《聯合新聞網》，二〇二三年十月十二日，https://udn.com/news/story/123777/7500844。
〈殺傷性地雷管制條例〉，《中華民國國防部 國防法規資料庫》，二〇一九年六月二十九日修正，https://law.mnd.gov.tw/scp/Query4B.aspx?no=1A009716601。
〈新冠病毒助長世界各地反亞裔種族主義及仇外心態〉，*Human Rights Watch*，二〇二〇年五月十二日，https://www.hrw.org/zh-hant/news/2020/05/12/covid-19-fueling-anti-asian-racism-and-xenophobia-worldwide。
〈蔡英文出席金門蔡氏宗祠祭祖〉，《獨立媒體》，二〇一一年十二月二十八日，http://www.twimi.net/detail.php?mid=518。
〈總統接見國際反地雷組織大使唐・桑納雷釋〉，《總統府網站》，二〇〇一年六月二十六日，https://www.president.gov.tw/NEWS/2489。
〈瓊林蔡氏宗祠〉，《文化部・文化空間》，一九八五年八月十九日，https://cloud.culture.tw/frontsite/inquiry/emapInquiryAction.do?method=showEmapDetail&indexId=45345。
Abby Huang，〈前美國副國安顧問博明：台灣在地協力者散布北京認知戰，荒謬內容「像臭豆腐一樣臭」〉，《關鍵評論》，二〇二三年一月十二日，https://www.thenewslens.com/article/179606。
中央通訊社，〈美國將首度提供烏克蘭「集束彈藥」：烏方稱保證慎用，人道組織譴責「對平民來說根本是死刑」〉，《關鍵評論》，二〇二三年七月八日，https://www.thenewslens.com/article/188353。
中華人民共和國第五屆全國人民代表大會常務委員會，〈中華人民共和國全國人民代表大會常務委員會告台灣同胞書〉，《中華人民共和國外交部》，一九七九年一月一日，https://www.mfa.gov.cn/web/ziliao_674904/zt_674979/dnzt_674981/qtzt/twwt/stflgf/202206/t20220606_10699016.html。
王心妤，〈阿滴聶永真集資登紐時廣告反擊譚德塞 不到九小時四百萬達標〉，《中央通訊社》，二〇二〇年四月十日，更新二〇二一年七月十二日，https://www.cna.com.tw/news/firstnews/202004100225.

aspx。
王育偉，〈WHO定名為 COVID-19 台灣官方建議簡稱武漢肺炎〉，《中央通訊社》，二〇二〇年二月十二日，https://www.rti.org.tw/news/view/id/2051322。
王思捷編輯，〈台灣會變地雷島？火山車載布雷系統一篇看懂〉，《中央通訊社》，二〇二三年一月十九日，二〇二三年九月二日更新，https://www.cna.com.tw/news/aipl/202301195006.aspx。
王智明，〈開始對話，建立價值〉，《思想坦克》，二〇二〇年三月十二日，https://voicettank.org/single-post/2020/03/12/031202/。
王銘宏，〈學者三數據，揪台灣人都怎麼「罵」譚德塞〉，《天下雜誌》，二〇二〇年四月十日，https://www.cw.com.tw/article/5099796。
朱雲漢，〈美國軍售地雷 台灣必須覺醒〉，《天下雜誌》第七六五期，二〇二三年一月十一日，https://www.cw.com.tw/article/5124394。
江澤民，〈為促進祖國統一大業的完成而繼續奮鬥〉，《人民日報》，一九九五年一月三十一日，https://cn.govopendata.com/renminribao/1995/1/31/1/#1000310。
吳介民，〈譚德塞背後那隻手〉，《思想坦克》，二〇二〇年四月十二日，https://voicettank.org/single-post/2020/04/12/2020041202/。
吳正庭，〈小英訪金門 蔡氏宗親喊「凍蒜」〉，《自由時報電子報》，二〇一一年十二月二十八日，https://news.ltn.com.tw/news/politics/breakingnews/585731。
——，〈金門又見未爆彈 十八枚地雷纍纍分布小金門海邊〉，《自由時報電子報》，二〇二〇年十一月三十日，https://news.ltn.com.tw/news/society/breakingnews/3366699。
吳建國，〈禍延台灣子孫是美意？〉，《聯合新聞網》，二〇二三年一月五日，https://cofacts.tw/article/tn2ccbabyvid。
吳書緯，〈火山車載布雷系統今年抵台 陸軍：不應以「地雷島」汙名化國軍努力〉，《自由時報電子報》，二〇二三年九月二日，https://def.ltn.com.tw/article/breakingnews/4415351。

呂伊萱，〈巧遇台灣團 譚德塞仍跳針：加入世衛需會員國同意〉，《自由時報電子報》，二〇二三年五月二十一日，https://news.ltn.com.tw/news/politics/breakingnews/4308637。

呂炯昌，〈海岸遍布地雷 曾阻礙金門經濟發展〉，《NOWnews 今日新聞》，二〇二三年一月九日，https://www.nownews.com/news/6020769。

——，〈禁用地雷渥太華條約 中美各有盤算都不加入〉，《NOWnews 今日新聞》，二〇二三年一月九日，https://www.nownews.com/news/6020808。

宋學文，〈武漢肺炎（COVID-19）大浩劫：對美—中—台三角關係之影響〉，《國策研究院文教基金會》，二〇二〇年五月五日，http://inpr.org.tw/m/405-1728-5213,c113.php?Lang=zh-tw。

李丹，〈又一鐵證，從大數據看台灣網民如何攻擊譚德塞〉，《中國台灣網》，二〇二〇年四月十四日，http://big5.taiwan.cn/plzhx/plyzl/202004/t20200414_12265204.htm。

李宗憲，〈「新冠病毒」還是「武漢肺炎」？中美台不同表述的爭議〉，《BBC News 中文》，二〇二〇年三月二十日，https://www.bbc.com/zhongwen/trad/chinese-news-51958854。

李欣芳，〈蔡質疑馬「藉機偷渡主權」〉，《自由時報電子報》，二〇〇九年四月三十日，https://news.ltn.com.tw/news/politics/paper/299454。

李欣芳、姚介修，〈謝登陸祭祖／謝長廷：到廈門像去兄弟家一樣〉，《自由時報電子報》，二〇一二年十月五日，https://news.ltn.com.tw/news/politics/paper/620313。

李芯，〈蘇貞昌稱「武漢肺炎」拒改口 羅智強提林書豪嗆：丟盡台灣人的臉〉，《風傳媒》，二〇二一年三月一日，https://www.storm.mg/article/3508168。

李金生、李明賢，〈金門地雷全清 國際組織肯定〉，《中時新聞網》，二〇一三年六月五日，https://www.chinatimes.com/newspapers/20130615000930-260106?chdtv。

李增汪，〈「殺傷性地雷管制條例」吳立委：俟三讀通過排雷將有法源依據〉，《金門日報》，二〇〇六年三月二十一日，https://www.kmdn.gov.tw/1117/1271/1272/132145/。

沈建德，〈扁之血統〉，《台灣國》網站，瀏覽日期二〇二三年八月十五日，https://www.taiwannation.com.tw/topic016.htm。

孟建國，〈驅逐、圍堵、舉報：數百萬武漢人經歷了什麼?〉，《紐約時報中文網》，二〇二〇年二月四日，https://cn.nytimes.com/china/20200204/china-coronavirus-wuhan-surveillance/zh-hant/。

季節，〈台政要赴陸祭祖 連戰次數最多〉，《中時新聞網》，二〇一七年四月四日，https://www.chinatimes.com/newspapers/20170404000551-260309?chdtv。

林培雅、林建育（金門縣文化局委託），《蔡氏祭祖文化調查研究及出版結案報告書》，二〇一九年八月十六日，https://cabkc.kinmen.gov.tw/uploads/files/201908/e48b08af-2196-4de2-b6dc-49dda5c33c0e.pdf。

林詠青，〈藍委憂台灣變「地雷島」 綠委質疑認知作戰〉，《中央廣播電台》，二〇二三年一月十七日，https://www.rti.org.tw/news/view/id/2156633。

林瑤棋，〈陳總統尋根始末〉，《自由時報電子報》，二〇〇六年七月三日，https://talk.ltn.com.tw/article/paper/79655。

法蘭克・加德納（Frank Gardner），〈烏克蘭戰爭：美國軍援基輔集束炸彈 引發人權爭議〉，《BBC News 中文》，二〇二三年七月十日，https://www.bbc.com/zhongwen/trad/world-66151168。

施威全，〈地雷聰明人愚蠢〉，《奔騰思潮》，二〇二三年一月十三日，https://www.lepenseur.com.tw/article/1316。

施曉光，〈拜謁中山陵 馬英九：振興中華是兩岸中國人不可迴避責任〉，《自由時報電子報》，二〇二三年三月二十八日，https://news.ltn.com.tw/news/politics/breakingnews/4253409。

洪子傑，〈二〇二〇年上半年解放軍台海周邊動態觀察〉，《國防安全研究院．國防安全雙週報》，二〇二〇年七月三日，https://indsr.org.tw/respublicationcon?uid=12&resid=777&pid=1929。

洪哲政，〈採購火山車載布雷系統 陸軍：獲裝後「負責任」運用〉，《聯合新聞網》，二〇二三年一月十二日，https://udn.com/news/story/10930/6906781。
宮仲毅，〈台灣連七年缺席WHA 薛瑞元全英文向世衛喊話〉，《民視新聞網》，二〇二三年五月二十一日，https://www.ftvnews.com.tw/news/detail/2023521L13M1。
徐薇婷，〈台灣網友以美食照「攻擊」譚德塞 登上華郵版面〉，《中央通訊社》，二〇二〇年四月十一日，https://www.cna.com.tw/news/firstnews/202004110008.aspx。
馬新民，〈我們的根在邯鄲：中華馬氏祖源地邯鄲紫山記事〉，《邯鄲文化網》，二〇二二年二月十日，http://www.handanwenhua.net/chuangzuozhongxin/2022-02-10/5622.html。
張子清（新聞引據：採訪、路透社），〈白宮：美國將限制使用殺傷人員地雷〉，《中央廣播電台》，二〇二二年六月二十一日，https://www.rti.org.tw/news/view/id/2136443。
張作錦，〈大陸清明「語」紛紛〉，《遠見》，二〇〇八年五月一日，https://www.gvm.com.tw/article/12452。
張建騰，〈瓊林蔡氏族譜續修工程啟動蔡主賓擔大任〉，《金門日報》，二〇一三年四月十七日，https://www.kmdn.gov.tw/1117/1271/1272/222786/?cprint=pt。
張勳騰、翁聿煌、王錦義、黃美珠、羅正明、李容萍，〈馬自認與通霄馬家庄同源〉，《自由時報電子報》，二〇一一年一月十四日，https://news.ltn.com.tw/news/politics/paper/539074。
習近平，〈共圓中華民族偉大復興的中國夢〉，《新華網》，二〇一四年二月十八日，http://www.xinhuanet.com//politics/2014-02/19/c_119394028.htm。
——，〈在《告台灣同胞書》發表四十周年紀念會上的講話〉，《人民網》，二〇一九年一月二日，http://cpc.people.com.cn/BIG5/n1/2019/0102/c64094-30499664.html。
許家瑜，〈蔡英文訪馬紹爾、吐瓦魯、索羅門 是台灣尋親之旅？〉，《聯合新聞網》，二〇一七年十月十七日，https://theme.udn.com/theme/story/6773/2760530。
陳元廷，〈林書豪稱被叫新冠病毒 聯盟允諾介入調查〉，《聯合新聞網》，二〇二一年二月二十七日，

https://udn.com/news/story/7002/5281807。
陳伯彥，〈政府還在用「武漢肺炎」？從三面向談新冠病毒的俗稱和歧視〉，《聯合新聞網．鳴人堂》，二〇二一年三月二十八日，https://opinion.udn.com/opinion/story/5749/5349645。
陳培煌、陳亦偉，〈無雷家園 金馬十萬地雷清除畢：戰地的雷與蕾系列一－六〉，《中央通訊社》，二〇一三年二月二十三日，轉引自《大紀元新聞網》，二〇一三年二月二十三日，https://www.epochtimes.com/gb/13/2/23/n3807113.htm。
陳逸民，〈返鄉祭祖 總統：台灣就是根〉，《自由時報電子報》，二〇〇六年七月二日，https://news.ltn.com.tw/news/politics/paper/79556。
陳嘉宏，〈「別讓台灣變成地雷島」是場典型的認知戰〉，《上報》，二〇二三年一月十八日，https://www.upmedia.mg/news_info.php?Type=2&SerialNo=164196。
陳韻聿，〈吳釗燮：中國攻台機率升高 二〇二七是可能時間點〉，《中央通訊社》，二〇二三年一月十八日，https://www.cna.com.tw/news/aipl/202301180319.aspx。
斯影，〈聯合國和台灣：為什麼一項五十年前的決議再引爭議〉，《BBC News 中文》，二〇二一年十月二十九日，https://www.bbc.com/zhongwen/trad/world-59073975。
程遠述，〈馬英九湘潭祭祖再提中華民國總統、遵家訓推兩岸和平〉，《聯合新聞網》，二〇二三年四月一日，https://udn.com/news/story/123435/7071608。
童清峰，〈武漢台灣人悲歌淪為政治皮球被汙名化〉，《亞洲週刊》二〇二〇年一一期（二〇二〇年三月十六日—二十二日），https://www.yzzk.com/article/details/ 封面專題 /2020-11/1583984052908/。
黃光國，〈誰來幫我們掃雷〉，《中國時報．時論廣場》，二〇二三年一月十二日，https://www.chinatimes.com/newspapers/20230112000536-260109?chdtv。
黃涵榆，〈拒絕以「反歧視」為名維護大中國主義〉，《思想坦克》，二〇二〇年三月四日，https://voicettank.org/single-post/2020/03/04/030402/。

——，〈是不是左派沒那麼重要〉，《思想坦克》，二〇二〇年四月一日，https://voicettank.org/single-post/2020/04/01/040101/。
——，〈病毒、例外狀態、危脆性：當前生命政治情境的一些反思〉，《CLABO 實驗 波》，二〇二〇年九月十一日，https://mag.clab.org.tw/clabo-article/biopolitics-of-covid-19/。
黃順祥，〈譚德塞爆氣批台灣種族歧視攻擊 謝志偉：他要挫「塞」了〉，《NewTalk 新聞網》，二〇二〇年四月九日，https://newtalk.tw/news/view/2020-04-09/388479。
新華社，〈中共中央印發《中國共產黨統一戰線工作條例》〉，《中華人民共和國中央人民政府》，二〇二一年一月五日，https://www.gov.cn/zhengce/2021-01/05/content_5577289.htm。
楊綿傑，〈境外假訊息侵擾 台灣連十年全球榜首〉，《自由時報電子報》，二〇二三年四月二日，https://news.ltn.com.tw/news/politics/paper/1575320。
詹鎰睿，〈譚德塞罵台灣「種族歧視」！謝志偉：被全球公 X 要挫塞了⋯〉，《三立新聞網》，二〇二〇年四月九日，https://www.setn.com/News.aspx?NewsID=722322。
劉紹華，〈肺炎疫情下談疾病的命名與汙名〉，《天下獨立評論》，二〇二〇年三月四日，https://opinion.cw.com.tw/blog/profile/406/article/9150。
潘成旺，〈蔡英文楓港老家客溯源 廣東梅縣客家人〉，《蕃薯藤．客家電視台》，二〇一九年十二月三十日，https://n.yam.com/Article/20191230212004。
蔡是民（金門縣文化局委託），《金門縣瓊林聚落祭祖傳承計畫案成果報告書》，二〇一七年十二月十五日，https://cabkc.kinmen.gov.tw/uploads/cabkc/files/201812/c609c94e-b0ee-4f87-b20d-0ee4a5681ccf.pdf。
蕭博文，〈中國網民冒充台灣人 承認攻擊譚德塞還道歉〉，《中央通訊社》，二〇二〇年四月十日，https://www.cna.com.tw/news/firstnews/202004100033.aspx。
謝明彧，〈回擊譚德塞！全球網友接力用「美食美景照」洗版推特護台灣〉，《遠見》，二〇二〇年四月九日，https://www.gvm.com.tw/article/72050。

羅添斌，〈四十八．九億採購十四套「火山」陸上機動布雷系統 今年年底前有七套抵台〉，《自由時報電子報》，二〇二三年九月一日，https://def.ltn.com.tw/article/breakingnews/4414149。

蘇仲泓，〈敦睦艦隊執行什麼機密任務？嚴德發：確實去過別的地方，一周內提供航跡圖〉，《風傳媒》，二〇二〇年四月二十二日，https://www.storm.mg/article/2551202。

鍾可心，〈南山馬氏宗祠 台灣馬英九的「祖家」〉，《蕃薯藤．報新聞》，二〇二三年六月三日，https://n.yam.com/Article/20230603203957。

"Israel under attack: Testimonial by a 19-year-old from Kibbutz Be'eri who survived the massacre." *YouTube*. October 25, 2023. https://www.youtube.com/watch?v=u1AxZG09htI.

"Human Rights Watch Position Paper on 'Smart'（Self-Destructing）Landmines." *Human Rights Watch*. February 27, 2004. https://www.hrw.org/sites/default/files/report_pdf/smartmines_formatted.pdf.

"Memorandum Condemning and Combating Racism, Xenophobia, and Intolerance Against Asian Americans and Pacific Islanders in the United States." *The White House*. January 26, 2021. https://www.whitehouse.gov/briefing-room/presidential-actions/2021/01/26/memorandum-condemning-and-combating-racism-xenophobia-and-intolerance-against-asian-americans-and-pacific-islanders-in-the-united-states/.

"Palestinian Lives Matter Too: Jewish Scholar Judith Butler Condemns Israel's 'Genocide' in Gaza." *Democracy Now: Independent Global News*. October 26, 2023. https://www.democracynow.org/2023/10/26/judith_butler_ceasefire_gaza_israel.

"Sharp Power: Rising Authoritarian Influence: New Forum Report." *National Endowment for Democracy*. December 5, 2017. https://www.ned.org/sharp-power-rising-authoritarian-influence-forum-report/.

"Taiwan: Cluster Munition Ban Policy." *Landmines & Cluster Munition Monitor*. October 15, 2020. http://www.the-monitor.org/en-gb/reports/2021/taiwan/cluster-munition-ban-policy.aspx.

"Taiwan: Mine Ban Policy." *Landmines & Cluster Munition Monitor*. November 16, 2021. http://www.the-monitor.org/en-gb/reports/2022/taiwan/mine-ban-policy.aspx.

Agamben, Giorgio. "The Invention of an Epidemic." *European Journal of Psychoanalysis*. February 26, 2020. Accessed June 17, 2023. https://www.journal-psychoanalysis.eu/articles/coronavirus-and-philosophers/.

Bates, Benjamin R. "The (In)Appropriateness of the WAR Metaphor in Response to SARS-CoV-2: A Rapid Analysis of Donald J. Trump's Rhetoric." *Frontiers in Communication* 5, no. 50 (June 2020). Accessed June 17, 2023. https://www.frontiersin.org/articles/10.3389/fcomm.2020.00050/full.

Christensen, Thomas J., M. Taylor Fravel, Bonnie S. Glaser, Andrew J. Nathan, and Jessica Chen Weiss. "How to Avoid a War Over Taiwan: Threats, Assurances, and Effective Deterrence." *Foreign Affairs*. October 13, 2022. https://www.foreignaffairs.com/china/how-avoid-war-over-taiwan.

Cook, Sarah, Angeli Dart, Ellie Young, and BC Han. *Beijing's Global Media Influence 2022: Authoritarian Expansion and the Power of Democratic Resilience.* https://freedomhouse.org/sites/default/files/2022-09/BGMI_final_digital_090722.pdf.

Derrida, Jacques. "Intellectual Courage: An Interview by Thomas Assheuer." Translated by Peter Krapp. *Culture Machine* 2 (2000). https://culturemachine.net/the-university-culture-machine/intellectual-courage/.

Hedges, Chris. "This Way for the Genocide, Ladies and Gentlemen." *The Chris Hedges Report*. Accessed October 15, 2023. https://chrishedges.substack.com/p/this-way-for-the-genocide-ladies.

International Campaign to Ban Landmines (ICBL). *Landmine Monitor Report 2000: Toward a Mine-Free World*. August 1, 2000. https://www.hrw.org/reports/pdfs/g/general/lmmon2k.pdf.

---. *Landmine Monitor Report 2001: Toward a Mine-free World*. September 1, 2001. https://reliefweb.int/report/world/landmine-monitor-report-2001-toward-mine-free-world.

---. *Landmine Monitor Report 2002: Toward a Mine-free World.* September 13, 2002. https://reliefweb.int/report/

afghanistan/landmine-monitor-report-2002-34-million-landmines-destroyed.

Polychroniou, C. J. "Noam Chomsky: Another World Is Possible. Let's Bring It to Reality." *TRUTHOUT*. January 4, 2023. https://truthout.org/articles/noam-chomsky-another-world-is-possible-lets-bring-it-to-reality/.

Wang, Chih-Ming（王智明）, ed. "In the Wake of the Atlanta Shooting: Non/Citizens' Perspectives on Anti-Asian Racism and Sinophobia." *positions politics* epistemes issue 6, June 2021. Accessed March 17, 2023. https://positionspolitics.org/episteme-6/.

知識叢書 1144

止戰

作　者——張小虹
人文科學線主編—王育涵
特約編輯——蔡宜真
校　對——張小虹、蔡宜真、胡金倫
美術設計——雅堂設計工作室

總 編 輯——胡金倫
董 事 長——趙政岷
出 版 者——時報文化出版企業股份有限公司
一〇八〇一九台北市萬華區和平西路三段二四〇號七樓
發行專線——（〇二）二三〇六六八四二
讀者服務專線——〇八〇〇二三一七〇五
（〇二）二三〇四七一〇三
讀者服務傳真——（〇二）二三〇四六八五八
郵撥——一九三四四七二四時報文化出版公司
信箱——一〇八九九臺北華江橋郵局第九九信箱

時報悅讀網——www.readingtimes.com.tw
人文科學線臉書—http://www.facebook.com/humanities.science
法律顧問——理律法律事務所 陳長文律師、李念祖律師
印　刷——家佑印刷有限公司
初版一刷——二〇二四年一月十二日
定　價——新台幣四六〇元
（缺頁或破損的書，請寄回更換）
時報文化出版公司成立於一九七五年，一九九九年股票上櫃公開發行，
二〇〇八年脫離中時集團非屬旺中，以「尊重智慧與創意的文化事業」為信念。

止戰 / 張小虹作 . -- 初版 . -- 臺北市 : 時報文化出版企業股份有限公司 , 2024.01
面 ;　公分 . -- (知識叢書 ; 1144)
ISBN 978-626-374-767-8(平裝)

1.CST: 反戰

542.28　　112021248

ISBN 978-626-374-767-8 (平裝)
Printed in Taiwan